Erzählte Kindheit
in der Literatur des 20. Jahrhunderts

Erzählte Kindheit

in der Literatur des 20. Jahrhunderts

Ein Lesebuch

Herausgegeben von Ulrike und Robert Schuster

Calwer Verlag Stuttgart

Ulrike Schuster, geboren 1934, Übersetzerin und Philologin, war bis 1993 Lehrerin an der Förderschule für ausländische Jugendliche des CJD Schloss Kaltenstein, Vaihingen/Enz.

Robert Schuster, geboren 1934, Theologe und Religionspädagoge, war bis 1999 als Dozent am Pädagogisch-Theologischen Zentrum in Stuttgart tätig.

Bibliografische Information Der Deutschen Bibliothek

Die Deutsche Bibliothek verzeichnet diese Publikation in der Deutschen Nationalbibliografie; detaillierte bibliografische Daten sind in Internet über *http://dnb.ddb.de* abrufbar.

ISBN 3–7668–3828–8

Satz und Herstellung: Karin Klopfer, Calwer Verlag
Umschlaggestaltung: Kurt Thönnes, die Werktstatt, Liebefeld-Bern
Umschlagmotiv: Schülerarbeit »Selbstporträt«
(Pinselzeichnung), Irene, 10 Jahre
Druck und Verarbeitung: druckhaus köthen GmbH, Köthen

Inhalt

Vorwort

»Die Sprache hat es unmissverständlich bedeutet,
dass das Gedächtnis nicht ein Instrument zur Erkundung
von Vergangenheit ist, sondern deren Schauplatz.«

Walter Benjamin[*]

In diesem Buch sind Kurzgeschichten, längere Erzählungen und Abschnitte aus Romanen und Autobiografien versammelt. Es sind Texte, die wir als Lehrer, Eltern und Großeltern *per diletto* zunächst für uns selbst zusammengetragen haben, um mehr über das In-der-Welt-Sein von Kindern zu erfahren. Vieles davon ist uns seit langem bekannt, und wir haben es immer wieder gelesen, doch stießen wir beim Suchen nach weiteren Beispielen erzählter Kindheit auf viel Neues, ja, wir waren überrascht von der Fülle und Vielfalt, die, wie es uns scheint, im Laufe der vergangenen Jahrzehnte keinesfalls abgenommen hat.

Nur einen Teil von all dem, was zu diesem Thema geschrieben worden ist, kann diese Sammlung vorstellen, doch wollen wir sie auch als Anregung für den Leser verstehen, selbst weiterzusuchen und seine eigenen Entdeckungen zu machen.

Es war nicht leicht, das, was wir ausgewählt hatten, in eine Ordnung zu bringen, handelte es sich doch um so unterschiedliche literarische Formen wie die Skizze von *Arturo del Hoyo*, Erzählungen oder Ausschnitte aus Romanen und Autobiografien. In den beiden letzteren Fällen versuchten wir, möglichst geschlossene erzählerische Einheiten auszuwählen.

Für die kleinen Gruppen, die wir nach verbindenden Motiven zusammenstellten, haben sich die Überschriften aus den Erzählungen selbst ergeben, wenn in ihnen ähnliche, gleiche oder entgegengesetzte Kindheitserfahrungen exemplarisch dargestellt wurden. Fast jede der Erzählungen wird aber von sich aus in mehr als einem dieser Kindheitsthemen mitsprechen.

[*] Walter Benjamin, Gesammelte Schriften, Bd. VI, Frankfurt/M. 1985, S. 486.

Man meint, alle Erwachsenen müssten aus ihrer Kindheit erzählen können. Jedoch erst, wenn wir wirklich erzählen sollen, weil uns vielleicht die eigenen Kinder oder Enkel darum bitten, erleben wir, dass das nicht so einfach ist.

Können unsere Zuhörer an der einen oder anderen kleinen, oft harmlosen Episode, die wir dann mitteilen, etwas davon erfahren, wie es uns ging, als wir Kinder waren? Wer von der Kindheit erzählen will, auch von der eigenen, muss die Geschichte zusammenbringen, in die die wirklich bewegenden Erfahrungen der Kindheit eingegangen sind. Er muss uns eine Welt wiederherstellen, von der er sich selbst schon längst verabschiedet hat. Das ist eine Sprachleistung, der nicht viele gewachsen sind, am ehesten die echten Spracharbeiter, die Schriftstellerinnen und Schriftsteller. Sie besitzen nicht mehr Gedächtnishinterlassenschaft aus der Kindheit als andere; sie können aber mehr damit anfangen, weil sie eine Sprache beherrschen, die dem Gedächtnis eine Stimme gibt, die Sprache der Erzählung.

Die Kindheitserzählungen dieses Bandes halten sich an unterschiedliche Erzählperspektiven. Einige sind Ich-Erzählungen und legen uns damit nahe, sie autobiografisch zu lesen. Umso deutlicher wird aber dann beim Lesen dieser Erzählungen, dass da Erfahrungen mitgeteilt werden, die gegenüber einer autobiografischen Verarbeitung resistent geblieben sind, Geschichten, deren »Ich« nicht einfach identisch ist mit einem Erwachsenen-»Ich«, sondern befremdlich und beunruhigend hereinragt in die Gegenwart des Erzählenden. Davon überhaupt zu schreiben ist eine Mutfrage. Jemand muss es wagen, sich auf dieses gefährdete und gefährliche frühe »Ich« wieder einzulassen.

Aber auch wer von Kindern in der dritten Person erzählt, blickt nicht aus einer höheren, allwissenden Warte auf ihre Geschichten. Die Kinder werden zu Spiegeln, auf deren Grund wir die Welt so abenteuerlich erblicken, wie wir sie selbst vielleicht einmal erlebt und gesehen haben.

Welche Perspektiven aber auch gewählt wurden, jeder Erzähler muss den Kindern die leibhaftige Einmaligkeit geben, mit der diese die Hauptpersonen ihrer Geschichten sind. Ohne diese fiktionale Leistung ist Kindheit nicht zu erzählen.

Wie schwierig es ist, die Zeit der Kindheit ins Gedächtnis zurückzurufen, hat *Marcel Proust* schon zu Anfang des zwanzigsten Jahrhunderts beschrieben. Ihm erscheint die Zeit abgesunken, dunkel, für immer verloren. Sie lässt sich auch nicht durch äußerste Willensanstrengung des Gedächtnisses wieder finden. Allein die Sinne, Geschmack, Geruch, Gehör, ja der ganze Leib sind »haltbar, beständig und treu wie irrende Seelen«. Sie bewahren Empfindungen von einst, die durch bestimmte, auch noch so unbedeutende Dinge wieder freigesetzt werden können und dann im Stande sind, »das unermessliche Gebäude der Erinnerung« zurückzurufen und mit ihm »das Ich wieder zu erschaffen, das wir einmal waren«.

Bei *Walter Benjamin* ist es der Lesekasten, ein schlichter Gegenstand, der in ihm die größte Sehnsucht nach dem Vergessenen weckt, nach »dem gelebten Leben«, das er verspricht. Doch diese Sehnsucht kann niemals wieder ganz gestillt werden, denn ihr eigentliches Ziel, die mühselige, aber auch lustvolle Erfahrung des Lesenlernens wie zuvor schon des Gehenlernens lässt sich auch durch einen geliebten Gegenstand von einst nicht zurückholen.

Nicht immer wird, was vergangen ist, zurückgewünscht, schon gar nicht die Erinnerung an das Kind, das man gewesen ist. »Wir mögen wohl Grund haben, von uns nichts wissen zu wollen (oder doch nicht alles, was auf das gleiche hinausläuft)« schreibt *Christa Wolf*. Auch in der Geschichte von *Marie Luise Kaschnitz* will sich die Erzählerin in dem Kind, das eines Tages vor ihr steht, trotz der Neugier, mit der sie es ausfrägt, nicht erkennen.

Die genauesten Bilder aus einer kindlichen Existenz liefern wohl die Beschreibungen der Ängste und frühen Schrecken, denen ein Mensch ausgesetzt ist. »Keine Angst geht verloren, aber ihre Verstecke sind rätselhaft. Vielleicht ist vor allem sie es, die sich am wenigsten verwandelt. Wenn ich an die frühen Jahre denke, erkenne ich zuallererst ihre Ängste, an denen sie unerschöpflich reich waren« (*Elias Canetti*). Ob es sich nun um eine wirkliche Bedrohung handelt wie sie dem Kleinkind Elias widerfährt oder um ein Ungeheuer, das in *Elsa Morantes* Roman der kindlichen Einbildung entspringt, allen Erfahrungen von Angst ist gemeinsam, dass ein Kind mit ihnen allein ist. Der Bedrohung ausgesetzt, erlebt es seine äußerste Einsamkeit. Je tiefer die Bilder der frühen Ängste und Schrecken mit der Zeit absinken, desto weniger sind sie noch mitteilbar. In diesem Bann der kindlichen Sprachlosigkeit sind dann Tiere manchmal die besseren Gefährten. Auch sie sind stumm, eingeschlossen in Streichholzschachteln wie das Glühwürmchen in *Viktor Dra-*

gunskijs Geschichte oder in ihrem engen, dunklen Becken wie die Forelle bei *Sean O´Faolain*. Hier treffen Kinder auf etwas, das wohl ein Teil ihrer selbst ist, das Gefühl, eingesperrt zu sein, unverstanden und sprachlos. Aber die Kreatur leuchtet, atmet, bewegt sich und wartet, endlich wahrgenommen und befreit zu werden. Da macht das Staunen über den Glühwurm aus dem verlassenen kleinen Buben einen Getrösteten, und aus Mitleid mit dem verschmachtenden Fisch entschließt sich die Elfjährige zu einer mutigen Befreiungstat. Auch in der Geschichte von *Vito Bruno* ist Cirlè, der ungeliebte Hund, der letzte Verbündete eines verstörten Jungen.

Erst aus der Erwachsenenperspektive trennen sich Spiel und Ernst. Wo Erzählungen vom Spiel handeln, lernen wir wieder, wie ernst es Kinder damit nehmen und wie wichtig für sie die Rollen sind, die ihnen darin angeboten werden. Sie vermitteln ihnen das Glück, mit anderen verbunden zu sein und mitmachen zu können. Nicht jedes Kind ist sich dessen sicher. Eine kleine, kaum ernst gemeinte Hinterlist der Mitspieler wie in *Arturo del Hoyos* Skizze kann es tief bekümmern. In *Vladimir Nabokovs* Geschichte bekommt ein Junge eine erste Ahnung von Rangstreit und Rivalitäten als ihn der Anführer mit routinierter Kälte aus dem Kreis der Spielenden ausschließt.

Wenig ist harmlos an Kindern. Jenseits des Alltags, wo sie geliebt und geführt werden wollen in den gewohnten Bahnen »Iss und trink und nimm und bitte danke« (*Christa Wolf*) müssen noch andere Bedürfnisse bereitliegen, rätselhaft, gefährlich und doch jedem bekannt. Schon in der Frühzeit eines Menschenlebens scheint eine zweite Bühne zu existieren, auf der die eigentlichen Dramen gespielt werden. Wenn der Vorhang dann aufreißt über den absurden Aktionen wie zum Beispiel dem kindlichen Zerstörungswillen, an den sich *Nathalie Sarraute* erinnert, oder den Versuchen, sich selbst zu schaden, wie es *Christa Wolf* erzählt, lässt sich Einiges erklären. Für Erwachsene schwer nachvollziehbar ist manchmal die Heftigkeit der Empfindungen und der innere Aufwand, mit der diese versteckt werden müssen. So stehen in der Geschichte von den beiden Brüdern bei *Francesco Piccolo* die Eltern verständnislos vor den plötzlichen seltsamen Anwandlungen ihres Ältesten. Nicht alles spielt sich im Verborgenen ab. Braucht der sonst so brave und sensible Johann bei *Martin Walser* noch die Abgeschiedenheit einer Scheune, um eine Katze zu quälen, so zeigt sich doch einmal die plötzliche Lust und Eintracht ganz offen, mit der eine Horde von Kindern einen wehrlosen Menschen schikaniert.

Seit *Marcel Proust* auf den ersten Seiten seiner »Suche nach der verlorenen Zeit« die Trennungsangst beschrieben hat, die den kleinen Marcel überfällt, wenn ihn beim Zubettgehen die Mutter verlässt, sind Mütter und die Auseinandersetzung mit ihnen zu einem der wichtigsten Themen in der Spurensuche der modernen Literatur geworden. Der Leser gerät hier in einen Bereich der gemischtesten Gefühle, von denen nicht selten bekenntnishaft erzählt wird. Es ist der unerbittliche Nahblick von Betroffenen, der hier die selbst erlittenen oder die den Müttern zugefügten Verwundungen, die Reue, Enttäuschung und Schmerz, aber doch auch immer die Liebe und die Sehnsucht, geliebt zu werden, festgehalten hat. In *Viktor Astafjews* Roman »Ilja Werstakow, eine Kindheit in Sibirien«, ist das Bild der Mutter zeitlos liebevoll. Doch auch diese Mutter, die eines Morgens zärtlich Abschied nimmt und dann auf der Fahrt über den Fluss ertrinkt, ist Opfer eines Lebenskampfs, der viele Mütter verbraucht und sie gegen ihre Kinder auch hart und gleichgültig machen kann, wie es *Natalia Ginzburg* in ihrer Geschichte erzählt.

Zu den großen Denkmalen, die im zwanzigsten Jahrhundert Müttern schreibend errichtet wurden, gehört *Oskar Maria Grafs* »Das Leben meiner Mutter«. In dieser Chronik einer Bäckerfamilie vom Starnberger See sind auch schon die Kinder von Anfang an Zeugen und Teilnehmer am Auf und Ab der Erwachsenenleben, an Sorge und Fürsorge, Streit und Verzweiflung, Geburt und Tod.

Vielleicht wird in den erzählten Kindheiten des einundzwanzigsten Jahrhunderts von Büchern nicht mehr die Rede sein. Bücher, es gibt sie noch, auch für Kinder, aber sie haben wohl im Zeitalter der Bildschirme ihren Stellenwert eingebüßt. Wird noch einer wie *Stanislaw Lem* erzählen, wie er über die Bilder in fremdsprachigen Lexika in neue Welten vorgestoßen ist? Am ehesten kann einer auch in Zukunft sich noch zum Wunderkind machen, wenn er wie der kleine *Jean-Paul Sartre* vorgibt, schon lange vor der Schule lesen zu können. Von einer geradezu besessenen Suche nach einem verloren gegangenen Buch handelt die Geschichte von *Bruno Schulz*. Hier will ein Kind wiederfinden, was ihm in frühester Zeit als Fremdes, Wunderbares begegnet ist, sich aber durch den Verlust zu einem unentbehrlichen Eigenen verwandelt hat. Surreal und doch jedem bekannt, der irgendwann ein Buch nicht wiedergefunden hat, ist auch diese Erzählung eine Variation der Suche nach der verlorenen Zeit.

Gavino Ledda und *Tschingis Aitmatow* machen uns in ihren Erzählungen mit archaischen Lebensformen bekannt, deren Gesetze Kinder in manchen Gegenden unserer Welt immer noch von früh an übernehmen müssen. Es sind Dokumente einer ganz anderen Art von Schule. Ältere Erwachsene, vor allem Väter, üben mit Strenge ihre Söhne in die Aufgaben ein, die sie als künftige Hirten und künftige Jäger erwarten. Ob einer lernt, sich an den Landmarken, an der Linie des Horizonts oder am Stand der Sterne zu orientieren, ob er so kundig wird, die Tiere seiner Herde zu verstehen, und so geschickt, eine Beute zu finden und zu erlegen, davon hängt nicht nur das eigene Überleben, sondern auch Gedeih und Verderb der Gemeinschaft, in der er lebt, ab.

Kinder begegnen frühzeitig den beiden großen Mächten des Menschenlebens: Tod und Geschlechtlichkeit. Aber von allem, was damit zu tun hat, versuchen Erwachsene die Kinder nicht selten fernzuhalten. *Elias Canetti* erinnert sich, wie er gehindert wurde, an der Beerdigung seines Vaters teilzunehmen: »Ich war zehn, als sie (die Mutter) mir das zweite große Tabu auferlegte, nach jenem viel früheren gegen das Töten, das vom Großvater ausging. Dieses richtete sich gegen alles, was mit geschlechtlicher Liebe zusammenhing: Sie wollte es möglichst lange vor mir verborgen halten und überzeugte mich davon, dass ich nicht interessiert sei.« Doch Kinder sind interessiert, und sie verschaffen sich Hilfen, mit denen sie auf ihre Weise das Unbekannte erkunden. Bei *Janet Frame* sind es Märchen der Gebrüder Grimm, die sie von der Freundin erhält. Märchen sparen den Tod nicht aus und sie liefern viele Bilder für die Verwandlung des eigenen Leibs, der plötzlich beginnt fremd zu werden. *Ljudmila Ulitzkaja* erzählt, wie im Rollenspiel unter Gleichaltrigen aus einer Märchenhochzeit unversehens eine handfeste Aufklärung wird.

Der Todesnot, die ungezählte Kinder im zwanzigsten Jahrhundert erlitten haben, können wir nur gedenken. Auch dazu brauchen wir Dichter, die dem Gedächtnis Sprache geben wie *Bertolt Brecht* mit seinem »Kinderkreuzzug«. Für unsere Sammlung haben wir drei Erzählungen ausgewählt, in denen Kinder dem Tod begegnen und weiterleben. Sie zeigen, dass es kein Moratorium gibt, das Kinder davor bewahrt, direkte Bekanntschaft mit dem Tod zu machen. Wohl dem Kind, das dann wie in *Ernest Hemingways* Erzählung »Indianerlager« den Vater bei sich hat, mit dem es seine Erfahrung teilen und darüber sprechen kann. Ganz auf sich allein gestellt in ihrer Begegnung mit dem Tod sind dagegen die Kinder in den Erzählungen von *Edgar L. Doctorow* und *Per Olov Enquist*.

Die Ernstfälle sind sehr verschieden. Ein Kind wird aus nächster Nähe Zeuge einer unfasslichen Selbsttötung, eines wird plötzlich selbst lebensbedrohlich krank, eines verliert bei einem Unfall im See seinen Freund. Wie können solche Ereignisse als Erlebnisse von Kindern überhaupt erzählt werden? Vor allem *Doctorow* und *Enquist* geben der Erzählhandlung die Dramatik einer Krise auf Leben und Tod, durch die die Kinder selbst hindurchgehen müssen. Ein Weg zwischen Diesseits und Jenseits mit Begegnungen, die es im normalen Zustand nicht gibt. Dem todkranken Jungen begegnet die verstorbene Großmutter, die ihm noch einmal wie früher die Münze reicht. Dem Jungen, der nicht aufhören kann, seinen ertrunkenen Freund zu suchen, begegnet dieser noch einmal im Boot des Unbekannten und lächelt ihm zu. Die Erzählungen von *Doctorow* und *Enquist* sind Krankheitsgeschichten, in denen die überreizte Phantasie Regie führt. Aber die Begegnungen in diesen Ausnahmezuständen überleben das Fieber nicht nur als Erinnerung, sondern als überdeutliche Zeichen des Friedens, die von »drüben« an die gegeben wurde, die weiterleben sollen.

»Himmel und Hölle« ist ein altes Kinderspiel, bei dem es darauf ankommt, keinen Fehltritt zu tun. Ähnlich wie in diesem Spiel musste *Henry Louis Gates* in seiner späten Kindheit eine ganze Zeit lang von morgens bis abends ein riesiges Liniennetz einhalten, um sich und vor allem seine gemütskranke Mutter nicht ins Verderben zu stürzen. Er erinnert sich aber nicht nur dieser zwanghaften Vermeidungen, sondern auch der Sorge, die dahinter steckte und die ihn dann auch dazu brachte, in eine christliche Gemeinde einzutreten: Ich bin schuld, dass meine Mutter so krank geworden ist. In einer ganz anderen religiösen Umgebung erinnert sich *Frank McCourt* ebenfalls an einen Tag, an dem ihn sein Schuldgefühl zur Beichte in die Kirche trieb. In beiden Erzählungen aber liegt auf dem Gewissen der Kinder als schwerste Last, für Erwachsene verantwortlich zu sein und sie erlösen zu müssen.

Keine Vorsorge reicht hin, Kinder auf die Gefahren der Welt, in der sie leben, vorzubereiten. Sie sind oft nicht darauf gefasst. Ob nun ein Kind selbst Opfer wird, wie in *Doctorows* Roman

»Weltausstellung« der Schüler Edgar, den im New York der Dreißigerjahre zwei rohe jugendliche Räuber überfallen und als »Jude« beschimpfen, oder ob ein Kind nur Zeuge wird wie Nelly in *Christa Wolfs* »Kindheitsmuster«, die während des zweiten Weltkriegs die geheimen und gefährlichen Transaktionen zwischen ihrer Mutter und einer Zwangsarbeiterin beobachtet: Für beide ist die Welt danach nicht mehr dieselbe. Der rote Punkt auf Edgars Körper, der vom Messer der Angreifer stammt, macht ihn von da an zum Gezeichneten, der in sich die Angst, die Scham über die Erniedrigung und seine Wut verschließt. Und dem Kind Nelly gibt man in den Jahren 1941 und 1942 zu verstehen, dass es von jetzt an keine Fragen mehr zu stellen hat.

Väter stehen im zwanzigsten Jahrhundert nicht mehr selbstverständlich im Mittelpunkt der Familie. Ihr Leben kreist oft um Zentren draußen, die das Kind nicht kennt, und sie kommen von dort her heim wie Besucher aus der größeren Welt. Aber von dort können sie doch einen Vorgeschmack mitbringen wie der Vater bei *Frank McCourt* es tut: »Und wenn wir sagen, Dad erzähl uns eine Geschichte, erfindet er eine über jemanden in der Gasse, und die Geschichte führt uns um die ganze Welt.« Die Väter sind in vielen Erzählungen ihrer Rolle nicht mehr sicher. Sie improvisieren wie der Vater in *Edgar L. Doctorows* »Weltausstellung« oder müssen erst zu ihrer Rolle als Vater finden wie bei *Nathalie Sarraute*.

Einer unserer Texte aber bezeugt die Trauer und den Schmerz der unzähligen Kinder, die in diesem Jahrhundert gewaltsam von ihren Vätern getrennt wurden: Die Eintragungen aus dem Tagebuch von *Dawid Rubinowicz*. Es ist der einzige Text in unserer Sammlung, ein Dokument, der von einem Kind selbst geschrieben wurde.

Was haben Kinder im Sinn, wenn sie sich eines Tages allein auf den Weg machen? Ausflüge ins Blaue gehen ja selten gut aus, und doch wird da etwas gewagt, was wohl zu den stärksten Eindrücken in einer Kindheit gehört. Die große Zahl der Texte zu diesem Thema zeigt es. Visionen, Wünsche, erfüllbare und unerfüllbare sind mit im Spiel. Bei *Isaak Bashevis Singer* treibt es den Sohn des Rabbi aus der Enge seines Warschauer Wohnviertels hinaus in die unbekannten Gegenden der Stadt, wo er einen Tag ganz für sich allein verbringen will. Wie ungeschickt er sich dabei auch anstellt, am Abend kann er doch zu liebevollen Eltern zurückkehren.

14

Anders die Kinder in der Erzählung von *Gianni Celati*, die wie im Märchen aus einem lieblosen und »langweiligen« Zuhause aufbrechen. Der Wald des Märchens ist hier die große Stadt, in der sie umherirren auf der Suche nach Zuwendung. Diese Kinder kommen nirgendwo an und werden am Ende begreifen, dass sie Ausgesetzte bleiben werden.

Landschaften, Bilder ziehen am Wagenfenster vorbei. Die Heimkehr aus den Ferien, erlebt als eine Reise zwischen Wachen und Traum, ist ein poetisches Bild, mit dem *Bruno Schulz* von einem erfüllten Kindertag erzählt.

Ulrike und Robert Schuster

Marcel Proust

Die Tasse Tee

Ich finde den keltischen Aberglauben sehr vernünftig, nach dem die Seelen der Lieben, die uns verlassen haben, in irgendein Wesen untergeordneter Art gebannt bleiben, eine Pflanze, ein unbelebtes Ding, dennoch verloren für uns bis zu dem Tage, der für viele niemals kommt, wo wir zufällig an dem Baum vorbeigehen oder in den Besitz des Dinges gelangen, in dem sie eingeschlossen sind. Dann horchen sie bebend auf, sie rufen uns an, und sobald wir sie erkennen, ist der Zauber gebrochen. Befreit durch uns besiegen sie den Tod und kehren ins Leben zu uns zurück.

Ebenso ist es mit unserer Vergangenheit. Vergebens versuchen wir sie wieder heraufzubeschwören, unser Geist bemüht sich umsonst. Sie verbirgt sich außerhalb seines Machtbereichs und unerkennbar für ihn in irgendeinem stofflichen Gegenstand (oder der Empfindung, die dieser Gegenstand in uns weckt) in welchem, ahnen wir nicht. Ob wir diesem Gegenstand aber vor unserem Tode begegnen oder nie auf ihn stoßen, hängt einzig vom Zufall ab.

Viele Jahre lang hatte von Combray außer dem, was der Schauplatz und das Drama meines Zubettgehens war, nichts für mich existiert, als meine Mutter an einem Wintertage, an dem ich durchfroren nach Hause kam, mir vorschlug, ich solle entgegen meiner Gewohnheit eine Tasse Tee zu mir nehmen. Ich lehnte erst ab, besann mich dann aber, ich weiß nicht warum, eines anderen. Sie ließ darauf eines jener dicken ovalen Sandtörtchen holen, die man »Madeleine« nennt und die aussehen, als habe man als Form dafür die gefächerte Schale einer Moule Saint-Jacques benutzt. Gleich darauf führte ich bedrückt durch den trüben Tag und die Aussicht auf den traurigen folgenden einen Löffel Tee mit dem aufgeweichten kleinen Stück Madeleine darin an die Lippen. In der Sekunde nun, als dieser mit dem Kuchengeschmack gemischte Schluck Tee meinen Gaumen berührte, zuckte ich zusammen und war wie gebannt durch etwas Ungewöhnliches, das sich in mir vollzog. Ein unerhörtes Glücksgefühl, das ganz für sich allein bestand und dessen Grund mir unbekannt blieb, hatte mich durchströmt. Mit einem

Schlage waren mir die Wechselfälle des Lebens gleichgültig, seine Katastrophen zu harmlosen Missgeschicken, seine Kürze zu einem bloßen Trug unsrer Sinne geworden; es vollzog sich damit in mir, was sonst die Liebe vermag, gleichzeitig aber fühlte ich mich von einer köstlichen Substanz erfüllt: oder diese Substanz war vielmehr nicht in mir, sondern ich war sie selbst. Ich hatte aufgehört, mich mittelmäßig, zufallsbedingt, sterblich zu fühlen. Woher strömte diese mächtige Freude mir zu? Ich fühlte, dass sie mit dem Geschmack des Tees und des Kuchens in Verbindung stand, aber darüber hinausging und von ganz anderer Wesensart war. Woher kam sie mir? Was bedeutete sie? Wo konnte ich sie fassen? Ich trinke einen zweiten Schluck und finde nichts anderes darin als im ersten, dann einen dritten, der mir sogar etwas weniger davon schenkt als der vorige. Ich muss aufhören, denn die geheime Kraft des Trankes scheint nachzulassen. Es ist ganz offenbar, dass die Wahrheit, die ich suche, nicht in ihm ist, sondern in mir. Er hat sie dort geweckt, aber er kennt sie nicht und kann nur auf unbestimmte Zeit und mit schon schwindender Stärke seine Aussage wiederholen, die ich gleichwohl nicht zu deuten weiß, und die ich wenigstens wieder von neuem aus ihm herausfragen und unverfälscht zu meiner Verfügung haben möchte, um entscheidende Erleuchtung daraus zu schöpfen. Ich setze die Tasse nieder und wende mich meinem Geiste zu. Er muss die Wahrheit finden. Doch wie? Eine schwere Ungewissheit tritt ein, so oft der Geist sich überfordert fühlt, wenn er, der Forscher, zugleich die dunkle Landschaft ist, in der er suchen soll und wo das ganze Gepäck, das er mitschleppt, keinen Wert für ihn hat. Suchen? Nicht nur das: Schaffen. Er steht vor einem Etwas, das noch nicht ist, und das doch nur er in seiner Wirklichkeit erfassen und dann in sein eigenes Licht rücken kann.

Wieder frage ich mich, was das für ein unbekannter Zustand sein mag, der keinen logischen Beweis, wohl aber den Augenschein eines Glückes mit sich führte, einer Wirklichkeit, der gegenüber alle andern verblassen. Ich will versuchen, ihn von neuem herbeizuführen. Ich durchlaufe rückwärts im Geiste den Weg bis zu dem Moment, wo ich den ersten Löffel voll Tee an den Mund geführt habe. Ich finde den gleichen Zustand wieder, doch von keinem neuen Licht erhellt. Ich verlange von meinem Geist das Bemühen, die fliehende Empfindung noch einmal wieder heraufzubeschwören. Und damit sein Schwung sich an keinem Hindernis brechen kann, räume ich alles hinweg, jeden fremden Gedanken, ich schirme mein Gehör und meine Aufmerksamkeit gegen alle Geräusche des Nebenzimmers ab. Dann aber, da ich fühle, wie mein Geist sich erfolglos abmattet, zwinge ich ihn umgekehrt zu jener Zerstreuung, die ich ihm vorenthalten wollte, lasse ihn an anderes denken und sich gleichsam erholen, bevor er noch einmal den Anlauf unternimmt. Dann schaffe ich ein zweites Mal völlige Leere um ihn, ich stelle ihm den noch ganz frischen Geschmack jenes ersten Schlucks gegenüber und spüre, wie etwas in mir sich zitternd regt und verschiebt, wie es sich zu erheben versucht, wie es in großer Tiefe den Anker gelichtet hat; ich weiß nicht, was es ist, doch langsam steigt es in mir empor; ich spüre dabei den Widerstand und höre das Rauschen und Raunen der durchmessenen Räume.

Sicherlich muss das, was so in meinem Inneren in Bewegung geraten ist, das Bild, die visuelle Erinnerung sein, die zu diesem Geschmack gehört und die nun versucht, mit jenem bis zu mir zu gelangen. Aber sie müht sich in zu großer Ferne und nur allzu schwach erkennbar ab; kaum nehme ich einen gestaltlosen Lichtschein wahr, in dem sich der ungreifbare Wirbel der Farben vermischt und verliert; aber ich kann die Form nicht unterscheiden, nicht von ihr als dem einzig möglichen Dragoman erbitten, dass sie mir die Aussage ihres Begleiters, ihres unzertrennlichen Gefährten, des Geschmacks übersetzt, sie nicht fragen, um welche Begebenheit, um welche Epoche der Vergangenheit es sich handeln mag.

Wird sie bis an die Oberfläche meines Bewusstseins gelangen, diese Erinnerung, jener Augenblick von einst, der, angezogen durch einen ihm gleichen Augenblick, von so weit her gekommen ist, um alles in mir zu wecken, in Bewegung zu bringen und wieder heraufzuführen? Ich weiß es nicht. Jetzt fühle ich nichts mehr, er ist zum Stillstand gekommen, vielleicht in die Tiefe geglitten; wer weiß, ob er jemals wieder aus seinem Dunkel emporsteigen wird? Zehnmal muss ich es wieder versuchen, mich zu ihm hinunterzubeugen. Und jedesmal rät mir die Trägheit, die uns von jeder schwierigen Aufgabe, von jeder bedeutenden Leistung fernhalten will, das Ganze auf sich beruhen zu lassen, meinen Tee zu trinken im ausschließlichen Gedanken an meine Kümmernisse von heute und meine Wünsche für morgen, die ich unaufhörlich und mühelos in mir bewegen kann.

Und dann mit einem Male war die Erinnerung da. Der Geschmack war der jener Madeleine, die mir am Sonntagmorgen in Combray (weil ich an diesem Tage vor dem Hochamt nicht aus dem Hause ging), sobald ich ihr in ihrem Zimmer guten Morgen sagte, meine Tante Léonie anbot, nachdem sie sie in ihren schwarzen oder Lindenblütentee getaucht hatte. Der Anblick jener Madeleine hatte mir nichts gesagt, bevor ich davon gekostet hatte; vielleicht kam das daher, dass ich dies Gebäck, ohne davon zu essen, oft auf den Tischen der Bäcker gesehen hatte und dass dadurch sein Bild sich von jenen Tagen in Combray losgelöst und mit anderen, späteren verbunden hatte; vielleicht auch daher, dass von jenen so lange aus dem Gedächtnis entschwundenen Erinnerungen nichts mehr da war, alles sich in nichts aufgelöst hatte: die Formen – darunter auch die dieser kleinen Muschel aus Kuchenteig, die so behäbig und sinnenfroh wirkt unter ihrem strengen, frommen Faltenkleid – waren versunken oder sie hatten, in tiefen Schlummer versenkt, jenen Auftrieb verloren, durch den sie ins Bewusstsein hätten emporsteigen können. Aber wenn von einer früheren Vergangenheit nichts existiert nach dem Ableben der Personen, dem Untergang der Dinge, so werden allein, zerbrechlicher aber lebendiger, immateriell und doch haltbar, beständig und treu Geruch und Geschmack noch lange wie irrende Seelen ihr Leben weiterführen, sich erinnern, warten, hoffen, auf den Trümmern alles übrigen und in einem beinahe unwirklich winzigen Tröpfchen das unermessliche Gebäude der Erinnerung unfehlbar in sich tragen.

Sobald ich den Geschmack jener Madeleine wiedererkannt hatte, die meine Tante mir, in Lindenblütentee eingetaucht, zu verabfolgen pflegte (obgleich ich noch immer nicht wusste und auch erst späterhin würde ergründen können, weshalb die Erinnerung mich so glücklich machte), trat das graue Haus mit seiner Straßenfront, an der ihr Zimmer sich befand, wie ein Stück Theaterdekoration zu dem kleinen Pavillon an der Gartenseite hinzu, der für meine Eltern nach hintenheraus angebaut worden war (also zu jenem verstümmelten Teilbild, das ich bislang allein vor mir gesehen hatte) und mit dem Hause die Stadt, der Platz, auf den man mich vor dem Mittagessen schickte, die Straßen, die ich von morgens bis abends und bei jeder Witterung durchmaß, die Wege, die wir gingen, wenn schönes Wetter war. Und wie in den Spielen, bei denen die Japaner in eine mit Wasser gefüllte Porzellanschale kleine, zunächst ganz unscheinbare Papierstückchen werfen, die, sobald sie sich vollgesogen haben, auseinandergehen, sich winden,

Farbe annehmen und deutliche Einzelheiten aufweisen, zu Blumen, Häusern, zusammenhängenden und erkennbaren Figuren werden, ebenso stiegen jetzt alle Blumen unseres Gartens und die aus dem Park von Monsieur Swann, die Seerosen auf der Vivonne, die Leutchen aus dem Dorfe und ihre kleinen Häuser und die Kirche und ganz Combray und seine Umgebung, alles deutlich und greifbar, die Stadt und die Gärten auf aus meiner Tasse Tee.

Walter Benjamin

Der Lesekasten

Nie wieder können wir Vergessenes ganz zurückgewinnen. Und das ist vielleicht gut. Der Chock des Wiederhabens wäre so zerstörend, dass wir im Augenblick aufhören müssten, unsere Sehnsucht zu verstehen. So aber verstehen wir sie, und um so besser, je versunkener das Vergessene in uns liegt. Wie das verlorene Wort, das eben noch auf unseren Lippen lag, die Zunge zu demosthenischer Beflügelung lösen würde, so scheint uns das Vergessene schwer vom ganzen gelebten Leben, das es uns verspricht. Vielleicht ist, was Vergessenes so beschwert und trächtig macht, nichts anderes als die Spur verschollener Gewohnheiten, in die wir uns nicht mehr finden könnten. Vielleicht ist seine Mischung mit den Stäubchen unserer zerfallenen Gehäuse das Geheimnis, aus dem es überdauert. Wie dem auch sei, für jeden gibt es Dinge, die dauerhaftere Gewohnheiten in ihm entfalteten als alle anderen. An ihnen formten sich die Fähigkeiten, die für sein Dasein mitbestimmend wurden. Und weil das, was mein eigenes angeht, Lesen und Schreiben waren, weckt von allem, was mir in früheren Jahren unterkam, nichts größere Sehnsucht als der Lesekasten. Er enthielt auf kleinen Täfelchen die Lettern, einzeln, in deutscher Schrift, in der sie jünger und auch mädchenhafter schienen als im Druck. Sie betteten sich schlank aufs schräge Lager, jede einzelne vollendet und in ihrer Reihenfolge gebunden durch die Regel ihres Ordens, das Wort, dem sie als Schwestern angehörten. Ich bewunderte, wie soviel Anspruchslosigkeit vereint mit soviel Herrlichkeit bestehen könne. Es war ein Gnadenstand. Und meine Rechte, die sich gehorsam um ihn mühte, fand ihn nicht. Sie musste draußen wie der Pförtner sitzen, der die Erwählten durchzulassen hat. So war ihr Umgang mit den Lettern voll Entsagung. Die Sehnsucht, die er mir erweckt, beweist, wie sehr er eins mit meiner Kindheit gewesen ist. Was ich in Wahrheit in ihm suche, ist sie selbst: die ganze Kindheit, wie sie in dem Griff gelegen hat, mit dem die Hand die Lettern in die Leiste schob, in der sie sich zu Wörtern reihen sollten. Die Hand kann diesen Griff noch träumen, aber nie mehr erwachen, um ihn wirklich zu vollziehen. So kann ich davon träumen, wie ich einmal das Gehen lernte. Doch das hilft mir nichts. Nun kann ich gehen; gehen lernen nicht mehr.

Marie Luise Kaschnitz

Das dicke Kind

Es war Ende Januar, bald nach den Weihnachtsferien, als das dicke Kind zu mir kam. Ich hatte in diesem Winter angefangen, an die Kinder aus der Nachbarschaft Bücher auszuleihen, die sie an einem bestimmten Wochentag holen und zurückbringen sollten. Natürlich kannte ich die meisten dieser Kinder, aber es kamen auch manchmal Fremde, die nicht in unserer Straße wohnten. Und wenn auch die Mehrzahl von ihnen gerade nur so lange Zeit blieb, wie der Umtausch in Anspruch nahm, so gab es doch einige, die sich hinsetzten und gleich auf der Stelle zu lesen begannen. Dann saß ich an meinem Schreibtisch und arbeitete, und die Kinder saßen an dem kleinen Tisch bei der Bücherwand, und ihre Gegenwart war mir angenehm und störte mich nicht.

Das dicke Kind kam an einem Freitag oder Samstag, jedenfalls nicht an dem zum Ausleihen bestimmten Tag. Ich hatte vor, auszugehen und war im Begriff, einen kleinen Imbiss, den ich mir gerichtet hatte, ins Zimmer zu tragen. Kurz vorher hatte ich einen Besuch gehabt und dieser musste wohl vergessen haben, die Eingangstüre zu schließen. So kam es, dass das dicke Kind ganz plötzlich vor mir stand, gerade als ich das Tablett auf den Schreibtisch niedergesetzt hatte und mich umwandte, um noch etwas in der Küche zu holen. Es war ein Mädchen von vielleicht zwölf Jahren, das einen altmodischen Lodenmantel und schwarze, gestrickte Gamaschen anhatte und an einem Riemen ein paar Schlittschuhe trug, und es kam mir bekannt, aber doch nicht richtig bekannt vor, und weil es so leise hereingekommen war, hatte es mich erschreckt.

Kenne ich Dich? frage ich überrascht.

Das dicke Kind sagte nichts. Es stand nur da und legte die Hände über seinem runden Bauch zusammen und sah mich mit seinen wasserhellen Augen an.

Möchtest Du ein Buch? fragte ich.

Das dicke Kind gab wieder keine Antwort. Aber darüber wunderte ich mich nicht allzu sehr. Ich war es gewohnt, dass die Kinder schüchtern waren und dass man ihnen helfen musste. Also zog ich ein paar Bücher heraus und legte sie vor das fremde Mädchen hin. Dann machte ich mich daran, eine der

Karten auszufüllen, auf welchen die entliehenen Bücher aufgezeichnet wurden.

Wie heißt Du denn? fragte ich.

Sie nennen mich die Dicke, sagte das Kind. Soll ich Dich auch so nennen? fragte ich.

Es ist mir egal, sagte das Kind. Es erwiderte mein Lächeln nicht, und ich glaube mich jetzt zu erinnern, dass sein Gesicht sich in diesem Augenblick schmerzlich verzog. Aber ich achtete darauf nicht.

Wann bist Du geboren?, fragte ich weiter. Im Wassermann, sagte das Kind ruhig.

Diese Antwort belustigte mich und ich trug sie auf der Karte ein, spaßeshalber gewissermaßen, und dann wandte ich mich wieder den Büchern zu.

Möchtest Du etwas Bestimmtes? fragte ich.

Aber dann sah ich, dass das fremde Kind gar nicht die Bücher ins Auge fasste, sondern seine Blicke auf dem Tablett ruhen ließ, auf dem mein Tee und meine belegten Brote standen.

Vielleicht möchtest Du etwas essen, sagte ich schnell.

Das Kind nickte, und in seiner Zustimmung lag etwas wie ein gekränktes Erstaunen darüber, dass ich erst jetzt auf diesen Gedanken kam. Es machte sich daran, die Brote eins nach dem andern zu verzehren, und es tat das auf eine besondere Weise, über die ich mir erst später Rechenschaft gab. Dann saß es wieder da und ließ seine trägen kalten Blicke im Zimmer herumwandern, und es lag etwas in seinem Wesen, das mich mit Ärger und Abneigung erfüllte. Ja gewiss, ich habe dieses Kind von Anfang an gehasst. Alles an ihm hat mich abgestoßen, seine trägen Glieder, sein hübsches, fettes Gesicht, seine Art zu sprechen, die zugleich schläfrig und anmaßend war. Und obwohl ich mich entschlossen hatte, ihm zuliebe meinen Spaziergang aufzugeben, behandelte ich es doch keineswegs freundlich, sondern grausam und kalt.

Oder soll man es etwa freundlich nennen, dass ich mich nun an den Schreibtisch setzte und meine Arbeit vornahm und über meine Schulter weg sagte, lies jetzt, obwohl ich doch ganz genau wusste, dass das fremde Kind gar nicht lesen wollte? Und dann saß ich da und wollte schreiben und brachte nichts zustande, weil ich ein sonderbares Gefühl der Peinigung hatte, so, wie wenn man etwas erraten soll und errät es nicht, und ehe man es nicht erraten hat, kann nichts mehr so werden wie es vorher war. Und eine Weile lang hielt ich das aus, aber nicht sehr lange, und dann wandte ich mich um und begann eine Unterhaltung und es fielen mir nur die törichtsten Fragen ein.

Hast Du noch Geschwister, fragte ich.

Ja, sagte das Kind.

Gehst Du gern in die Schule, fragte ich.

Ja, sagte das Kind.

Was magst Du denn am liebsten?

Wie bitte? fragte das Kind.

Welches Fach, sagte ich verzweifelt.

Ich weiß nicht, sagte das Kind.

Vielleicht Deutsch? fragte ich.

Ich weiß nicht, sagte das Kind.

Ich drehte meinen Bleistift zwischen den Fingern, und es wuchs etwas in mir auf, ein Grauen, das mit der Erscheinung des Kindes in gar keinem Verhältnis stand.

Hast Du Freundinnen? fragte ich zitternd.

O ja, sagte das Mädchen.

Eine hast Du doch sicher am liebsten? fragte ich.

Ich weiß nicht, sagte das Kind, und wie es dasaß in seinem haarigen Lodenmantel, glich es einer fetten Raupe, und wie eine Raupe hatte es auch gegessen und wie eine Raupe witterte es jetzt wieder herum.

Jetzt bekommst Du nichts mehr, dachte ich, von einer sonderbaren Rachsucht erfüllt. Aber dann ging ich doch hinaus und holte Brot und Wurst, und das Kind starrte darauf mit seinem dumpfen Gesicht, und dann fing es an zu essen, wie eine Raupe frisst, langsam und stetig, wie aus einem inneren Zwang heraus, und ich betrachtete es feindlich und stumm.

Denn nun war es schon soweit, dass alles an diesem Kind mich aufzuregen und zu ärgern begann. Was für ein albernes weißes Kleid, was für ein lächerlicher Stehkragen dachte ich, als das Kind nach dem Essen seinen Mantel aufknöpfte. Ich setzte mich wieder an meine Arbeit, aber dann hörte ich das Kind hinter mir schmatzen, und dieses Geräusch glich dem trägen Schmatzen eines schwarzen Weihers irgendwo im Walde, es brachte mir alles wässerig Dumpfe, alles Schwere und Trübe der Menschennatur zum Bewusstsein und verstimmte mich sehr. Was willst Du von mir, dachte ich, geh fort, geh fort. Und ich hatte Lust, das Kind mit meinen Händen aus dem Zimmer zu stoßen, wie man ein lästiges Tier vertreibt. Aber dann stieß ich es nicht aus dem Zimmer, sondern sprach nur wieder mit ihm, und wieder auf dieselbe grausame Art.

Gehst Du jetzt aufs Eis? fragte ich.

Ja, sagte das dicke Kind.

Kannst Du gut Schlittschuhlaufen? fragte ich und deutete auf die Schlittschuhe, die das Kind noch immer am Arm hängen hatte.

Meine Schwester kann gut, sagte das Kind, und wieder erschien auf seinem Gesicht ein Ausdruck von Schmerz und Trauer und wieder beachtete ich ihn nicht.

Wie sieht Deine Schwester aus? fragte ich. Gleicht sie Dir?

Ach nein, sagte das dicke Kind. Meine Schwester ist ganz dünn und hat schwarzes, lockiges Haar. Im Sommer, wenn wir auf dem Land sind, steht sie nachts auf, wenn ein Gewitter kommt und sitzt oben auf der obersten Galerie auf dem Geländer und singt.

Und Du? fragte ich.

Ich bleibe im Bett, sagte das Kind. Ich habe Angst.

Deine Schwester hat keine Angst, nicht wahr? sagte ich.

Nein, sagte das Kind. Sie hat niemals Angst. Sie springt auch vom obersten Sprungbrett. Sie macht einen Kopfsprung, und dann schwimmt sie weit hinaus ...

Was singt Deine Schwester denn? fragte ich neugierig.

Sie singt, was sie will, sagte das dicke Kind traurig. Sie macht Gedichte.

Und Du? fragte ich.

Ich tue nichts, sagte das Kind. Und dann stand es auf und sagte, ich muss jetzt gehen. Ich streckte meine Hand aus, und es legte seine dicken Finger hinein, und ich weiß nicht genau, was ich dabei empfand, etwas wie eine Aufforderung, ihm zu folgen, einen unhörbaren dringlichen Ruf. Komm einmal wieder, sagte ich, aber es war mir nicht ernst damit, und das Kind sagte nichts und sah mich mit seinen kühlen Augen an. Und dann war es fort, und ich hätte eigentlich Erleichterung spüren müssen. Aber kaum, dass ich die Wohnungstür ins Schloss fallen hörte, lief ich auch schon auf den Korridor hinaus und zog meinen Mantel an. Ich rannte ganz schnell die Treppe hinunter und erreichte die Straße in dem Augenblick, in dem das Kind um die nächste Ecke verschwand.

Ich muss doch sehen, wie diese Raupe Schlittschuh läuft, dachte ich. Ich muss doch sehen, wie sich dieser Fettkloß auf dem Eise bewegt. Und ich beschleunigte meine Schritte, um das Kind nicht aus den Augen zu verlieren. Es war am frühen Nachmittag gewesen, als das dicke Kind zu mir ins Zimmer trat, und jetzt brach die Dämmerung herein. Obwohl ich in dieser Stadt einige Jahre meiner Kindheit verbracht hatte, kannte ich mich doch nicht mehr gut aus, und während ich mich bemühte, dem Kinde zu folgen, wusste ich bald nicht mehr, welchen Weg wir gingen, und die Straßen und Plätze, die vor mir auftauchten, waren mir völlig fremd. Ich bemerkte auch plötzlich eine Veränderung in der Luft. Es war sehr kalt gewesen, aber nun war ohne Zweifel Tauwetter eingetreten und mit so großer Gewalt, dass der Schnee schon von den Dächern tropfte und am Himmel große Föhnwolken ihres Weges zogen. Wir kamen vor die Stadt hinaus, dorthin, wo die Häuser von großen Gärten umgeben sind, und dann waren gar keine Häuser mehr da, und dann verschwand plötzlich das Kind und tauchte eine Böschung hinab. Und wenn ich erwartet hatte, nun einen Eislaufplatz vor mir zu sehen, helle Buden und Bogenlampen und eine glitzernde Fläche voll Geschrei und Musik, so bot sich mir jetzt ein ganz anderer Anblick. Denn dort unten lag der See, von dem ich geglaubt hatte, dass seine Ufer mittlerweile alle bebaut worden wären: er lag ganz einsam da, von schwarzen Wäldern umgeben und sah genau wie in meiner Kindheit aus. Dieses unerwartete Bild erregte mich so sehr, dass ich das fremde Kind beinahe aus den Augen verlor. Aber dann sah ich es wieder, es hockte am Ufer und versuchte, ein Bein über das andere zu legen und mit der einen Hand den Schlittschuh am Fuß festzuhalten, während es mit der andern den Schlüssel herumdrehte. Der Schlüssel fiel ein paar Mal herunter, und dann ließ sich das dicke Kind auf alle Viere fallen und rutschte auf dem Eis herum, und suchte und sah wie eine seltsame Kröte aus. Über dem wurde es immer dunkler, der Dampfersteg, der nur ein paar Meter von dem Kind entfernt in den See vorstieß, stand tiefschwarz über der weiten Fläche, die silbrig glänzte, aber nicht überall gleich, sondern ein wenig dunkler hier und dort, und in diesen trüben Flecken kündigte sich das Tauwetter an. Mach doch schnell, rief ich ungeduldig, und die Dicke beeilte sich nun wirklich, aber nicht auf mein Drängen hin, sondern weil draußen vor dem Ende des langen Dampfersteges jemand winkte und »Komm Dicke« schrie, jemand, der dort seine Kreise zog, eine leichte, helle Gestalt. Es fiel mir ein, dass dies die Schwester sein müsse, die Tänzerin, die Gewittersängerin, das Kind nach meinem Herzen, und ich war gleich überzeugt, dass nichts anderes mich hier hergelockt hatte als der Wunsch, dieses anmutige Wesen zu sehen. Zugleich aber wurde ich mir auch der Gefahr bewusst, in der die Kinder schwebten. Denn nun begann mit einem Mal dieses seltsame Stöhnen, diese tiefen Seufzer, die der See auszustoßen scheint, ehe die Eisdecke bricht. Diese Seufzer liefen in der Tiefe hin wie eine schaurige Klage, und ich hörte sie und die Kinder hörten sie nicht.

Nein gewiss, sie hörten sie nicht. Denn sonst hätte sich die Dicke, dieses ängstliche Geschöpf, nicht auf den Weg gemacht, sie wäre nicht mit ihren kratzigen unbeholfenen Stößen immer weiter hinausgestrebt, und die Schwester draußen hätte nicht gewinkt und gelacht und sich wie eine Ballerina auf der Spitze ihres Schlittschuhs gedreht, um dann wieder ihre schönen Achter zu ziehen, und die Dicke hätte die schwarzen Stellen vermieden, vor denen sie jetzt zurückschreckte, um sie dann doch zu überqueren, und die Schwester hätte sich nicht plötzlich hoch aufgerichtet und wäre nicht davon geglitten, fort, fort, einer der kleinen einsamen Buchten zu.

Ich konnte das alles genau sehen, weil ich mich daran gemacht hatte, auf dem Dampfersteg hinauszuwandern, immer weiter, Schritt für Schritt. Trotzdem die Bohlen vereist waren, kam ich doch schneller vorwärts als das dicke Kind dort unten, und wenn ich mich umwandte, konnte ich sein Gesicht sehen, das einen dumpfen und zugleich sehnsüchtigen Ausdruck hatte. Ich konnte auch die Risse sehen, die jetzt überall aufbrachen und aus denen wie Schaum vor die Lippen des Rasenden, ein wenig schäumendes Wasser trat. Und dann sah ich natürlich auch, wie unter dem dicken Kinde das Eis zerbrach. Denn das geschah an der Stelle, an der die Schwester vordem getanzt hatte und nur wenige Armlängen vor dem Ende des Stegs. Ich muss gleich sagen, dass dieses Einbrechen kein lebensgefährliches war. Der See gefriert in ein paar Schichten, und die zweite lag nur einen Meter unter der ersten und war noch ganz fest. Alles, was geschah, war, dass die Dicke einen Meter tief im Wasser stand, im eisigen Wasser freilich und umgeben von bröckelnden Schollen, aber wenn sie nur ein paar Schritte durch das Wasser watete, konnte sie den Steg erreichen und sich dort hinaufziehen, und ich konnte ihr dabei behilflich sein. Aber ich dachte trotzdem gleich, sie wird es nicht schaffen, und es sah auch so aus, als ob sie es nicht schaffen würde, wie sie da stand, zu Tode erschrocken und nur ein paar unbeholfene Bewegungen machte, und das Wasser strömte um sie herum, und das Eis unter ihren Händen zerbrach. Der Wassermann, dachte ich, jetzt zieht er sie hinunter, und ich spürte gar nichts dabei, nicht das geringste Erbarmen und rührte mich nicht. Aber nun hob die Dicke plötzlich den Kopf, und weil es jetzt vollends Nacht geworden und der Mond hinter den Wolken erschienen war, konnte ich deutlich sehen, dass etwas in ihrem Gesicht sich verändert hatte. Es waren dieselben Züge und doch nicht dieselben, aufgerissen waren sie von Willen und Leidenschaft, als ob sie nun, im Angesicht des Todes, alles Leben tränken, alles glühende Leben der Welt. Ja, das glaubte ich wohl, dass der Tod nahe und dies das letzte sei, und beugte mich über das Geländer und blickte in das weiße Antlitz unter mir, und wie ein Spiegelbild sah es mir entgegen aus der schwarzen Flut. Da aber hatte das dicke Kind den Pfahl erreicht. Es streckte die Hände aus und begann sich heraufzuziehen, ganz geschickt hielt es sich an den Nägeln und Haken, die aus dem Holze ragten. Sein Körper war zu schwer, und seine Finger bluteten, und es fiel wieder zurück, aber nur, um wieder von neuem zu beginnen. Und das war ein langer Kampf, ein schreckliches Ringen um Befreiung und Verwandlung, wie das Aufbrechen einer Schale oder eines Gespinstes, dem ich da zusah, und jetzt hätte ich dem Kinde wohl helfen mögen, aber ich wusste, ich brauchte ihm nicht mehr zu helfen – ich hatte es erkannt ...

An meinen Heimweg an diesem Abend erinnere ich mich nicht. Ich weiß nur, dass ich auf unserer Treppe einer Nachbarin erzählte, dass es noch jetzt ein Stück Seeufer gäbe mit Wiesen und schwarzen Wäldern, aber sie erwiderte mir, nein, das gäbe es nicht. Und dass ich dann die Papiere auf meinem Schreibtisch durcheinandergewühlt fand und irgendwo dazwischen ein altes Bildchen, das mich selbst darstellte, in einem weißen Wollkleid mit Stehkragen, mit hellen wässrigen Augen und sehr dick.

Elias Canetti

Meine früheste Erinnerung

Meine früheste Erinnerung ist in Rot getaucht. Auf dem Arm eines Mädchens komme ich zu einer Tür heraus, der Boden vor mir ist rot, und zur Linken geht eine Treppe hinunter, die ebenso rot ist. Gegenüber von uns, in selber Höhe, öffnet sich eine Türe und ein lächelnder Mann tritt heraus, der freundlich auf mich zugeht. Er tritt ganz nahe an mich heran, bleibt stehen und sagt zu mir: »Zeig die Zunge!« Ich strecke die Zunge heraus, er greift in seine Tasche, zieht ein Taschenmesser hervor, öffnet es und führt die Klinge ganz nahe an meine Zunge heran. Er sagt: »Jetzt schneiden wir ihm die Zunge ab.« Ich wage es nicht, die Zunge zurückzuziehen, er kommt immer näher, gleich wird er sie mit der Klinge berühren. Im letzten Augenblick zieht er das Messer zurück, sagt: »Heute noch nicht, morgen.« Er klappt das Messer wieder zu und steckt es in seine Tasche.

Jeden Morgen treten wir aus der Tür heraus auf den roten Flur, die Türe öffnet sich, und der lächelnde Mann erscheint. Ich weiß, was er sagen wird und warte auf seinen Befehl, die Zunge zu zeigen. Ich weiß, dass er sie mir abschneiden wird und fürchte mich jedesmal mehr. Der Tag beginnt damit, und es geschieht viele Male.

Ich behalte es für mich und frage erst sehr viel später die Mutter danach. Am Rot überall erkennt sie die Pension in Karlsbad, wo sie mit dem Vater und mir den Sommer 1907 verbracht hatte. Für den Zweijährigen haben sie ein Kindermädchen aus Bulgarien mitgenommen, selbst keine fünfzehn Jahre alt. In aller Frühe pflegt sie mit dem Kind auf dem Arm fortzugehen, sie spricht nur bulgarisch, findet sich aber überall in dem belebten Karlsbad zurecht und ist immer pünktlich mit dem Kind zurück. Einmal sieht man sie mit einem unbekannten jungen Mann auf der Straße, sie weiß nichts über ihn zu sagen, eine Zufallsbekanntschaft. Nach wenigen Wochen stellt sich heraus, dass der junge Mann im Zimmer genau gegenüber von uns wohnt, auf der anderen Seite des Flurs. Das Mädchen geht manchmal nachts rasch zu ihm hinüber. Die Eltern fühlen sich für sie verantwortlich und schicken sie sofort nach Bulgarien zurück.

Beide, das Mädchen und der junge Mann, gingen sehr früh von zu Hause fort, auf diese Art müssen sie sich zuerst begegnet sein, so muss es begonnen haben. Die Drohung mit dem Messer hat ihre Wirkung getan, das Kind hat zehn Jahre darüber geschwiegen.

Elsa Morante

Auf dem Bahnsteig

Eine Kleinstadt in Unteritalien: Nach dem Tod ihrer Eltern und ihrer
Pflegemutter verlässt eine junge Frau die Wohnung nicht mehr. In einer
Kammer, in die sie sich zurückgezogen hat, ist Elisa den Erinnerungen an
die Geschichte ihrer Familie und an ihre eigene Kindheit ausgesetzt. Es ist
eine Kindheit, die sie mit Eltern verbringen muss, die ihren eigenen Lei-
denschaften und Lebenslügen nachhängen und sich darin verzehren. Ob-
wohl Elisa eine scharfsichtige Zeugin der elterlichen Kämpfe ist, bleiben ihr
doch die Gründe für diese Zerwürfnisse verborgen. So ist das Kind selbst
verstört und voller Ängste. Harmlose Begegnungen mit der Außenwelt
wachsen sich in ihrer kindlichen Einbildungskraft zu phantastischen Be-
drohungen aus.

Ich erinnere mich an einen Spätnachmittag. Es war, glaube ich,
schon im Monat März, aber an einem noch winterlichen Tag, als
meine Mutter und ich uns zur Bahn begeben mussten, um
meinem Vater noch irgendeinen Auftrag auszurichten, bevor er
abreiste. Mein Vater hatte Bahndienst an jenem Tag. Der Zug
stand noch auf den Geleisen beim Bahnhof, doch die Beamten
waren schon im Postwagen an ihrer Arbeit. Meine Mutter ließ
meinen Vater durch einen Dienstmann rufen, und kurz darauf
stieg er aus dem Zug und kam auf den Bahnsteig, wo wir ihn
erwarteten. Er trug ein langes, graues Überkleid. Während er
mit meiner Mutter sprach, näherte ich mich neugierig dem Zug
und schaute durch die offene Tür in den Wagen, aus dem mein
Vater ausgestiegen war. Ich hatte den berühmten Postwagen
noch nie gesehen und fand auch später keine Gelegenheit mehr,
ihn zu betrachten. Es war an einem regnerischen Nachmittag,
deshalb ist diese Szene in meiner Erinnerung von einem
dämmrigen Licht erfüllt.

Der Postwagen, in dem mein Vater reiste, schien mir im
Innern auszusehen wie ein Zigeunerwagen. Ohne Abteile und
Sitze, und von einer lackierten Scheidewand von schmutzig-
grauer Farbe in zwei Hälften geteilt. Diesseits der Wand lagen
auf dem mit Stroh bestreuten, dreckigen Boden prallgefüllte
Säcke, von denen jeder eine Aufschrift trug. In der Zwischen-
wand war eine Öffnung ohne Türe und ein Schalter mit

hinaufgeschobenem Schiebfensterchen. Da hindurch erblickte man auf der andern Seite der Wand einen Raum mit Fächern und Pulten, und hinter dem Schalter stand ein Beamter mittleren Alters, der wie mein Vater über seinem Anzug ein Überkleid aus grauem Stoff trug, und der damit beschäftigt war, Marken aufzukleben. Aus dem sichtbaren Teil seiner etwas gebeugten Gestalt konnte man darauf schließen, dass er groß und schlank gewachsen war.

Es verzauberte mich beinahe, seinen genauen und raschen Bewegungen zuzusehen. Er sah kränklich aus und hatte ungelocktes und teilweise ergrautes Haar. Er hatte etwas Seltsames im Gesicht, denn an den Schläfen und auf der Stirn bis dorthin, wo der Haarwuchs begann, hatte er Geschwülste, die weder von einem Unglücksfall noch von einer Krankheit, sondern von Verwachsungen der Knochen herzurühren schienen. Außer diesem Gesichtsfehler hatte er nichts Bemerkenswertes oder Sonderbares an sich. Er trug eine Brille, und ein vernachlässigter und grauhaariger Schnurrbart fiel ihm über die dicken, blassen Lippen. Als er mich sah, unterbrach er seine Arbeit einen Augenblick und fragte mich, wie ich heiße. Verwundert antwortete ich: »Elisa« – »Elisa!« wiederholte er, »ein schöner Name! Und der Familienname lautet – wetten wir, dass ich ihn errate«, fügte er mit einem Lächeln hinzu, das seine defekten Zähne sehen ließ, »wart einmal: Elisa de Salvi!«

Ich schaute ihn erstaunt an, und er wiegte lachend den Kopf und sagte, ihm sei, wenn er mich sehe, als erblicke er ein Ebenbild von Francesco de Salvi. Es sei nicht schwer, mich zu erkennen. Natürlich konnte er nicht wissen, dass er mich mit diesen Worten aufbrachte. Zornig schwieg ich. Inzwischen hatte er seine Brille abgenommen und rieb sie mit einem Zipfel seines Überkleides blank. Dabei richtete er seine kurzsichtigen Augen auf mich, welche wie die eines Schlafenden aussahen und fragte mich, ob ich etwa zusammen mit ihm und meinem Vater im Postwagen mitfahren wolle. Ich wusste nicht recht, ob er es im Ernst meinte, aber die Einladung gefiel mir, als ich sie hörte, so sehr und beflügelte meine Phantasie, dass die Hoffnung mir die Wangen rötete. Gleich darauf aber kam mir der Gedanke, dass ich, wenn ich abreise, meine Mutter zurücklasse, und die Hoffnung verwandelte sich in Bangigkeit. In großer Erregung antwortete ich. – »Nein, nein!« Und mit Herzklopfen trat ich von der Wagentür weg, um zu meiner Mutter zu laufen und mich in ihre Arme zu schmiegen.

Da hörte ich vom Bahnsteig, wo ich stand, den Unbekannten in seinem Eisenbahnwagen lachen – sicherlich belustigte ihn mein großes Entsetzen –, bis sein Lachen in das trockene Husten des Rauchers überging. Ich zitterte vor Aufregung, aber mit einemmal überfiel mich an Stelle der Verwirrung eine von wachsender Angst erfüllte Vorstellung. Ich dachte mir aus, dass jener mich wider meinen Willen zwingen könne, mit dem Postwagen zu reisen und mich so von meiner Mutter zu trennen. Und diese, das wusste ich, würde mich nicht beschützen und würde sich auch nicht widersetzen, um so mehr, als am Tag darauf die Schulferien begannen und die Hin- und Rückreise mich keine Schulstunden versäumen lassen würde. Dieser Verdacht, der nur in meiner Einbildung existierte, schien mir in jenen kurzen Augenblicken so wahrscheinlich, dass mein Atem aussetzte. Ich wagte es nicht mehr, zur Wagentür hinüberzuschauen, aus der jeden Moment jenes bebrillte Gesicht herausblicken konnte. Ich stellte mir vor, dass jener eine Respektsperson sei, der Oberbefehlshaber vielleicht über alle Züge und den Bahnhof und darüber hinaus ein hämischer und boshafter Mensch. Wenn daher ein Briefträger mit seinem Karren an mir vorüberfuhr oder ein Bahnhofsangestellter aufgeregt und eilig in seinem schwarzen Regenmantel von weitem daherkam, erbebte ich und dachte, ein jeder wolle mich auf den Befehl seines Vorgesetzten hin packen und in den Postwagen schleppen. Dieser Wirrwarr in meinem Kopf dauerte einige Minuten, das heißt, die ganze Zeit über, die meine Mutter brauchte, um meinem Vater die Bestellung auszurichten. Sie schwatzten eifrig miteinander, und keines von beiden hatte etwas bemerkt. Schließlich stieg mein Vater wieder in den Wagen, meine Mutter nahm mich an der Hand, und wir verließen den Bahnsteig. Die Drohung aber verfolgte mich noch immer, und ich hielt beim Gehen den Kopf gesenkt wie eine Ziege, die sich verteidigt, bis endlich der Postzug aus unsern Augen verschwand.

Als die Gefahr vorüber war, dachte ich mit Scham daran, dass der Unbekannte in diesem Augenblick vielleicht meinem Vater unser Abenteuer erzählte, und dass sie miteinander über mich lachten. Inzwischen führte mich meine Mutter aus dem Bahnhofsgebäude hinaus. Aber aus irgendeinem Grunde, an den ich mich nicht mehr erinnere, folgte sie diesmal, anstatt wie beim Herkommen durch das Hauptportal auf den Bahnhofsplatz hinauszutreten, den Geleisen bis dorthin, wo die Werkstätten und die Dächer der Bahnhofshalle aufhörten, die Schienen sich in den Feldern verloren, und wo man über Nebengeleise und unbewachte Übergänge aus dem Bahngelände in die Vorstadt hinausgelangte.

Auf diesem Spaziergang tauchte, während wir von der Richtung der Schienen abbogen und uns seitwärts wandten, für einen kurzen Augenblick der Anfang der großen Ebene auf, wo der Zug seine Geschwindigkeit steigert und wo die Reise beginnt. Es war ein Anblick, wie man ihn tausendmal am Rand eines Bahnhofgeländes sehen kann; eine Art Übergang von der Stadt zum Land. Aber diese Ebene erschien mir von allen, die ich je gesehen, die grauenvollste und traurigste, vielleicht infolge des trüben Wetters oder des unvernünftigen Schreckens, der mich noch immer nicht verlassen wollte. Irgendwo auf den Geleisen musste – für uns nicht sichtbar – ein Zug abfahren oder ankommen, denn durch die feuchte Luft ertönte hoch oben das Geheul einer Sirene, und weiter unten der ächzende Lärm der Stellwerke, während Rauch, vom Regenwind getrieben, sich auf uns zuwälzte. Infolge der niedrig hängenden Regenwolken, die in der Ferne sich dichter verwoben, konnte man von der Ebene weder Horizont noch Ende erkennen. Soweit sie sichtbar war, sah man ein schmales, aber unbegrenztes Feld, das mit schwarzem Staub und mit Scherben übersät war und auf dem sich hie und da ein Haufen Kohle oder ein Stapel Bretter erhob. Gestalten in Regenmänteln liefen eilig über die Ebene hin oder arbeiteten, über die Haufen gebückt, mit der Schaufel oder mit der Hacke. Und der gleichmäßige Klang dieser Arbeiten wurde unvermutet von einem Pfeifen oder einem Signal unterbrochen. Ein kalter, rußiger Rauch drang mir in die Nase, und als wir vor der Bahnsperre anlangten, wo Lampen in eisernen Gittern herabhingen und aufleuchteten, wenn ihre Gehäuse sich bewegten, erklang ein schwaches Brausen.

Dies ist das letzte, was mir von meinem Gang zum Bahnhof in Erinnerung geblieben ist. An den folgenden Tagen bewahrheiteten sich meine Ängste nicht. Sei es, dass mein Vater von der Episode nichts wusste oder dass andere Gedanken ihm durch den Kopf gingen, er spielte in keiner Weise auf mein Abenteuer mit seinem Kollegen aus dem Postwagen an. Doch erfuhr ich zufälligerweise seinen Namen, er hieß Caboni, und ich hörte, wie mein Vater, wenn er diesen Namen nannte, den Titel »Ritter« hinzufügte. Ich war in Ehrentiteln nicht sehr erfahren und glaubte, ein Ritter müsse notwendigerweise eine Persönlichkeit sein, die gewohnt war, sich zu Pferd fortzubewegen. Und da ich es in meiner trotzigen Art nicht liebte, den Erwachsenen Fragen zustellen, blieb ich bei meiner Überzeugung, sodass die listige, geheimnisvolle Autorität, mit der meine Phantasie den alten Angestellten umgeben hatte, beim Gedanken an sein Reiten noch größer wurde. Ich sah ihn aufrecht im Sattel auf einem hochbeinigen, riesigen, fahlen Pferd sitzen, das aus großen tief liegenden Augen feierliche Blitze sandte und misstrauisch zwinkerte. So erschien er mir nicht nur in meiner Einbildung, sondern auch im Traum. Dort verfolgte er mich als grauenvoller Alb über Ebenen hin, die derjenigen glichen, die ich erblickte, als ich mit meiner Mutter den Bahnhof verlassen hatte. Schauerliche Gefilde voller Ungewissheiten und von dichten Nebeln umstellt wie von hohen Wänden, von denen ich auf meiner verzweifelten Flucht nicht wusste, ob ich hinter ihnen das Leere oder Grund und Boden finden würde. Der Alb kehrte im Traum oft wieder. In Wirklichkeit aber sah ich die weite Ebene nur noch ein einzigesmal, wenige Monate später, als ich meine Vaterstadt für immer verließ.

Viktor Dragunskij

Es ist lebendig und leuchtet

Einmal saß ich abends auf dem Hof am Sandhaufen und wartete auf Mama. Wahrscheinlich war sie im Dienst oder in einem Geschäft aufgehalten worden, oder sie musste lange an der Bushaltestelle warten. Ich weiß nicht. Jedenfalls waren schon alle Eltern aus unserem Block gekommen, und alle Kinder waren mit ihnen heimgegangen. Sie tranken jetzt bestimmt schon Tee und aßen Kringel mit Schafskäse; bloß meine Mama war immer noch nicht da.

Und in den Fenstern war überall schon Licht, Radio spielte, am Himmel zogen dunkle Wolken. Manche sahen aus wie böse, bärtige alte Männer.

Ich hatte Hunger, aber Mama kam nicht. Wenn zum Beispiel ich wüsste, dass meine Mama Hunger hat und auf mich wartet irgendwo am Ende der Welt, sofort würde ich hinrennen und mich bestimmt nicht verspäten, ich würde sie nicht zwingen, auf dem Sandhaufen zu sitzen und traurig zu sein.

Da kam Mischka Slonow zu mir in den Hof, sagte: »Servus.«

Ich sagte auch: »Servus!«

Mischka setzte sich neben mich und nahm meinen Kipper in die Hand. »Hei!« sagte Mischka, »woher hast du den? Lädt der auch selbsttätig Sand auf? Nein? Aber er entlädt selbsttätig? Ja? A-a-ah! Gib ihn mir mal mit nach Hause!«

»Nein, mit nach Hause gebe ich ihn dir nicht. Er ist ein Geschenk. Von Papa vor seiner Abreise.«

Mischka pfiff und ging fort. Auf dem Hof wurde es immer dunkler. Ich sah zum Tor hinüber, damit ich ja merkte, wenn Mama kam. Aber sie kam und kam nicht. Sicher hat sie Tante Rosa getroffen, nun stehen sie und reden, und an mich denkt überhaupt niemand mehr. Ich legte mich auf den Sandhaufen.

Auf einmal kam Mischka wieder: »Gibst du mir den Kipper wirklich nicht?«

»Lass mich in Ruhe, Mischka.«

Da sagte er: »Ich kann dir dafür eine Guatemala und zwei Barbados geben.«

»Vergleich bloß mal Barbados mit einem Kipper ...«

Und Mischka: »Nu, wenn du willst, gebe ich dir meinen

Schwimmring.« – »Der hat ja ein Loch.« – »Das kannst du ja zukleben.«

Ich wurde böse: »Und wo soll ich damit schwimmen? In der Badewanne? Dienstags?«

Mischka pfiff wieder. Nach einer Weile sagte er: »Gut, was nicht ist, ist nicht. Aber sieh wenigstens, wie freigebig ich bin! Na!«

Er streckte mir ein Streichholzkästchen hin. Ich nahm es in die Hand. »Mach's ruhig auf«, sagte Mischka. »Du wirst dich wundern!«

Ich zog das Kästchen auf und sah erst gar nichts, aber dann erkannte ich ein kleines, hellgrünes Lichtchen, als ob weit entfernt von mir ein ganz kleines Sternchen leuchtete, und dabei hielt ich es doch selbst in der Hand.

»Was ist das, Mischka?« fragte ich flüsternd. »Was ist das?«

»Ein Glühwürmchen«, sagte Mischka. »Gut, was? Es lebt sogar.«

»Mischka«, sagte ich, »nimm meinen Kipper, willst du? Nimm ihn auf ewig, ganz und gar! Aber gib mir dieses Sternchen, ich nehme es mit nach Hause ...«

Mischka packte meinen Kipper und rannte heim. Ich blieb mit meinem Glühwürmchen, betrachtete es, sah es an, konnte mich nicht satt sehen. Es war so grün wie im Märchen, es leuchtete so nah auf meiner Handfläche und doch wie aus weiter Ferne ... Ich konnte nicht ruhig atmen, hörte, wie mein Herz ganz rasch klopfte, und in meiner Nase kribbelte es so, als ob gleich Tränen kämen.

Lange saß ich. Sehr lange. Kein Mensch war in der Nähe. Und ich hatte alles andere auf der ganzen Welt vergessen.

Auf einmal kam Mama, ich freute mich, und wir gingen ins Haus.

Als wir Tee tranken, Kringel mit Schafskäse aßen, fragte Mama: »Wie steht's mit deinem Kipper?«

»Mama, den habe ich getauscht.«

»Das ist ja interessant! Wofür denn?«

»Für ein Glühwürmchen! Da im Streichholzkästchen lebt es. Mach doch bitte mal das Licht aus.«

Und Mama knipste das Licht aus, im Zimmer war es dunkel, und wir sahen beide lange auf das blassgrüne Sternchen. Dann machte Mama das Licht wieder an.

»Ja wirklich«, sagte sie, »es ist wie Zauberei! Aber trotzdem, sag, wie bist du bloß darauf gekommen, etwas so Wertvolles wie den Kipper gegen ein Glühwürmchen zu tauschen?«

»Ich wartete doch so lange auf dich und war traurig, aber dieses Glühwürmchen ist besser als jeder Kipper auf der ganzen Welt.«

Mama sah mich neugierig an: »Wieso ist es besser?«

»Kannst du das denn nicht verstehen? Es ist doch lebendig! Und es leuchtet ...!«

Sean O'Faolain

Die Forelle

Einer der ersten Orte, wohin Julia immer rannte, wenn man in
G. eintraf, war der Dunkle Gang. Eine Lorbeerlaube, sehr alt,
beinahe zugewuchert, ein hochgewölbter Mitternachtstunnel aus
geschmeidigen, zähen Zweigen. Unter den Sohlen waren die
harten, braunen Blätter nie so trocken, dass sie raschelten,
immer war etwas wie ein feuchtes und kühles Tröpfeln zu
spüren. Sie rannte geradewegs hinein. Nach dem ersten Stück
konnte sie sich immer noch an die Sonne in ihrem Rücken
erinnern, dann fühlte sie, wie die Dämmerung sich rasch um sie
schloss, sodass sie vor Vergnügen schrie und weiterrannte, um
das Licht am fernen Ausgang zu erreichen, und es dauerte
immer ein bisschen zu lange, bis es kam, sodass sie keuchend
daraus auftauchte, in die Hände klatschte, lachte und die Sonne
in sich hineintrank. Wenn sie sich mit Hitze und Glanz vollge-
saugt hatte, drehte sie sich um und fasste die Prüfung erneut ins
Auge.

In diesem Jahr machte es ihr besonders Freude, denn sie
führte es ja ihrem kleinen Bruder vor und versetzte ihn und sich
in Schrecken damit. Und bei ihm hielt der Schauder länger an,
weil seine Beine so kurz waren, und sie schon weit draußen
war, wenn er noch immer brüllte und rannte.

Wenn sie es oft wiederholt hatten, kamen sie zurück zum
Haus und erzählten jedermann, dass sie es getan hatten. Er
nahm den Mund voll. Sie hielt dagegen. Sie stritten.

»Heulsuse!«

»Du hast doch selbst Angst, was willst du!«

»Ich nehm' dich nie mehr mit!«

»Du bist ein widerliches Biest!«

»Ich hasse dich.«

Die Tränen drohten zu fließen, deshalb sagte jemand: »Habt
ihr den Brunnen gesehen?« Sie riss die Augen auf, reckte
argwöhnisch ihren langen anmutigen Hals und beschloss, es
nicht zu glauben. Sie war zwölf Jahre alt, und in diesem Alter
beginnen die kleinen Mädchen den meisten Geschichten zu
misstrauen: Sie haben bereits die Wahrheit über zu vieles
herausgefunden, vom Nikolaus bis zum Storch. Wie konnte dort

ein Brunnen sein? Im Dunklen Gang? Wo sie doch Jahr für Jahr dort gewesen war? Hochmütig sagte sie: »Unsinn.« Doch sie kehrte um, tat so, als gehe sie woanders hin, und sie fand ein kleines Becken, das seitwärts in den Fels des Gangs gehauen war, angefüllt mit feuchten Blättern, so überwachsen mit Farnkraut, dass sie es erst nach langem Suchen fand. Die Rückseite der kleinen Höhlung war etwa bis zu einem Viertel mit Wasser gefüllt. Im Wasser entdeckte sie plötzlich eine nach Luft schnappende Forelle. Sie rannte zurück, um Stephen zu holen und zog ihn mit, damit er auch sehen solle, und beide waren sie so aufgeregt, dass sie keine Angst mehr vor der Dunkelheit hatten, als sie sich niederhockten und nach dem Fisch spähten, wie er in seinem winzigen Gefängnis nach Luft schnappte und sein silberner Leib wie eine Maschine auf und nieder ging.

Niemand wusste, wie die Forelle dort hineingekommen war. Sogar der alte Martin im Küchengarten lachte und wollte nicht glauben, dass sie dort war, oder tat wenigstens so, als glaube er es nicht, bis sie ihn hinschleppte, damit er selbst sähe. Er kniete hin, schob seine zerlumpte Mütze in den Nacken und spähte hinein. »Donnerwetter, du hast recht. Wie zum Teufel kam dieser Bursche da rein?«

Sie starrrte ihn misstrauisch an. »Wusstest du's?« fragte sie anklägerisch; er aber sagte, »Den Teufel wusst' ich's«, und bückte sich hinunter, um den Fisch herauszuholen. Entschlossen zerrte sie ihn zurück. Wenn sie sie gefunden hatte, dann war es ihre Forelle.

Ihre Mutter vermutete, dass ein Vogel den Laich hergetragen habe. Ihr Vater dachte, dass im Winter ein schwaches Rinnsal das Fischkind hereingeschwemmt habe und es ihm gut gegangen sei, bis der Sommer kam und das Wasser auszutrocknen begann. Sie sagte »Ah so« und ging wieder hin, um nachzuschauen und die Sache ganz für sich zu überdenken. Ihr Bruder kam nicht mit, er wollte unbedingt die ganze Geschichte der Forelle hören, war aber nicht wirklich an der Forelle interessiert, sondern an der Geschichte, die seine Mammi für ihn zu erfinden begann nach dem alten Muster: »Also eines Tages waren Papa Forelle und Mama Forelle ...« Als er es ihr wieder erzählen wollte, sagte sie: »Puu«.

Es trieb sie um, dass die Forelle immer in der gleichen Stellung verharren musste, sie hatte nicht genügend Platz, sich umzuwenden. Die ganze Zeit ging ihr silberner kleiner Leib auf und nieder, im übrigen war sie bewegungslos. Sie überlegte, von was die Forelle lebte, und zwischen den Besuchen bei Joey, dem Pony, und beim Boot und einem Bad zur Abkühlung dachte sie an deren Hunger. Sie brachte ihr Stückchen von Gebäck und einmal brachte sie ihr einen Wurm. Der Fisch nahm keine Notiz von der Nahrung, fuhr einfach fort, nach Luft zu schnappen. Über ihn gebeugt stellte sie sich vor, wie er den ganzen Winter, während sie in der Schule war, hier drin gewesen war. Den ganzen Winter im Dunklen Gang, all die Tage und all die Nächte hier allein im Wasser. Sie zog den Rand ihres Huts über die Ohren und bis zum Kinn hinunter und starrte hinein. Noch als sie im Bett lag dachte sie an ihn.

Es war Ende Juni, die längsten Tage des Jahrs. Die Sonne hatte eine Woche lang stillgestanden und die Welt verbrannt. Obwohl schon nach zehn Uhr, war es noch hell und heiß. Sie lag auf dem Rücken unter einem Laken, die langen Beine gespreizt, um sie kühler zu halten. Sie konnte das große D des Mondes durch die Tanne sehen, sie schliefen im Erdgeschoss. Vor dem Schlafengehen hatte Mammi Stephen wieder die Geschichte der Forelle erzählt, und sie in ihrem Bett hatte ihnen energisch den Rücken zugekehrt und in ihrem Buch gelesen, hielt aber die Ohren gespitzt.

»Und so wurde zuletzt der unartige Fisch größer und größer, und das Wasser wurde weniger und weniger ...«

Leidenschaftlich hatte sie sich da herumgeworfen und geschrien: »Mammi, mach keine schreckliche alte Moralgeschichte daraus!« Ihre Mammi hatte dann noch eine gute Fee eingeführt, die viel Regen schickte, welcher den Brunnen auffüllte, sodass er überlief und die Forelle hinausschwimmen konnte in den Fluss hinunter. Sie blickte zum Mond hinauf und wusste, dass es keine solche guten Feen gibt, und dass die Forelle drunten im Dunklen Gang schnappte wie eine Maschine. Sie hörte wie jemand eine Angelschnur abspulte. Würden diese Tiere die Forelle etwa herausfischen!

Sie setzte sich auf. Stephen war ein heißer Klumpen aus Schlaf, das faule Stück. Der Dunkle Gang würde voll sein von kleinen Mondlichtschnipseln. Sie sprang aus dem Bett und sah aus dem Fenster, und irgendwie war es gar nicht so einladend, jetzt, wo sie die verschwommenen Berge weit weg und die schwarzen Tannen gegen das schlafende Land stehen sah und einen Hund waff-waff machen hörte. Leise nahm sie den Wasserkrug und stieg aus dem Fenster und schlich auf dem kühlen, aber grausam scharfen Kiesweg hinunter zum Rachen des Tunnels. Die Hosen ihres Schlafanzugs waren sehr kurz, sodass sie sich die Knöchel nass machte, als sie Wasser verschüttete. Sie spähte in den Gang, etwas Lebendiges raschelte dort drin. Sie rannte hinein, auf und ab rannte sie und stöberte aufgeregt umher und schrie laut: »Oh, verflixt, ich find's nicht mehr«, und zuletzt fand sie es doch. Im Feuchten kniend fuhr sie mit der Hand in das glitschige Loch. Als der Fischkörper um sich schlug, waren sie beide verrückt vor Angst. Aber sie schnappte ihn, stieß ihn in den Krug und raste mit zusammengebissenen Zähnen dem anderen Ende des Ganges zu, die steilen Wegchen hinab zum Flussufer.

Die ganze Zeit spürte sie, wie der Schwanz des Fisches gegen die Krugwand schlug. Sie fürchtete, er könnte einfach herausspringen. Der Kies schnitt ihr in die Sohlen, bis sie im kühlen Schlammgrund des Ufers stand, wo die Mondmäuse auf dem Wasser ihr an den Beinen hochsprangen. Sie goss den Krug aus und wartete, bis der Fisch hineinplumpste. Für einen Augenblick war er noch im Wasser zu sehen. Sie hoffte, dass er nicht zu benommen sei. Dann war alles, was sie noch sah, der Schimmer des Mondes auf dem ruhig dahinströmenden Fluss, die dunklen Tannen, die verschwommenen Berge und das strahlende, fleckige Gesicht, das ihr aus dem Himmel zulachte.

Sie schlüpfte den Hügel hinauf, durchs Fenster, stellte den Krug ab und flog wie ein Vogel durch die Luft in ihr Bett. Der Hund machte waff-waff. Sie hörte die Angelspule rasseln, sie schlug die Arme um sich und kicherte. Ein Strom voller Freude, so lagen die Ferien vor ihr. Morgens kam Stephen an ihr Bett geschossen und schrie, dass »sie« fort sei und fragte, »wohin« und »wie«. Da hob sie die Nase in die Luft und sagte schnippisch »Die gute Fee vielleicht?« und machte sich fort und klatschte in die Hände.

Vito Bruno

Cirlè

Schon als ich ihn zum ersten Mal sah, gefiel er mir nicht, ich
wollte ihn nicht, außerdem war er nicht für mich gedacht,
sondern für ihn, und ihm war ich ziemlich egal, das heißt das,
was ich mir von ihm gewünscht hatte, schlimmer, er hatte
überhaupt nicht daran gedacht, Mama hatte ihn daran erinnert,
und weil sie das wusste und weiß, wie es kommt, dass er gewisse Dinge alle Jahre wieder vergisst, hatte sie es ihm für mich
gekauft, und weil ihr das nicht gefiel, was ich wollte, das heißt,
eigentlich gefällt ihr nicht einmal dieser da, aber wenn er es ist,
der die Sachen besorgt, hält sie den Mund und sagt, ja, wie
schön, das ist eine gute Idee, aber man weiß genau, dass das
nicht stimmt, dass sie sich sogar ein bisschen vor ihnen ekelt
und Angst hat, dass wir alle eine Krankheit von ihm bekommen,
dass wir die Flöhe, die er ganz sicher hat, früher oder später
auch bekommen, sie hat ein T-Shirt gekauft, und als ich aufs Klo
gegangen bin, hat sie ihn in der Küche zur Seite genommen und
ihm etwas ins Ohr geflüstert, da hat er gleich gelacht, das T-Shirt
in die Tasche gesteckt und hinter der Tür auf mich gewartet,
aber ich habe ihn gesehen, ich hatte alles gesehen, durch das
Schlüsselloch, und ging nicht hinaus, ich wollte nicht mehr
hinaus und blieb drin, wartete, und als er mich rief, antwortete
ich nicht, rührte mich nicht, als ob ich nicht mehr drin wäre,
und als auch Mama anfing mich zu rufen, tat ich nichts, blieb
ganz still, und die ärgerten sich, riefen mich immer lauter,
schlugen an die Tür, machten einen unglaublichen Lärm, und
dann sagen sie, ich bin der, der ständig Krach macht, Mama
schrie wie immer, wenn Papa sagt, sie hat wieder ihren hysterischen Anfall, dann hat sie sich beruhigt, los, Matteo, bitte, hat
sie gesagt, tu deiner Mama den Gefallen, komm, tu's mir
zuliebe, und dabei ist ihr sogar eine Träne gekommen.

Dann trocknete Mama ihre Tränen, weinte nicht mehr, lassen
wir ihn, hat sie zu Papa gesagt, man muss ihn verstehen, er
wird schon müde werden und herauskommen, er ist eben so, er
ist ein schwieriges Kind, und Papa setzte sich zu Tisch und
begann zu essen, ohne etwas zu sagen, Mama aß auch, und ich
war noch da drin und wusste nicht mehr was tun, ich wusste

nicht einmal, warum ich nicht aufgemacht hatte, warum ich plötzlich nicht mehr hinaus wollte, aber jetzt konnte ich nicht mehr, ich muss dableiben, habe ich gedacht, dann wurde ich zuerst müde, dann bekam ich Hunger, machte Pipi und ging hinaus, in der Küche war niemand, aber als ich an den Stuhl stieß, kam Mama gelaufen und nahm mich in den Arm und drückte mich an sich und weinte wieder, aber leise, und machte mir das Gesicht nass mit ihren Tränen und sagte, mein Junge, mein armer Junge, und hielt mich fest und drückte mir fast die Luft ab, darin ließ sie mich wieder auf den Boden hinunter und sagte, jetzt musst du aber etwas essen, aber ich sagte nein, ich habe keinen Hunger, und sie sagte, einverstanden, wie du willst, ganz wie du willst, mein Junge, aber ich hatte eigentlich Hunger und fragte mich, warum habe ich bloß gesagt, dass ich keinen Hunger habe? Aber da hatte mich Mama schon in mein Zimmer gebracht und nur den Pyjama angezogen und weinte nicht mehr, im Gegenteil, sie schien auf einmal fröhlich zu sein, und bevor sie das Licht ausmachte, hat sie gesagt, alles Gute zum Geburtstag, Schatz, und mir einen Kuss gegeben.

Ich schloss die Augen, aber ich war nicht mehr müde und dachte, stimmt, das war mein Geburtstag, aber das Geschenk, das ich wollte, hatten sie mir nicht gegeben, also was für ein Geburtstag soll das sein? Ich wünschte mir einen Hund, einen kleinen Hund, ich hatte Mama sogar gezeigt, wie klein, und ich hatte auch schon einen Namen für ihn gefunden, Lona, weil ich einen Mädchennamen für ihn wollte, ganz dunkel sollte er sein, schwarz, mit einem weißen Bauch und ein bisschen krummen Beinen, dass es so aussieht, als ob er beim Laufen etwas schief läuft, und mit langen Schlappohren, die ich aufheben konnte, wenn ich ihm ein Geheimnis anvertrauen musste und nur zu ihm allein reden wollte. Aber nichts, nichts wurde aus den Spielen mit Lona, ich musste weiter allein spielen und war traurig, aber als Papa eines Tages mit einem Hund nach Hause kam und sagte, du wolltest doch einen Hund? Sieh mal, und dann sagst du, dein Papa erfüllt dir nie einen Wunsch, da wollte ich ihn nicht mehr, wollte weiter allein spielen, weil ich wusste, dieser Hund war nicht für mich, der war für ihn, und das war nicht der Hund, den ich wollte, der ist nicht klein wie der, den ich Mama gezeigt hatte, der ist groß, fast größer als ich, und er hat ein kurzes, stachliges Fell und ein dummes Gesicht, und er ist gelb, also nicht genau gelb, aber doch irgendwie gelb, und nicht schwarz mit einem weißen Bauch, wie ich meine Lona wollte, und er heißt nicht Lona, sondern er hat schon einen Namen, Cirlè, der mir ganz und gar nicht gefällt.

Mama hat gesagt, wie schön, endlich haben wir einen Hund, freust du dich nicht, Matteo? Gibst du mir keine Antwort? Wenn du willst, können wir ihn manchmal sogar ins Haus lassen, nur manchmal, und Papa hat sofort nein gesagt, Hunde gehören an ihren Platz, in ihre Hundehütte im Garten, und ja, der Hund gehört auch Matteo, aber die Kinder sollen mit Kindern spielen und nicht mit Hunden, und am Nachmittag müssen sie Hausaufgaben machen. Cirlè ist außerdem kein gewöhnlicher Hund, sondern ein Jagdhund, und den braucht Papa, wenn er am Sonntag spazieren geht, weil er die ganze Woche tagaus, tagein arbeitet, und da wird er wohl das Recht haben, am Sonntag ein bisschen auszuspannen oder? Mama hat gesagt, dass ja niemand ihm jemals irgend etwas abgeschlagen hat, und schon gar nicht seine Jagdsonntage, wo er sich doch um die Erlaubnis von anderen ohnehin nicht schert. Wenn er beschlossen hat zu gehen, geht er einfach, von wegen Sonntag bei seiner Familie, bei seiner Frau, und sofort ist sie in Tränen ausgebrochen und nach oben gelaufen, um sich auf das Bett zu werfen, was sie immer macht, wenn Papa sagt, sie hat einen hysterischen Anfall. Papa schrie, in diesem Haus ist es immer das gleiche, nie kann einer tun, was er will, immer gibt es Tragödien, Tragödien um rein gar nichts, und dass er eines Tages, früher oder später, weggehen wird, und zwar für immer, und er nahm die Autoschlüssel und ging weg, und in der Küche blieb ich zurück, ich und Cirlè, der sich genau vor der Gartentür hingelegt und mich angesehen hat.

Na gut! Cirlè ist ein Hund, und ein Hund ist wenigstens ein Hund, aber er ist nicht Lona, und ich habe geschworen: Ich mag dich nicht, jetzt nicht und überhaupt nie, und ich bin geradewegs in mein Zimmer gegangen und die Tage danach war es, als ob ich überhaupt keinen Hund hätte, ich ging nicht einmal an der Gartenecke vorbei, wo Papa seine Hundehütte eingerichtet hat, eigentlich ist es gar keine richtige Hundehütte, das heißt, die Hundehütte ist zwar da, aber hinter einem Drahtzaun, und dort drinnen ist Cirlè und kommt einem vor wie ein Tier im Zoo, das stundenlang hin und her geht und dann müde wird und sich hinlegt und gar nichts mehr tut. Anfangs zog sich Papa jedes Mal, wenn er am Abend nach Hause kam, sofort um und ging zu Cirlè, legte ihm die Leine an und führte ihn ein bisschen ins Freie, und dann gab er ihm zu essen und zu trinken und sagte, wenn ich nicht für dich sorge, lassen die dich hier verhungern, armes Tier, und dann ging er ins, Haus zurück, setzte sich in den Sessel vor den Fernseher und sagte kein Wort mehr, und Mama sagte zu ihm, siehst du, du redest mehr mit dem Hund als mit uns, was liegt dir schon an uns? Nichts, aber schon rein gar nichts.

Jetzt kommt Papa gar nicht mehr nach Hause, Mama sagt, wegen seiner Arbeit, aber ich weiß, das ist nicht wahr, und wenn sie mit Oma telefoniert, sagt Mama, dass sie es nicht mehr aushalten kann, dass Papa ein Ungeheuer ist, und sie weint, weint und weint, und sie geht mir auf die Nerven, weil mir alle auf die Nerven gehen, die ständig weinen, weil ich nie weine, ich bin nicht wie Mama oder wie einige aus meiner Klasse, die ständig flennen, und dann gehe ich in mein Zimmer und mache meine Aufgaben, und wenn ich fertig bin, lege ich mich aufs Bett und tue gar nichts mehr.

Cirlè sehe ich nicht einmal an, auch wenn er mich aus seinem Käfig ansieht – ich weiß, dass er mich ansieht, auch wenn ich ihn nie ansehe – und auf den Hinterbeinen sitzt, auf seinem gelben Schwanz, also nicht genau gelb, aber doch irgendwie gelb, und mich anstarrt und wartet, während ich nicht einmal zu ihm hinschaue. Ich weiß, dass er Hunger hat und keiner ihm was zu essen gibt, aber er ist nicht mein Hund, er ist nicht Lona, also – sein Problem.

Dann war die Schule zu Ende, und ich bin versetzt worden, weil ich gut bin in der Schule, der Beste der Klasse, aber als wir nach Hause zurückkamen, freute sich Mama gar nicht und rief Papa an, um ihm zu sagen, dass ich versetzt worden bin, aber sie sagte nicht, dass ich der Beste der Klasse bin – das weiß ich, weil ich dabei war –, aber sie fragte ihn, wann kommst du zurück? Matteo fragt nach dir, und das war gar nicht wahr, und dann, nachdem sie eine Weile still war, hat sie wieder angefangen zu weinen, aber leise, und sie war weiß, ganz weiß, sie kam mir vor wie eine Kranke, eine Tote, ganz mager, sie zitterte auch ein bisschen, und dann rief sie Oma an, und der Doktor kam, und Mama blieb einige Tage im Bett, und dann fuhr sie weg, ich weiß aber nicht, wohin, sie haben mir soviel Zeug erzählt, dass ich gar nichts mehr verstanden habe, ich weiß nicht, ist sie auf Urlaub, im Krankenhaus oder mit Papa auf einer Reise.

Na, jedenfalls bin ich seit dem Tag allein zu Hause, allein mit einer Frau, die den ganzen Tag und auch die Nacht da ist, im Zimmer hinter der Küche schläft, mein Essen richtet und die

Hausarbeiten macht, manchmal geht sie auch mit mir spazieren, aber ich gehe nicht gern mit ihr, ich gehe lieber allein, auch wenn sie sich ärgert und ich zu ihr sage, wer bist du denn? Du bist doch nicht meine Mutter, und dann ruft sie Papa an, und Papa ruft dann mich an und sagt, was soll das, Matteo, ärgere die Frau nicht, sei lieb, die Mama wird bald zurückkommen, ganz bald, aber bis dahin sei bitte lieb, und ich sage, also gut, und weiß nicht mehr, was ich sonst noch tun soll.

Eines Tages machte ich das Gartentor auf und ging spazieren in Richtung Schule, Richtung Zentrum, aber niemand war auf der Straße, und nach einer Weile langweilte ich mich und ging wieder nach Hause, und die Frau ärgerte sich, deinetwegen wird mich noch der Schlag treffen, hat sie gesagt, unterstehe dich, nie wieder, und ging mit dem Hund nach draußen, und als sie zurückkam, sagte sie, also gut, ich erlaube dir wegzugehen, aber nur, wenn du dich nicht zu weit entfernst und den Hund spazieren führst, und ich habe nein gesagt, aber am nächsten Tag versuchte ich wegzugehen, aber das Gartentor war zu, und die Frau sagte, ich erlaube dir wegzugehen, wenn du dich nicht zu weit entfernst und den Hund spazieren führst, und ich habe nein gesagt, aber am nächsten Tag versuchte ich wegzugehen und so weiter, und so fort, und weil ich eines Tages wirklich nicht mehr konnte, habe ich gesagt, also gut, und bin weggegangen.

Cirlè ist nicht wie verrückt davongerannt wie sonst immer, wenn die Frau ihm die Leine abnimmt – ich weiß es, weil ich sie immer durch mein Zimmerfenster beobachte – nein, er blieb ruhig und still da, mit seiner langen Schnauze und dem gelben, stachligen Fell, also nicht genau gelb, aber doch irgendwie gelb, und er ging neben mir her, und nach einer Weile ging er schneller, aber ohne zu rennen. Hin und wieder schaute er mich an, dann streckte er die Zunge heraus und bewegte sie etwas nach rechts und dann etwas nach links, dann gähnte er oder so ähnlich und schien sich zu freuen. Nur manchmal rannte er los, aber nicht weit, und das passierte erst nach einigen Tagen an der Bahnstrecke, wo das freie Feld anfängt. In die andere Richtung gehen wir nie, weil es mir dort nicht gefällt, hier gefällt es mir besser. Als Mama noch da war, durfte ich manchmal, aber wirklich nur manchmal, nach den Hausaufgaben weggehen, und dann ging ich zu dem kleinen Fußballplatz, den es dort gibt. Um dorthin zu kommen, muss man die Straße überqueren, die aus dem Dorf hinausführt, einen schmalen Fußweg einschlagen, der an den Bahngleisen endet, sie überqueren, ohne unter den Zug zu geraten, weil Mama das nicht will, und dann, auf der Höhe des Lichtmastes, weiter abwärts laufen und einen anderen Weg einschlagen, zwischen Häusern, die gerade im Bau sind, das heißt, es sind nicht gerade Häuser, eher eine Art große Schuppen, in denen sie wer weiß was machen, auf den Schildern steht Industriezone, und überall sind Baustellen, einige davon sind wirklich schon uralt und stehen wer weiß wie lange schon still, und wer weiß, wann sie hier fertig sein werden, aber immerhin, du gehst also zwischen diesen Schuppen durch, und nach einer Weile kommst du auf ein Feld, auf dem zwei Steine auf der einen und zwei auf der anderen Seite liegen, das sind die Tore, und in der Mitte ein Kreis, der mit weißem Staub von einer Baustelle eingezeichnet ist, und das ist das Mittelfeld. Dort spiele ich, wenn sie mich lassen, als Verteidiger, und der, den ich decke, schießt nie ein Tor, und die von der Mannschaft sagen zu mir, wenn du das nächste Mal kommst, wirst du Stammspieler, aber ich kann ja nicht, und manchmal, wenn ich herkomme, spiele ich überhaupt nicht, stehe bloß da und warte, und wenn sie aufhören, renne ich ein bisschen auf dem Platz hin und her, und wenn ich einen alten kaputten Fußball finde, fange ich an zu dribbeln und stelle mir manche Spieler dabei vor und jetzt, wo Cirlè da ist, auch Cirlè, ich lasse ihm den Fußball zwischen den Beinen durchrollen, er bremst mit dem Hintern am Boden ab, und dann kommt er zurück.

Manchmal binde ich Cirlè gleich, nachdem ich am Bahndamm angekommen bin, an einen Baum und gehe allein spazieren, weil ich ihn nicht ständig mitnehmen will, er ist ja nicht mein Hund, auch wenn er so tut, und wenn er mich sieht, wedelt er mit dem Schwanz wie die richtigen Hunde, und ich sage zu ihm, es hat keinen Sinn, dass du mir schöntust, du bist trotzdem nicht mein Hund. Manchmal jedoch, wenn es Zeit wird wegzugehen, habe ich überhaupt keine Lust dazu wegzugehen, es ist zu heiß, und ich bleibe zu Hause, aber auch dort ist es zu heiß, ich langweile mich, und dann gehe ich los, aber ohne rechte Lust, einfach nur so, um irgend etwas zu tun, auch vor der gewohnten Zeit, gegen drei, und ich gehe hinunter, zum Bahndamm, setze mich auf die Gleise und denke an die anderen, die am Meer sind und vielleicht gerade im Wasser spielen oder eine Reise machen, wer weiß wo, alle weit weg von da, von dieser Schweinerei, ohne Hund, ohne Cirlè, und ich schreie ihn an, siehst du, was du mir antust? Das ist deine

Schuld, ich will ja gar nicht herkommen, und ich mag nicht mit dir spazieren gehen, ich mag dich nicht, mag dich nicht und mag dich nicht . . .

Er hört mich nicht einmal, er versteht überhaupt nichts, sitzt bloß da und rührt sich nicht, lässt die Zunge heraushängen, von der immer Speichel tropft, was mich ekelt, und ich habe genug von ihm, vom Gleis, vom Lichtmast, von den Steinen, von allen den Dingen, die immer da sind, in der Sonne, und ich stehe auf, Cirlè springt sofort auf und macht Pipi an einen Strauch, immer an denselben, wer weiß, warum der immer derselbe ist, hier gibt es viele, so viele, auch drinnen, in gewissen verlassenen Schuppen, wo ich mich manchmal hinsetze, um ein wenig im Schatten zu sein, und Cirlè legt sich sofort hin und macht sein Cirlè-Gesicht, was mir wirklich auf die Nerven geht, und ich stehe auf und laufe den Eidechsen nach und den Schmetterlingen, sehe mir gewisse Zeichnungen an den Mauern an, gewisse Aufschriften, wo Schwanz geschrieben steht und andere Dinge, die ich nicht wiederholen darf, und dann gehe ich weg und passe auf, wohin ich trete, weil in manchen Ecken jemand aufs Klo gegangen ist, und am Boden fliegt ganz dreckiges Zeitungspapier herum und mich ekelt ein bisschen davor, und ich schlage wieder den Weg zum Fußballplatz ein, aber dort ist keiner, und die Dornen bleiben an meinen Beinen hängen, kratzen mir die Haut auf, aber ich schreie nicht, nein, ich drücke die Augen zusammen, die Fäuste und die Beine und spüre einen Schmerz zwischen den Beinen, einen starken Schmerz, einen Schmerz, der mich, wenn ich weiter die Beine zusammendrücke, irgendwie zittern lässt, und zum Schluss kommt etwas heraus, eine Art Pipi, aber doch nicht Pipi, und ich bin ganz nass und verschwitzt, es ist heiß, und ich möchte am liebsten schreien, und manchmal möchte ich auch weinen, dann ärgere ich mich noch mehr, weil ich nie weine, ich bin nicht wie Mama und einige aus meiner Klasse, und dann laufe ich los, und Cirlè folgt mir und ich verstecke mich, und er entdeckt mich und ich laufe wieder, er dauernd hinter mir, verfehlt meine Spur nie, und ich weiß auch warum, weil die Hunde nämlich eine so feine Nase haben, dass sie deinen Geruch überall spüren. Sogar mitten auf einem Platz voller Leute, hier kommt dagegen nie jemand vorbei, nur ein Moped hie und da, das auf das Land hinausfährt, und dann rennt Cirlè daneben her, und nach einer Weile dreht er sich um und kommt zurück und sucht mich wieder, auch wenn ich auf einen Baum gestiegen bin, bleibt er darunter stehen und starrt mich an, die Schnauze in der Luft und den Schwanz gerade hochgestreckt.

Gestern bin ich sogar noch früher weggegangen, gegen elf schon, weil ich einfach nicht zu Hause bleiben wollte, der Frau sagte ich, dass ich am Nachmittag Cirlè nicht spazieren führen konnte, und sie ließ mich früher weggehen, aber ich ging nicht zum Fußballplatz, sondern Richtung Zentrum, weil ich Leute sehen wollte, und als der Autobus kam, erwischte ich ihn gerade noch, und Cirlè blieb draußen, und da hörte ich ihn zum ersten Mal bellen, aber mit einer so eigenartigen Stimme, dass ich lachen musste, und vom Bus aus sah ich ihn wie verrückt zwischen den Autos dahinlaufen, und ich winkte ihm mit der Hand zu, dann beschleunigte der Bus, und Cirlè wurde immer kleiner, bis er nicht mehr zu sehen war, und ich war froh, endlich ohne Hund, und stieg auf dem Dorfplatz aus, aber da war auch keiner, nicht einmal in der Bar, wo Mama mir ein Eis kauft und die sonst immer voll ist, und ich wusste wirklich nicht was tun, lief immer weiter durch die Straßen, obwohl inzwischen Mittag schon vorbei war und ich Hunger hatte, aber nach Hause wollte ich wirklich nicht zurück und ging weiter, ohne zu wissen, wohin ich ging, auch dorthin, wo ich noch nie gewesen bin, auch vor das Dorf hinaus, und auf einmal, ich weiß gar nicht wie, bin ich genau am Fußballplatz gelandet.

Cirlè war da, lag in seiner ganzen Länge ausgestreckt am Boden in der Sonne und sah mit dem Kopf zwischen den Pfoten wie tot aus, und ich dachte, wer weiß, wohin die Hunde kommen, wenn sie sterben? Aber Cirlè war nicht tot, vielleicht schlief er, und ich dachte, wer weiß, wie der Schlaf der Hunde ist? Und setzte mich in die Mitte des Mittelfeldes und blieb mucksmäuschenstill dort sitzen, um zu sehen, ob ich mit dem Kopf einen Schatten warf, und auf einmal hörte ich einen Lärm, einen furchtbaren Lärm, weil sonst nichts zu hören war, und ich drehte mich um und sah einen Lastwagen mit Vollgas auf den Fußballplatz fahren und zu mir her wenden, und ich sprang sofort zur Seite, und aus dem Lastwagen stieg ein Mann, der eine Runde drehte, um zu kontrollieren, ob jemand da war, dann stieg er sofort wieder in den Lastwagen, berührte wer weiß was, und die Kippfläche hat sich gehoben und Steine, verrostete Eisenteile und alte Zementsäcke genau in die Mitte des Mittelfeldes abgeladen, und als er damit fertig war, näherte sich der Mann dieser Schweinerei und machte Pipi, drehte sich um und fuhr weg, ohne etwas zu sagen.

Ich sah den Lastwagen auf die Asphaltstraße einbiegen und näherte mich dem, was die Mitte des Mittelfeldes gewesen war, räumte einige Steine weg, einen nach dem anderen, einen nach dem anderen, aber man sah die Mitte des Mittelfeldes nicht mehr, und nach einer Weile waren meine Hände ganz zerkratzt, und ich war müde, setzte mich hin, saugte etwas Blut und Schmutz aus einer Wunde, und wieder war mir zum Schreien zumute, zum Weinen, und wieder ärgerte ich mich und hob einen Stein auf und warf ihn weit weg, und Cirlè sprang sofort auf und holte ihn mir zurück, und ich nahm ihn wieder und warf ihn, und er holte ihn wieder, und ich warf ihn wieder, und diesmal zielte ich falsch und traf Cirlè, und der stieß eine Art Klagelaut aus, brachte mir den Stein aber trotzdem wieder, und ich schleuderte ihn wieder, und wieder traf ich Cirlè, aber diesmal nicht aus Versehen, und Cirlè beklagte sich nicht, sondern rannte pfeilschnell los, um den Stein zu holen, und auf seinem kurzen gelben Fell, also nicht genau gelb, aber doch irgendwie gelb, tauchte ein kleiner Blutfleck auf, und ich nahm den Stein wieder und warf ihn, und diesmal wollte ich Cirlè nicht treffen, traf ihn aber doch, und er brachte ihn mir wieder, und ich wollte ihm sagen, hau ab Cirlè, hau ab, ich bin böse, hau ab, hau ab, aber er kauerte sich zu meinen Füßen hin und sah mich mit seinen großen schwarzen Augen an, mit seinen schmutzigen gelben Wunden, er sah zufrieden aus, und ich ärgerte mich noch mehr, nahm den Stein und schleuderte ihn, traf ihn, und er, keinen Laut, nicht das leiseste Winseln, er rannte sofort weg, um den Stein zu holen, der weit entfernt aufschlug, und brachte ihn mir zurück, und der Stein war schon mit Blut beschmutzt, und ich fasste ihn an und wollte ihn wieder werfen, wollte aber zugleich auch nicht, wollte Cirlè nicht wieder treffen, nicht mehr böse sein, weil ich nicht böse bin, aber Cirlè sah mich mit seinen großen Augen an, die waren noch größer und noch schwärzer, und auf seiner langen Schnauze war auch eine Wunde, und er sah zufrieden aus, zufrieden, und da spürte ich eine furchtbare Hitze im Kopf, ein Feuer, das stärker brannte als die Sonne, und hob den Arm, und mit der ganzen Wut, die ich im Bauch hatte, und so stark ich nur konnte, schleuderte ich den Stein auf Cirlè, der zu meinen Füßen lag, aber der Stein prallte diesmal vom Boden zurück und schnellte weg, und Cirlè sprang nicht auf, um ihn zurück-zuholen, nein, er blieb still liegen, und ich schrie ICH HABE DICH NICHT GETROFFEN ICH HABE DICH NICHT GETROF-

FEN ICH HABE DICH NICHT GETROFFEN und habe mich hinuntergebeugt, Cirlè um den Hals genommen und umarmt, und er stank, und ich habe gesagt, wie du stinkst! Und dann habe ich angefangen zu lachen und zu schreien.

Arturo del Hoyo

Bekümmernis

Ich aß von den Pflaumen, damit niemand etwas sagen könne. Es wurde gelacht, und ich lachte mit, aber mein Kinderherz war bekümmert. Ich hüpfte, die anderen hüpften, ich warf Sachen zum Balkonfenster hinaus, denn die anderen fanden das lustig. Dann spielten wir im Flur, obwohl ich lieber den anderen beim Spielen zugeschaut hätte. Später sagten sie – »Kommt, wir machen das Gänsespiel.« Ich setzte mich auf den Stuhl, ohne zu merken, dass er gebrochen war, und purzelte auf den Boden.

Alle lachten schallend über den Spaß, und ihre Freudentränen über den Triumph verschleierten ihnen die Augen, als sie mich ansahen. Ich lachte auf dem Boden mit, aber mein Kinderherz war bekümmert.

Vladimir Nabokov

Kein guter Tag

Peter saß auf dem Bock des offenen Fuhrwerks neben dem Kutscher (ihm war nichts an diesem Platz gelegen, doch der Kutscher und alle zu Hause meinten, er sei ganz besonders scharf auf ihn, während er seinerseits niemanden kränken mochte, und darum saß er dort, ein blässlicher, grauäugiger Bursche in einer schmucken Matrosenbluse). Das Paar wohlgenährter Rappen, deren fette Kruppen glänzten und deren lange Mähnen etwas ungewöhnlich Weibliches an sich hatten, wedelten preziös immer wieder mit dem Schwanz hin und her, indes sie in raschem Auf und Ab dahintrabten, und es tat weh mitanzusehen, wie gierig trotz jener Bewegung der Schwänze und jenes Zuckens der empfindlichen Ohren – auch trotz des schweren Teergeruchs des benutzten Insektenschutzmittels – stumpfe, graue Viehbremsen oder eine große Schmeißfliege mit schimmernden Stielaugen an ihrem glatten Fell klebten.

Der Kutscher Stepan, ein wortkarger älterer Mann, der über einem karminroten Russenhemd eine ärmellose schwarze Samtweste trug, hatte einen gefärbten Bart und einen braunen, mit dünnen Rissen übersäten Hals. Peter war es peinlich, zu schweigen, während er mit ihm auf demselben Bock saß; darum richtete er den Blick auf die Mitteldeichsel und die Wagenspuren und versuchte, sich eine scharfsinnige Frage oder eine vernünftige Bemerkung einfallen zu lassen. Von Zeit zu Zeit hob dieses oder jenes Pferd den Schwanz etwas an, unter dessen angespannter Wurzel ein Fleischknollen anschwoll und erst eine, dann noch eine und schließlich eine dritte lohfarbene Kugel herauspresste, woraufhin sich die schwarzen Hautfalten wieder schlossen und der Schwanz sich senkte.

In der Viktoria saß mit übereinander geschlagenen Beinen Peters Schwester, eine junge Dame von dunklem Teint (obwohl erst neunzehn, hatte sie schon eine Scheidung hinter sich) in hellem Kleid, hochgeschnürten weißen Stiefeln mit glänzend schwarzen Spitzen und einem Hut mit breiter Krempe, der auf ihr Gesicht einen geklöppelten Schatten warf. Seit dem frühen Morgen war sie übler Laune, und als sich Peter jetzt zum dritten Mal zu ihr umdrehte, richtete sie die Spitze ihres schillernden

Sonnenschirms auf ihn und sagte: »Hör gefälligst mit dem Gezappel auf.«

Zunächst führte der Weg durch den Wald. Herrliche, über das Blau gleitende Wolken verstärkten das Glitzern und die Lebhaftigkeit des Sommertags noch weiter. Wenn man von unten zu den Wipfeln der Birken aufsah, erinnerte einen ihr Laub an sonnendurchtränkte durchscheinende Weintrauben. Zu beiden Seiten des Wegs bot Straßengebüsch dem heißen Wind die bleiche Unterseite seiner Blätter dar. Schimmer und Schatten tüpfelten die Tiefen des Waldes: Die Baumstämme waren genauso gemustert wie ihre Zwischenräume. Hier und da blinkte das himmlische Smaragdgrün eines Moosfleckens auf. Schlaff herabhängendes Farnkraut eilte vorbei und streifte beinahe die Räder.

Vor der Kutsche tauchte ein großer Heuwagen auf, ein grünlicher Berg, gesprenkelt mit zitterndem Licht. Stepan zügelte seine Stuten; der Berg neigte sich nach einer Seite, die Kutsche nach der anderen – auf dem schmalen Waldweg reichte der Platz kaum zum Überholen –, und ein scharfer Geruch nach frisch gemähten Feldern erreichte die Nase und das gewichtige Quietschen der Fuhrwerksräder die Ohren und ein flüchtiger Anblick welker Skabiosen und Gänseblümchen inmitten des Heus das Auge, und dann schnalzte Stepan mit der Zunge, schüttelte die Zügel, und der Wagen blieb zurück. Bald teilte sich der Wald, die Viktoria bog in die Landstraße ein, und später kamen abgeerntete Felder, das Gezirp von Grashüpfern in den Straßengräben und das Summen der Telegraphenstangen. Kurz darauf zeigte sich das Dorf Woskressensk, und ein paar Minuten später war man da.

»So tun, als sei ich krank? Vom Bock herunterpurzeln?« fragte sich Peter niedergeschlagen, als die ersten Isbas auftauchten.

Seine engen weißen Shorts taten im Schritt weh, seine braunen Schuhe drückten schrecklich, im Magen fühlte er eine ekelhafte Übelkeit. Der Nachmittag, der ihn erwartete, war bedrückend, fürchterlich – und unentrinnbar.

Jetzt fuhren sie durch das Dorf, und von irgendwo hinter den Zäunen und Blockhütten her antwortete ein hölzernes Echo dem harmonischen Platschen der Hufe. Am lehmigen, grasgefleckten Straßenrand spielten Bauernjungen *gorodki* – sie schleuderten derbe Knüppel nach Holzpflöcken, die geräuschvoll in die Luft flogen.

Peter erkannte den ausgestopften Habicht und die versilberten Kugeln, die den Garten des Dorfkrämers schmückten. Ein Hund kam völlig lautlos aus einer Einfahrt hervorgeschossen – er sparte sozusagen die Stimme auf –, und erst als er über den Graben geflogen war und schließlich die Kutsche überholt hatte, ließ er sein Bellen los. Wankend kam auf dem Rücken eines zottigen Gauls ein Bauer vorbeigeritten, die Ellbogen weit gespreizt, das Hemd mit einem Riss an der Schulter vom Wind wie ein Ballon aufgeblasen.

Am Ende des Dorfs stand auf einer kleinen, dicht mit Linden bestandenen Anhöhe eine rote Kirche und daneben ein kleineres, pyramidenförmiges Mausoleum aus weißem Stein, das solchermaßen einem Osterkuchen aus Sahnequark ähnelte. Der Fluss kam in Sicht; mitsamt dem grünen Brokat der Wasserflora, der ihn an der Krümmung bedeckte. Dicht an der abfallenden Landstraße stand eine gedrungene Schmiede, auf deren Mauer jemand mit Kreide »Lang lebe Serbien!« gekritzelt hatte. Das Hufgetrappel nahm plötzlich einen tönenden und federnden Klang an – es lag an den Brettern der Brücke, die die Kutsche überquerte. Ein barfüßiger alter Angler lehnte am Geländer; zu seinen Füßen glänzte ein Blechgefäß. Gleich darauf wurde der Klang der Hufe zu einem weichen, leisen Getrappel: Die Brücke, der Fischer und die Flusskrümmung blieben unwiederbringlich zurück.

Jetzt rollte die Viktoria eine staubige, lockere Straße zwischen zwei Reihen von Birken mit kräftigen Stämmen entlang. Gleich, ja gleich würde von hinter seinem Park her das grüne Dach des Koslowschen Herrenhauses hervorragen. Peter wusste aus Erfahrung, wie peinlich und widerwärtig alles würde. Er war bereit, sein neues »Swift«-Fahrrad dranzugeben – und was sonst noch? nun, zum Beispiel den Stahlbogen und die »Pugatsch«-Pistole und den ganzen dazugehörigen Vorrat pulvergefüllter Korken –, um wieder auf dem angestammten Landsitz zehn Werst weit weg zu sein und den Sommertag wie immer mit einsamen, wunderbaren Spielen zu verbringen.

Aus dem Park kam ein dunkler, feuchter Geruch nach Pilzen und Tannen. Dann tauchte eine Ecke des Hauses und der ziegelrote Sand vor der Steinveranda auf.

»Die Kinder sind im Garten«, sagte Frau Koslow, als Peter und seine Schwester mehrere kühle, nach Nelken duftende Zimmer durchschritten und die Hauptveranda erreicht hatten, auf der mehrere Erwachsene versammelt waren. Peter sagte allen mit einem Kratzfuß guten Tag und vergewisserte sich dabei, dass er nicht wie schon einmal versehentlich einem Mann die Hand küsste. Seine Schwester behielt die Hand auf seinem Kopf – etwas, das sie zu Hause nie tat. Dann ließ sie sich in einen Korbstuhl nieder und wurde ungewohnt lebhaft. Alle begannen auf einmal zu reden. Frau Koslow fasste Peter am Handgelenk, führte ihn zwischen Lorbeer- und Oleanderkübeln eine kurze Treppe hinab und zeigte geheimnisvoll auf den Garten: »Da findest du sie«, sagte sie; »geh zu ihnen«; woraufhin sie zu ihren Gästen zurückkehrte. Peter blieb auf der untersten Treppenstufe stehen.

Ein elender Anfang. Jetzt musste er über die Gartenterrasse gehen und in eine Allee vordringen, wo im fleckigen Sonnenschein Stimmen pochten und Farben flackerten. Man musste diese Wanderung ganz allein bewältigen, immer näher herankommen, endlos näher kommen, während man allmählich in den Gesichtskreis vieler Augen trat.

Es war der Namenstag von Frau Koslows ältestem Sohn Wladimir, einem lebhaften und zum Hänseln aufgelegten Knaben in Peters Alter. Auch Wladimirs Bruder Konstantin und ihre beiden Schwestern Baby und Lola waren da. Von dem benachbarten Landsitz brachte ein ponygezogener *scharabantschik* die beiden jungen Barone Korff und deren Schwester Tanja, ein hübsches Mädchen von elf oder zwölf mit elfenbeinblassem Teint, blauen Schatten unter den Augen und einem schwarzen Zopf, den über ihrem zarten Nacken eine weiße Schleife zusammenhielt. Außerdem waren drei Schuljungen in ihren Sommeruniformen anwesend sowie Wassilij Tutschkow, ein robuster, gutgebauter, sonnengebräunter Cousin von Peter. Die Spiele leitete Jelenskij, ein Student, der Hauslehrer der Koslow-Jungen. Es war ein fleischiger junger Mann mit prallem Brustkorb und einem kahlrasierten Schädel. Er trug eine *kosoworotka*, eine hemdartige Angelegenheit mit Seitenknöpfen über dem Schlüsselbein. Ein randloser Kneifer überragte seine Nase, deren ziselierte Schärfe ganz und gar nicht zu der weichen Ovalität seines Gesichtes passte. Als Peter endlich näher kam, waren Jelenskij und die Kinder gerade dabei, Speere nach einem großen Ziel aus angemaltem Stroh zu werfen, das an einen Tannenstamm genagelt war.

Peter hatte die Koslows das letzte Mal zu Ostern in St. Petersburg besucht, und bei jener Gelegenheit waren Laternamagica-Bilder vorgeführt worden. Jelenskij las laut Lermontows Gedicht über Mzyri vor, einen jungen Mönch, der seine kaukasische Einsiedelei verließ, um in den Bergen umherzuschweifen, und ein Kommilitone bediente die Laterne. In der Mitte einer leuchtenden Scheibe auf der feuchten Leinwand erschien ein farbiges Bild (und kam nach einer spasmodischen Inkursion dort zum Stehen): Mzyri und der Schneeleopard, der ihn angriff. Jelenskij unterbrach für einen Augenblick die Lesung und deutete mit einem kurzen Stock erst auf den jungen Mönch und dann auf den springenden Schneeleoparden, und dabei borgte sich der Stock die Farben des Bildes aus; sobald Jelenskij ihn wegnahm, glitten sie von seinem Zauberstab wieder herunter. Jede Illustration verharrte eine ganze Weile auf der Leinwand, da auf das ganze langatmige Epos lediglich zehn Diapositive entfielen. Wassilij Tutschkow hob in der Dunkelheit hin und wieder die Hand, langte hinauf in den Strahl, und auf der Leinwand spreizten sich fünf schwarze Finger. Ein- oder zweimal steckte der Assistent ein Dia verkehrtherum hinein, sodass das Bild Kopf stand. Tutschkow brüllte vor Lachen, doch Peter schämte sich für den Assistenten und gab sich überhaupt größte Mühe, gewaltiges Interesse zu heucheln. Damals auch hatte er Tanja Korff zum ersten Mal gesehen, und seitdem dachte er oft an sie, stellte sich vor, wie er sie vor Wegelagerern rettete, wobei ihm Wassilij Tutschkow half und ergeben seinen Mut bewunderte (es ging das Gerücht, dass Wassilij zu Hause einen echten Revolver mit Perlmuttgriff hatte).

Im Augenblick zielte Wassilij mit dem Speer, die braunen Beine weit gespreizt, die linke Hand locker auf dem Kettchen seines Tuchgürtels, an dessen Seite sich eine kleine Leinenbörse befand. Sein Wurfarm schwang zurück, er landete einen Volltreffer, und Jelenskij ließ ein lautes »Bravo« hören. Peter zog den Speer vorsichtig heraus, ging ruhig zu Wassilijs früherer Position zurück, zielte ruhig und traf ebenfalls in die weiße, rot umrandete Mitte; er hatte jedoch keinen Zeugen mehr, da der Wettkampf inzwischen vorbei war und die geschäftigen Vorbereitungen zu einem anderen Spiel begonnen hatten. Eine Art niedriges Schränkchen war in die Allee geschleppt und dort auf dem Sand aufgestellt worden. An seiner Oberseite befanden sich mehrere runde Löcher und ein fetter Metallfrosch mit weit offen stehendem Maul. Ein großer Jeton aus Blei musste so geworfen werden, dass er in eins der Löcher fiel oder in das klaffende grüne Maul traf. Er fiel dann durch die Öffnungen oder durch das Maul in nummerierte Fächer auf den Borden darunter; das Froschmaul brachte einem fünfhundert Punkte ein, jedes andere

Loch hundert oder weniger, je nach seiner Entfernung von *la grenouille* (eine Schweizer Gouvernante hatte das Spiel importiert). Die Spieler warfen einer nach dem anderen jeweils mehrere Jetons, und mühsam wurden die Ergebnisse in den Sand geschrieben. Die ganze Sache war ziemlich öde, und wenn sie nicht an der Reihe waren, suchten einige der Spieler den Blaubeerdschungel unter den Parkbäumen auf. Die Beeren waren groß, ein stumpfer Hauch lag auf ihrem Blau, das einen hellen violetten Glanz bekam, wenn speicheltriefende Finger es berührten. Hingekauert und leise ächzend sammelte Peter die Beeren in seiner hohlen Hand und kippte dann die ganze Handvoll auf einmal in den Mund. So schmeckte es besonders gut. Manchmal befand sich im Mund unter den Beeren ein gezacktes kleines Blatt. Wassilij Tutschkow fand eine kleine Raupe mit bunten, zahnbürstenartig angeordneten Haarbüscheln auf dem Rücken, und zur allgemeinen Bewunderung schluckte er sie seelenruhig hinunter. In der Nähe pochte ein Specht; schwere Hummeln brummten über dem Unterholz und krabbelten in die bleichen hängenden Kronen von Bojarenglockenblumen. Von der Allee her kam das Geklapper der geworfenen Jetons und Jelenskijs Stentorstimme mit den rollenden R's, die jemandem den Rat gab, es »weiter zu versuchen«. Tanja kauerte neben Peter und tastete nach den Beeren, angespannteste Aufmerksamkeit im blassen Gesicht, die glänzenden Purpurlippen geöffnet. Peter bot ihr schweigend seine gesammelte Handvoll, sie nahm sie huldvoll an, und er begann, ihr eine nächste Portion zu sammeln. Gleich aber war sie wieder an der Reihe, und sie lief zur Allee zurück, die schmalen Beine in weißen Strümpfen hebend.

Das *grenouille*-Spiel begann alle zu langweilen. Einige machten nicht mehr mit, andere spielten uninteressiert weiter; was Wassilij Tutschkow betraf, so schleuderte er einen Stein nach dem gähnenden Frosch, und alle außer Jelenskij und Peter lachten. Der *imeninnik* (»Namenstagler«), der gut aussehende, charmante, lustige Wladimir, verlangte nunmehr, *palotschka-stukalotschka* (»Klopf-klopf Stock«) zu spielen. Die Korff-Jungen schlossen sich seiner Bitte an. Tanja hüpfte auf einem Fuß und klatschte in die Hände.

»Nein, nein, Kinder, unmöglich«, sagte Jelenskij. »In einer halben Stunde oder so geht's zu einem Picknick; es ist eine lange Fahrt, und man erkältet sich schnell, wenn einem vom Laufen noch ganz heiß ist.«

»Ach bitte, bitte«, riefen die Kinder.

»Bitte«, wiederholte Peter nach den anderen leise, als er zu dem Schluss kam, dass er es schaffen würde, ein Versteck entweder mit Wassilij oder mit Tanja zu teilen.

»Ich sehe mich gezwungen, dem allgemeinen Verlangen nachzugeben«, sagte Jelenskij, der die Neigung hatte, seinen Äußerungen Rundung und Fülle zu geben. »Ich erblicke jedoch das erforderliche Gerät nicht.« Wladimir eilte davon, es aus einem Blumenbeet zu entleihen.

Peter ging zu einer Wippe, auf der Tanja, Lola und Wassilij standen; letzterer sprang und stampfte mit den Füßen auf und ließ das Brett knarren und rucken, während die Mädchen kreischten und das Gleichgewicht zu halten suchten.

»Ich falle, ich falle!« rief Tanja, und sie und Lola sprangen hinunter ins Gras.

»Möchtest du noch ein paar Blaubeeren?« fragte Peter.

Sie schüttelte den Kopf, blickte schräg zu Lola hinüber, wandte sich wieder zu Peter hin und fügte hinzu: »Sie und ich haben beschlossen, nicht mehr mit dir zu sprechen.«

»Aber warum denn?« murmelte Peter und errötete schmerzhaft.

»Weil du ein Poseur bist«, erwiderte Tanja und sprang auf die Wippe zurück. Peter tat, als sei er tief in die Untersuchung eines kraus-schwarzen Maulwurfshügels am Rand der Allee versunken. Inzwischen hatte ein atemloser Wladimir das »erforderliche Gerät« herangeschafft – einen grünen, scharfen kleinen Stock von der Art, wie ihn Gärtner zum Abstützen von Pfingstrosen und Dahlien verwenden, aber auch Jelenskijs Zauberstab bei der Laterna-magica-Schau sehr ähnlich. Es musste noch bestimmt werden, wer der »Klopfer« sein sollte.

»Eins. Zwei. Drei. Und vier«, hob Jelenskij in komischem Erzählerton an, während er mit dem Stock der Reihe nach auf die Spieler zeigte. »Der Hase. Trat. Vor seine Tür. Ein Jäger. Auwei.« (Jelenskij hielt inne und nieste gewaltig.) »Kam grade vorbei.« (Der Erzähler setzte seinen Kneifer wieder auf.) »Und seine Flinte. Machte piffpaff. Und sapperlot. Da war.« (Die Silben kamen immer gedehnter und gesperrter.) »Der arme. Hase. Tot.«

Das »Tot« traf Peter. Doch alle anderen Kinder drängten sich um Jelenskij und baten ihn lärmend, selber den Sucher zu machen. Man konnte sie rufen hören: »Bitte, bitte, das macht viel mehr Spaß!«

»Nun gut, ich willige ein«, erwiderte Jelenskij, ohne Peter auch nur einen Blick zuzuwerfen.

Wo die Allee auf die Gartenterrasse stieß, stand eine weißgetünchte, teilweise abgeblätterte Bank mit einer Stangenlehne, die ebenfalls weiß war und abblätterte.

Auf dieser Bank nahm Jelenskij mit dem grünen Stock in der Hand Platz. Er zog die fetten Schultern hoch, kniff die Augen zu und begann laut bis hundert zu zählen, auf dass die Spieler Zeit hätten, sich zu verstecken. Als handelten sie in geheimem Einverständnis, verschwanden Wassilij und Tanja in den Tiefen des Parks. Einer der uniformierten Schüler postierte sich listig hinter einen Lindenstamm nur drei Meter von der Bank entfernt. Nach einem wehmütigen Blick auf die Schattenflecken des Unterholzes wandte sich Peter ab und ging in die entgegengesetzte Richtung, auf das Haus zu: Er hatte vor, sich auf der Veranda zu verstecken – natürlich nicht der Hauptveranda, wo die Erwachsenen zu den Klängen eines messinggehörnten, italienisch singenden Grammophons Tee tranken, sondern auf einer Seitenveranda, die Jelenskijs Bank gegenüber lag. Glücklicherweise erwies sie sich als leer. Die verschiedenen Farben der Scheiben in ihren Gitterrahmen wurden unten auf den langen, schmalen, taubengrau mit übertriebenen Rosen bezogenen Diwanen gespiegelt, die die Wände säumten. Außerdem gab es einen Schaukelstuhl aus Bugholz, einen sauber geleckten Hundenapf auf dem Fußboden und einen Tisch mit einer Wachsdecke, der bis auf eine einsam wirkende Alte-Leute-Brille leer war.

Peter kroch zu dem bunten Fenster und kniete sich auf ein Kissen unter seinem weißen Sims. In einiger Entfernung war ein korallenroter Jelenskij auf einer korallenroten Bank unter den rubinschwarzen Blättern einer Linde zu sehen. Die Regel besagte, dass der »Sucher« seinen Stock liegen lassen musste, wenn er seinen Platz verließ, um nach den versteckten Spielern Ausschau zu halten. Vorsicht und ein gutes Gefühl für Zeit und Raum rieten ihm, nicht zu weit zu gehen, damit kein Spieler aus seinem Schlupfwinkel hervorschoß und die Bank erreichte, ehe der »Sucher« wieder zu ihr zurückgelangt war, und dass er zum Zeichen des Sieges mit dem eroberten Stock auf die Bank schlug. Peters Plan war einfach: Sobald Jelenskij zu Ende gezählt, den Stock auf die Bank gelegt und sich ins Unterholz davongemacht hätte, wo sich die wahrscheinlichsten Verstecke befanden, wollte Peter von der Veranda zur Bank sprinten und ihr mit dem unbewachten Stock das feierliche »Klopf-klopf«

versetzen. Schon war mehr als eine halbe Minute verstrichen. Ein hellblauer Jelenskij saß mit hochgezogenen Schultern unter dem indigoschwarzen Laub und pochte im Rhythmus seines Zählens mit dem Zeh auf den silberblauen Sand. Welche Freude wäre es doch gewesen, so zu warten und durch die eine oder andere farbige Glasraute hinauszuschauen, wenn nur Tanja ... Warum nur? Was habe ich ihr bloß getan?

Die Zahl der Scheiben aus gewöhnlichem Glas war viel geringer als die der übrigen. Eine grau-weiße Bachstelze lief über den sandfarbenen Sand. In den Ecken der Fenstergitter hingen Fetzen von Spinnennetzen. Eine tote Fliege lag rücklings auf dem Sims. Ein hellgelber Jelenskij erhob sich von seiner goldenen Bank und klopfte zur Warnung. Gleichzeitig ging die Tür auf, die aus dem Hausinneren auf die Veranda führte, und aus dem Zwielicht eines Zimmers kamen erst ein korpulenter brauner Dackel und dann eine graue alte Frau mit Stirnfransen in einem schwarzen Kleid mit einem engen Gürtel und auf dem Busen einer kleeblattförmigen Brosche sowie einer Kette um den Hals, an der die in ihrem Gürtel steckende Uhr hing. Sehr träge stieg der Hund seitwärts die Stufen zum Garten hinab. Was die alte Dame anging, so raffte sie ärgerlich die Brille an sich – deretwegen war sie gekommen. Plötzlich bemerkte sie den Jungen, der von seinem Platz herunterkroch.

»*Priate-qui? Priate-qui?* (prjatki, Versteckspiel)«, ließ sie sich mit jenem farcenhaften Akzent vernehmen, den alte Französinnen nach einem halben Jahrhundert in unserm Land dem Russischen angetan haben, »*Toute n'est caroche* (tut ne choroscho, hier nicht gut)«, fuhr sie fort und betrachtete mit gütigen Augen Peters Gesicht, das sowohl Verlegenheit über seine Lage als auch die flehentliche Bitte ausdrückte, nicht zu laut zu sprechen. »*Sichasse pocajou carocbe messt* (sejtschas pokashu choroscheje mesto, gleich zeig ich dir eine gute Stelle).«

Die Arme in die Seiten gestemmt, stand ein smaragdgrüner Jelenskij auf dem blaßgrünen Sand und blickte in alle Richtungen zugleich. Da er fürchtete, die brüchige und umständliche Stimme der alten Gouvernante könnte draußen zu hören sein, und noch mehr, eine Ablehnung könnte sie kränken, folgte Peter ihr eilig, obwohl ihm bewusst war, dass die Dinge nunmehr eine Wendung ins Lächerliche nahmen. Ihn fest an der Hand haltend, führte sie ihn durch ein Zimmer nach dem anderen, an einem weißen Klavier vorbei, einem Kartentisch, einem kleinen Dreirad, und als die plötzlich auftauchenden Dinge immer verschiedenartiger wurden – Elchgeweihe, Bücherregale, ein Lockvogel auf einem Bord – hatte er das Gefühl, sie führe ihn in die entgegengesetzte Seite des Hauses und mache es ihm immer schwerer, ihr, ohne ihr weh zu tun, auseinanderzusetzen, dass es bei dem Spiel, das sie unterbrochen hatte, nicht so sehr ums Verstecken ging als vielmehr darum, auf den Augenblick zu warten, da Jelenskij weit genug von der Bank entfernt war, um einem zu erlauben, zu dieser hinzulaufen und ihr mit dem entscheidenden Stock einen Schlag zu versetzen!

Nachdem sie eine Flucht von Räumen durchquert hatten, bogen sie in einen Korridor, stiegen sodann eine Treppe hinauf und kamen durch ein sonnenhelles Mangelzimmer, wo eine Frau mit rosigen Wangen auf einer Truhe am Fenster saß und strickte. Ohne dass ihre Stricknadeln innehielten, sah sie hoch, lächelte und senkte wieder die Wimpern. Die alte Gouvernante führte Peter ins Nebenzimmer, wo eine Ledercouch und ein leerer Vogelbauer standen und wo zwischen einem riesigen Mahagonischrank und einem holländischen Kachelofen eine dunkle Nische verblieb.

»*Votte* (das wär's)«, sagte die alte Dame, und nachdem sie ihn mit einem leichten Schubs in dieses Versteck gedrückt hatte, ging sie in das Mangelzimmer zurück, wo sie in ihrem verstümmelten Russisch den Tratsch mit der hübschen Strickerin fortsetzte, die hin und wieder ein automatisches »*Skashite poshalujsta*! (Ist das die Möglichkeit)« einwarf.

Eine Weile blieb Peter höflich in seinem absurden Winkel knien; dann richtete er sich schließlich auf, blieb jedoch immer noch stehen und starrte die Tapete mit ihren faden und gleichgültigen blauen Schnörkeln an, das Fenster, den Wipfel einer Pappel, die in der Sonne raschelte. Man hörte das heisere Ticktack einer Uhr, und dieses Geräusch erinnerte einen an eine Menge Langweiliges und Trauriges.

Eine ganze Zeit verging. Die Unterhaltung im Nebenzimmer begann sich fortzubewegen und in der Ferne zu verlieren. Jetzt war bis auf die Uhr alles still. Peter trat aus seiner Nische hervor.

Er rannte die Treppe hinab, ging auf Zehenspitzen durch die Räume (Bücherregale, Elchgehörn, Dreirad, blauer Kartentisch, Klavier) und wurde an der auf die Veranda führenden Tür von einem Muster farbigen Sonnenscheins und dem alten Hund in Empfang genommen, der gerade aus dem Garten zurückkam. Peter schlich sich an die Fensterscheiben und wählte eine farblose. Auf der weißen Bank lag der grüne Stecken. Jelenskij war unsichtbar – zweifellos war er auf seiner unvorsichtigen Suche bis weit hinter die Linden gewandert, welche die Allee säumten.

Den Mund vor lauter Aufregung zu einem Grinsen verzogen, hüpfte Peter die Stufen hinab und rannte auf die Bank zu. Er lief immer noch, als er einer seltsamen Teilnahmslosigkeit um sich her gewahr wurde. Jedoch gelangte er mit ungebrochener Geschwindigkeit zu der Bank und schlug mit dem Stock dreimal auf ihre Sitzfläche. Es war eine vergebliche Geste. Niemand erschien. Sonnenscheinflecken pulsierten auf dem Sand. An einer der Banklehnen kroch ein Marienkäfer hoch, und unter seinen kleinen gepunkteten Flügeldecken hervor sahen die durchsichtigen Spitzen seiner unsorgfältig gefalteten Flügel.

Peter wartete ein paar Minuten und blickte sich währenddessen verstohlen um, bis ihm schließlich klar wurde, dass er vergessen worden war, dass die Existenz eines letzten, unaufgefundenen, unaufgescheuchten Versteckten übersehen worden war und die anderen ohne ihn zum Picknick gefahren waren. Dieses Picknick war für ihn im übrigen das einzige annehmbare Versprechen des Tages gewesen: Er hatte sich recht und schlecht darauf gefreut, auf die Abwesenheit der Erwachsenen, auf das offene Feuer in einer Waldlichtung, auf die gebackenen Kartoffeln, auf die Blaubeertörtchen, auf den Eistee in Thermosflaschen. Um das Picknick war er jetzt gebracht, doch mit dieser Entbehrung konnte man sich abfinden. Was ihn wurmte, war etwas anderes.

Peter gab sich einen Ruck und ging zum Haus zurück, immer noch den Stock in der Hand. Onkel, Tanten und ihre Freunde spielten auf der Hauptveranda Karten: Er konnte den Klang des schwesterlichen Lachens heraushören – ein garstiger Klang. Er ging um das Herrenhaus herum, im Kopf die vage Idee, dass irgendwo in der Nähe ein Lilienteich sein müsse und er ein Taschentuch mit seinem Monogramm sowie die silberne Trillerpfeife an ihrer weißen Schnur an seinem Rand deponieren könnte, während er selber unbemerkt zu Fuß den ganzen Weg nach Hause ginge. Plötzlich hörte er neben der Pumpe an einer Hausecke eine vertraute Stimmensalve. Alle waren sie da – Jelenskij, Wassilij, Tanja, ihre Brüder und Cousins; sie drängten sich um einen Bauern, der ein Eulenbaby zeigte, das er gerade gefunden hatte. Das Eulenjunge, ein fettes kleines Ding, braun, mit weißen Flecken, drehte den Kopf oder besser die Gesichtsscheibe hin und her, denn es war nicht genau auszumachen, wo der Kopf begann und der Körper aufhörte.

Peter trat näher hinzu. Wassilij Tutschkow sah ihn an und sagte dann mit glucksendem Lachen zu Tanja:

»Und da kommt der Poseur.«

Nathalie Sarraute

Das tust du nicht

Eine Frau versucht, sich ihrer frühesten Kindheit zu erinnern. Einzelne Wörter, kurze Sätze, die in ihr auftauchen, helfen ihr im Dialog mit einem zweiten Ich, das ihr widerspricht, zweifelt, aber zugleich Anstoß gibt, die abgesunkenen Bilder eines kindlichen Attentats wieder erstehen zu lassen.

»Nein, das tust du nicht«,... da sind sie wieder, diese Worte, sie sind wieder lebendig geworden, sie sind genauso rege wie in jenem Moment vor so langer Zeit, als sie in mich eindrangen; sie drücken, sie lasten mit ihrer ganzen Macht, mit ihrem enormen Gewicht auf mir ... und unter ihrem Druck löst sich in mir etwas ebenso Starkes, erhebt sich in mir etwas noch Stärkeres und steigt empor ... die Worte, die aus meinem Munde kommen, tragen es fort und treiben es dort hinein ... »Doch, ich werde es tun.«

»Nein, das tust du nicht.« ... diese Worte kommen von einer Gestalt, welche die Zeit beinahe ausgelöscht hat ... es bleibt nur eine Anwesenheit übrig ... die Anwesenheit einer jungen Frau, die tief in einem Sessel im Salon eines Hotels sitzt, wo mein Vater allein mit mir seine Ferien verbrachte, in der Schweiz, entweder in Interlaken oder in Beatenberg, ich muss damals fünf oder sechs Jahre alt gewesen sein, und die junge Frau hatte die Aufgabe, sich um mich zu kümmern und mir Deutsch beizubringen ... Ich kann sie mir nicht mehr genau vorstellen ... aber ich sehe ganz deutlich das Handarbeitskörbchen auf ihren Knien und darauf eine große Stahlschere ... und ich ... ich kann mich nicht sehen, aber ich fühle es, als ob ich es in diesem Augenblick täte ... ich ergreife plötzlich die Schere, ich halte sie fest in der Hand ... eine schwere, geschlossene Schere ... ich halte ihr spitzes Ende auf die Rückenlehne eines Sofas gerichtet, das mit einem ganz zarten, rankenartig gemusterten, glänzenden Seidenstoff in einem etwas verblichenen Blau überzogen ist ... und ich sage auf deutsch ... »Ich werde es zerreißen.«

»Auf deutsch ... Wie hattest du es so gut lernen können?«

»Ja, ich frage es mich selbst ... Aber diese Wörter habe ich seitdem nie mehr ausgesprochen ... Ich werde es zerreißen«, ... das Wort »zerreißen«, ertönt wie ein wildes Zischen, im nächsten Moment wird etwas passieren ... ich werde etwas zerreißen, verheeren, zerstören ... es wird ein Anschlag sein ... ein Attentat ... ein Verbrechen ... das aber nicht geahndet wird, wie es geahndet werden könnte, ich weiß, dass es keinerlei Strafe geben wird ... vielleicht einen kleinen Tadel, eine unzufriedene, etwas besorgte Miene meines Vaters ... Was hast du getan, Taschock, was ist in dich gefahren? und die Entrüstung der jungen Frau ... aber eine Furcht, die noch größer ist als die vor unwahrscheinlichen, undenkbaren Strafen, hält mich noch zurück von dem, was im Nu geschehen wird ... das Nicht-wieder-gut-zu-machende ... das Unmögliche ... das, was man nie tut, was man nicht tun darf, was keiner sich erlaubt ...

»Ich werde es zerreißen.« ... ich warne Sie, ich werde den Schritt tun, aus dieser sittsamen, bewohnten, lauwarmen, weichen Welt hinausspringen, ich werde mich von ihr trennen, ich werde fallen, stürzen, ins Unbewohnte, in die Leere ...

»Ich werde es zerreißen« ... ich muss Sie warnen, um Ihnen Zeit zu lassen, mich daran zu hindern, mich zurückzuhalten ...

»Ich werde das da zerreißen« ... ich werde es ihr sehr laut sagen ... vielleicht wird sie die Schultern zucken, den Kopf senken und einen aufmerksamen Blick auf ihre Handarbeit richten ... Wer nimmt solche Hänseleien, solch kindischen Schabernack schon ernst? ... und meine Worte werden zerfliegen, sich auflösen, mein erschlaffter Arm wird hinabsinken, und ich werde die Schere wieder an ihren Platz in das Körbchen legen ...

Aber sie richtet den Kopf wieder auf, sie blickt mich gerade an und sagt, jede einzelne Silbe betonend: »Nein, das tust du nicht« ... wobei sie einen sanften, festen, nachhaltigen, unerbittlichen Druck ausübt, den gleichen Druck, den ich später in den Worten, im Ton von Hypnotiseuren und Tierbändigern wahrnahm ...

»Nein, das tust du nicht ... « in diesen Wörtern fließt eine dicke, schwere Flut und das, was sie mit sich führt, dringt tief in mich ein, um das, was sich in mir rührt, was sich aufbäumen will, zu zerschmettern ... und unter diesem Druck bäumt es sich wieder auf, bäumt es sich noch mehr, noch höher auf, es wächst und schleudert gewaltsam diese Worte aus mir hervor ... »Doch, ich werde es tun.«

»Nein, das tust du nicht ... « die Worte umzingeln mich, umfassen mich, fesseln mich, ich schlage um mich ... »Doch, ich

werde es tun« ... Es ist soweit, ich befreie mich, die Aufgeregt-
heit, die Gereiztheit lässt mich den Arm ausstrecken, ich steche
die Scherenspitze mit aller Kraft hinein, die Seide gibt nach, sie
zerreißt, ich schlitze die Rückenlehne von oben nach unten auf
und betrachte, was da herauskommt ... etwas Weiches,
Gräuliches wölbt sich aus dem Schlitz hervor ...

Christa Wolf

Die Perle

Im Sommer 1971 reist die Schriftstellerin Christa Wolf in ihre Heimatstadt Landsberg an der Warthe, dem heutigen polnischen Borzow. 26 Jahre sind vergangen, seit sie den Ort ihrer Kindheit verlassen und nicht mehr wieder gesehen hat. Diese Reise ist eine Begegnung mit der eigenen Vergangenheit und wird, auch durch die Gespräche mit den sie begleitenden Familienmitgliedern, zu einer schwierigen »Gedächtnisüberprüfung«. Ihrem Kinder-Ich hat Christa Wolf den Namen »Nelly« gegeben.

Kurz nach dem Zwischenfall mit Helmut Waldin muss Nelly sich die Perle in die Nase gesteckt haben, wovor sie oft und dringlich gewarnt worden war. Eine kleine gelbe Holzperle, wie man sie Kindern schenkt zum Kettenaufziehn, die aber, einmal im Nasengang, durch kein Pusten und Schnauben wieder herauszubefördern ist, die immer höher zu wandern schien, womöglich bis dahin, wo die Mutter die Gehirnwindungen vermutete und von wo aus es für eine Perle kein Zurück mehr gab. Nelly setzte den für Katastrophenfälle üblichen Mechanismus in Gang: Frau Elste, die Mutter im weißen Kittel, fliegende Finger, Telefon, die Straßenbahn, eine Frau ihr gegenüber trieb die Geschmacklosigkeit so weit, dem lieben Gott dafür zu danken, dass dieses Kind sich keine Erbse in die Nase gesteckt hatte, die alsbald ins Quellen gekommen wäre, und dann ade, du mein lieb Heimatland!

Nelly hätte den lieben Gott gern aus dem Spiel gelassen. Es lag ihr nicht daran, dass er die Gedanken in ihrem von der Perle bedrohten Gehirn ablas und unter ihnen eine Art Wunsch vorfinden würde: den sträflichen Wunsch, die eigene Mutter zu Tode zu erschrecken, indem man schädigte, was ihr das Liebste war: sich selbst.

Der Arzt, ein Doktor Riesenschlag, nicht imstande, sich die verzwickte Bosheit dieses Kindes vorzustellen, ließ sie auf einem Lederhocker Platz nehmen, klapperte widerwärtig mit Metallinstrumenten auf Emailleschalen, bis er sich entschloss, eines dieser Instrumente in Nellys rechtes Nasenloch einzuführen, wo es sich, angeblich nach dem Regenschirmprinzip, auszudehnen begann und den Innenraum der Nase erweiterte, bis der Perle nichts übrig blieb, als mit einem Blutstrahl zusammen herauszuschießen und auf des Doktors glänzendes Linoleum zu fallen, wobei es »klick« machte, was mit einem gleichmütigen »Na also!« quittiert wurde. Nein, nach Hause nehmen wollte die Mutter diese Unglücksperle nicht, das fehlte noch, aber sie hoffte von Herzen, dass die ganze Kalamität dem Kinde eine Lehre sein werde. Eine Hoffnung, der Doktor Riesenschlag sich in sachlicher Freundlichkeit anschloss, nachdem er einen Zehnmarkschein entgegengenommen und eine Warnung vor kleinen Knöpfen, Bohnen, Linsen, Erbsen, Blumensamen und Kieselsteinen an Mutter und Tochter gerichtet hatte. Besichtigen wollten sie aber seine Sammlung derartiger aus Ohren und Nasen geförderter Fremdkörper – der nun Nellys Perle auch beigefügt würde – keinesfalls.

Eine Ohrfeige, ein scharfes Wort, sogar ein stummer Nachhauseweg wären nach Nellys Empfindungen jetzt am Platze gewesen. Statt dessen erfuhr Nelly, sie habe sich tapfer gehalten. Nicht geklagt, nicht geweint, nichts. Der Mutter schien es wohlzutun, ihre Tochter »tapfer« zu nennen. Es lag ihr nicht daran, zu erfahren, wie sie in ihrem innersten Innern war. Nelly hatte das trostlose Gefühl, dass auch der liebe Gott selbst an dem tapferen, aufrichtigen, klugen, gehorsamen und vor allem glücklichen Kind hing, das sie tagsüber abgab. Wörter wie »traurig« oder »einsam« lernt das Kind einer glücklichen Familie nicht, das dafür früh die schwere Aufgabe übernimmt, seine Eltern zu schonen. Sie zu verschonen mit Unglück und Scham. Die Alltagswörter herrschen: iss und trink und nimm und bitte danke. Sehen hören riechen schmecken tasten, die gesunden fünf Sinne, die man beisammen hat. Ich glaube, dass fünf Pfund Rindfleisch eine gute Brühe geben, wenn man nicht zuviel Wasser nimmt. Alles andere ist Einbildung.

Während ihr zum Auto gingt, fiel dir noch das Spiel ein, das Nelly Lieselotte Bornow aufzwang, lange vor ihrem späteren Zerwürfnis. Sie nannten es »Selbstverzaubern«, und es bestand darin, im hellen gelben Sand des Sonnenplatzes sich auf ein Kommando hin in ein ekles Wesen zu verwandeln: Frosch, Schlange, Kröte, Käfer, Hexe, Schwein, Molch, Lurch. Niemals höhere Lebewesen, immer Ungetier, das in Schmutz und Schlamm lebt und einander rücksichtslos bekämpft. Zerkratzt und dreckig kamen sie abends nach Hause, ertrugen Vorhaltungen und Verbote. Auch die Eltern des Froschkönigs hatten erleben müssen, wie ihr feiner blondhaariger Prinzensohn sich mir nichts, dir nichts – und ganz gewiss nicht ohne seine heimliche Zustimmung – vor ihren Augen in einen glitschigen eklen Frosch verwandelt hatte. Das gab es eben.

Francesco Piccolo

Auf der Straßenseite

Als ich klein war und gemeinsam mit meinem Bruder zur
Schule ging, trug mir meine Mutter auf, ihn an die Hand zu
nehmen, und ich empfand das als richtig und verantwor-
tungsvoll. Nicht verstehen konnte ich aber, warum sie immer
sagte: »Dass du mir ja auf der Seite bleibst, wo die Autos
vorbeifahren, wenn ihr zu der Straße ohne Gehsteig kommt!«
Ich hielt mich daran, und zwar gewissenhaft, aber eigentlich war
ich sehr traurig. Für mich hieß das: »Ich hoffe, dass euch kein
Auto überfährt, sollte es aber doch passieren, wär's mir lieber,
du stirbst, nicht er.«

Die Sache regte mich ziemlich auf. Auch weil Mutter auf
meine Bitten um etwas mehr Nutella aufs Brot immer sagte, das
sei nicht gerecht, wir seien alle gleich; und an dieser Stelle fehlte
mir dann immer der Mut, ihr zu antworten: »Wenn wir schon
alle gleich sind, dann geht aber auch morgens auf der Straßenseite, wen's gerade trifft, oder einmal der eine und einmal der
andere, so ist das Risiko für beide gleich.« Ich gestehe, mehr als
einmal war ich versucht, ihn auf der Straßenseite gehen zu
lassen; aber ich bekam eine Heidenangst, denn wenn er von
einem Auto plattgewalzt worden wäre, hätte man mir's böse
heimgezahlt, denn es wäre doch sonnenklar gewesen, dass ich
ihn auf der Straßenseite hatte gehen lassen und ungehorsam
gewesen war. Um ehrlich zu sein, ich hatte schon eine Ausrede
parat: Mit fassungsloser Stimme hätte ich etwas von einem
Verrückten gestammelt, der mit seinem Mofa dicht an der
Mauer überholen wollte und dabei meinen Bruder überfahren
hatte; diese Erklärung kam mir plausibel vor und hätte mir
außerdem Gelegenheit gegeben, meiner Mutter eine moralische
Lektion zu erteilen, etwa in der Art: »Man ist nirgendwo sicher,
nicht einmal an der Mauerseite, wenn das Schicksal es so
entschieden hat.«

Natürlich ginge es mir nahe, wenn er plattgewalzt würde,
aber nur bis zu einem bestimmten Grad, auch weil ich mir in
einem schnellen Wirtschaftsüberschlag ausrechnete, dass ich bei
gleichbleibendem Nutella-Angebot und bei verminderter Nach-
frage – durch den Ausfall meines Bruders um fünfzig Prozent –

eindeutig im Vorteil wäre und meinen Gewinn verdoppeln würde. Aber auch die Gesetze der Wirtschaft unterliegen der moralischen Kontrolle, und noch während meine Hüfte bei solchen Gedanken den Bruder unmerklich zur Straßenseite hindrängen wollte, ließ ich's sofort bleiben, weil mir der Verrat an meiner Mutter einfiel und die Strafe, die mich vergleichsweise erwartete: Schon für ein unanständiges Wort gab's zwei Ohrfeigen oder zwei Stunden Zimmerarrest; und für Brudermord erst! Und außerdem hätte ich ja dann keinen mehr gehabt, der mir im Park den Ball zuspielte.

Die Wahrheit aber war eine andere: Ich wollte Mutter nicht verraten, daran lag mir am meisten; ich vertraute ihr sehr, obwohl ihr lieber war, dass mich ein Kotflügel traf als meinen Bruder, und ich ging zur Schule wie ein Held in den Krieg, bereit sich fürs Vaterland zu opfern. Kaum bogen wir um die Ecke und verließen den Gehsteig, nahm ich meinen Bruder an die andere Hand und ließ ihn an der Mauerseite gehen, ich aber ging mit Trauer im Herzen auf der Straßenseite, und immer wenn ein Auto vorbeifuhr oder ein Motorrad, machte ich die Augen zu und wartete, dass der Windstoß mir ins Gesicht fuhr, und atmete dann jedes Mal erleichtert auf. An manchen Tagen quälte mich sogar die Frage, ob es nicht schon ungehorsam sei, wenn ich heil in der Schule ankam, aber ich konnte mich leicht selbst überzeugen, dass ich übertrieb, Mutter hatte lediglich eine Rangliste erstellt, ohne direkt meinen Tod zu wollen.

Davon überzeugte ich mich voll und ganz, wenn ich mit ihr unterwegs war und sie mich auf der gleichen Wegstrecke mit ihrem Körper deckte: Sie tat also für mich genau dasselbe, was ich für meinen Bruder tun musste. So gesehen konnte ich meine Position aufwerten, und ich dachte mir, wenn sie sich für mich opfert, kann ich es auch für meinen Bruder tun. Es war ein Kreislauf: einmal Beschützer, einmal Beschützter. Was ich aber nicht ertragen konnte, war, dass mein Bruder am Ende des Kreislaufs nie starb, weil er niemanden beschützte; und am Anfang war, sagen wir, Großvater, der jeden Augenblick sein Leben aufs Spiel setzte, um alle zu beschützen, und in meiner Vorstellung ging er immer mitten auf der Straße, auch wenn er allein war, und sei es nur aus Erleichterung, von der Verantwortung befreit zu sein, falls ein Auto ihn zu Boden warf.

Als dann Großvater wirklich starb, im Bett und nicht überfahren von einem Ferrari Testarossa [wörtlich: »Roter Kopf«; Anm. d. Ü.] – ich glaubte damals, er heiße so wegen der

Folgen, die er für seine Opfer hatte –, auch wenn ich auf die Todesnachricht hin meine Mutter fragte, wie es passiert sei, in der Hoffnung, von ihr zu hören, dass wirklich ein Auto unter Missachtung der Verkehrsregeln die Treppe hinauf, ins Schlafzimmer hinein und über den Großvater hinweggefahren sei, so hätte ich nochmals Gelegenheit gehabt, mit vorwurfsvoll erhobenem Zeigefinger zu sagen: »Gibt es einen besseren Beweis dafür, dass man nirgends sicher ist, nicht einmal im eigenen Bett, wenn das Schicksal es so entschieden hat«, und das Schicksal hatte in meiner Vorstellung die Gestalt eines verrückt gewordenen Autos in der Altstadt; als mein Großvater starb, klärte sich die Sachlage; denn die Großmutter, nicht seine Frau, sondern meine andere Großmutter, hatte am Begräbnistag gesagt: »Und wär's nicht besser, ich wäre gestorben?« Wohlgemerkt nicht wegen irgendeiner Rangordnung, sondern weil sie, wie sie sagte, zehn Jahre älter war und von Rechts wegen hätte sterben müssen. Eine makellose Beweisführung, die ein gewisses Licht auf die Frage nach Leben und Tod warf und auf die Tatsache, dass ich auf der Straßenseite zu gehen hatte, wenn ich mit meinem Bruder unterwegs war, und meine Mutter, wenn sie mit mir unterwegs war. Ich überlegte auch, dass es gemäß dieser Logik noch lange dauerte, bis ich immer auf der Straßenseite gehen musste wie mein Großvater, und das tröstete mich. Immer wenn jemand starb, fing meine Großmutter an: »Und wär's nicht besser, ich wäre gestorben?« Sie sagte es auch, wenn der Tote nur zwei Monate jünger gewesen war als sie, und zwang mich so, zu antworten: »Lass nur, Großmutter, auf zwei Monate kommt's nicht an!« Aber die Logik meiner Großmutter war eisern, und die Zeit verging, und je älter sie wurde, um so geringer wurden die Möglichkeiten, dass jemand starb, der älter war als sie, und sie wiederholte den Satz jeden Tag, wenn wir von einem Todesfall hörten. Eine Zeitlang ging das auch so, wenn sie im Fernsehen von Terroristen berichteten, die einen gewissen X, Vertreter von … usw., usw. gelyncht hatten. Unbekümmert um die politischen Fakten, so zwingend sie auch sein mochten, sagte sie: »Und wär's nicht besser, ich wäre gestorben?« Schließlich dachten wir alle, es wäre wirklich besser, wenn sie sterbe, und sei es nur, um nicht mehr hören zu müssen, dass es besser wäre, sie wäre gestorben. Gern hätten wir sie für einen jüngeren Kranken in Tausch gegeben, um sie zufrieden zu stellen, aber da war nichts zu machen. Anscheinend galt das Gesetz der Erziehung und des Vortritts der

Älteren nur in unserer Familie, draußen, in der Welt, kümmerte man sich nicht sonderlich darum.

Tatsächlich hatte ich's schon früher geahnt, ich war ja nicht der einzige, der mit einem kleineren Bruder zur Schule ging; auch andere Mitschüler oder größere Jungen, ja selbst Eltern, die ihre Kinder zur Schule begleiteten, überließen es meistens dem Zufall, wer auf der Straßenseite ging. Ich achtete auf nichts anderes unterwegs, speziell auf der engen Straße ohne Gehsteig: auf die Gehordnung der Familien zwischen Mauer und Straße, und peinlich genau registrierte ich, ob man diesbezüglich ebenso konsequent dachte wie bei uns. So beobachtete ich beispielsweise, dass Barone, der in der Bank vor mir saß, seine Schwester vier Tage hintereinander auf der Straßenseite hatte gehen lassen, und als ich schon dachte, er sei ein Verbrecher und plane einen vorsätzlichen Mord, zeigte er sich am Freitag mit der Schwester an der Mauerseite. jemand war wohl aufmerksam geworden, denke ich. Samstag war's dann wieder umgekehrt, Sonntag weiß ich nicht, weil da Feiertag war, Montag wieder er auf der Straßenseite, aber auf der gegenüberliegenden. Schließlich stellte ich fest: Barone war nicht nur ohne Grundsätze, er wechselte auch die Seite und ging da, wo wir noch nie gegangen waren, nicht einmal auf dem Nachhauseweg. Die Barones waren Leute ohne Rückgrat, ohne feste Bezugspunkte. Im Grunde war ich froh darüber, dass wir eine strenge Richtlinie hatten, ich wusste, dass ich mein Leben riskierte anstelle meines Bruders, aber ich wusste auch, dass ich heil nach Hause kam, wenn ich mit Mutter zum Einkaufen ging. Alles hatte seine Ordnung. Und ich hasste es, wenn die Welt sich nicht daran hielt, und ich begann zu verstehen, dass meine Großmutter zu Recht betrübt war, wenn jemand starb, der jünger war als sie, und ihr Spruch war eigentlich ein Protestschrei gegen eine Welt, die sich nicht an eine gerechte Ordnung halten wollte.

Ja, ich hatte verstanden, dass diese Ordnung im Grunde gerecht war. Einmal, als man bei Tisch vom Tod eines Neugeborenen sprach, dem Kind einer entfernten Verwandten, wollte ich auch so gerecht sein wie Großmutter, und ich sagte in überzeugtem Ton: »Und wär's nicht besser, ich wäre gestorben?« Mein Vater langte mir eine, dass mir Hören und Sehen verging, und außer dem Sehen vergingen mir auch meine Vorstellungen, die ich mir mühsam zurechtgezimmert hatte. Ich kapierte nichts mehr, und ich erinnere mich, dass ich aus Trotz meinen Bruder drei Tage hintereinander auf der Straßenseite gehen ließ; dabei überlegte ich ununterbrochen, was ich meinen Eltern sagen wollte, wenn er überfahren würde: »Warum sollte ich an seiner Stelle sterben, nicht aber anstelle des Kindes, das viel kleiner war, an dessen Stelle eigentlich mein Bruder hätte sterben müssen, wie Großmutter es uns gelehrt hat?« Im Geist sah ich meine Eltern verstummen vor dieser glasklaren Beweisführung, die ja unserer Denkweise vollkommen entsprach, und so gern hätte ich es erlebt, wie sie verstummten, dass ich ihn meinem Bruder beinahe gegeben hätte, den Schubs. Aber im selben Augenblick sah ich Barone vor mir, die Schwester an der Mauerseite, und der Mut verließ mich. Und doch war es der x-te Betrug von seiten Barones: Tags darauf ging die Schwester wieder auf der Straßenseite, und ich verstand wirklich nichts mehr; abends, als Mutter zu mir ans Bett kam, um mir den Gutenachtkuss zu geben, sagte ich weinend: »Mama, ich will nicht mehr zur Schule gehen.« Sie sagte, ich solle keine Geschichten machen, aber ich blieb dabei. Also holte sie Vater, der setzte sich auf den Bettrand, streichelte mich und fragte mich liebevoll, warum ich weine. »Ich habe beschlossen, nicht mehr zur Schule zu gehen«, sagte ich. Er gab mir eine Ohrfeige, dass mir Hören und Sehen verging. Ich weinte die ganze Nacht, aber am Morgen stand mein Entschluss fest: Zur Schule würde ich gehen, von mir aus, aber von jetzt an wollte ich's mir fest verkneifen, an irgendetwas zu denken, bis wir zu dem verdammten Straßenstück kamen. Kaum waren wir um die Ecke herum, sollte jeder da weitergehen, wo er gerade war: Wer also außen war, sollte da bleiben. Ich hatte mich auf die Seite der Welt geschlagen, auf die Seite der Barones und auf die des Zufalls. Sogleich bekam ich eine Menge Schwierigkeiten. Sowie ich die Treppe hinunterstieg, zwang ich mich, an tausend andere Dinge zu denken, ich sang, aber kaum lag das Haus hinter uns, fiel mir ein, dass ich eben in diesem Moment die Position entschied, welche wir an der besagten Ecke einnehmen würden; das Problem bestand also weiter, bis ich aufs Auszählen verfiel. Hinter der Mauer hielten wir an, und auf mein »Los« zeigte jeder mit seinen Fingern eine Zahl an und sagte dazu »gerade« oder »ungerade«, dann zählten wir sie zusammen, und wer recht hatte, der musste auf der Straßenseite gehen, aber nach einigen Tagen musste ich bemerken, dass mein Bruder immer den Zeige- und Mittelfinger vorstreckte, immer die zwei, und ich zu dem Schluss kommen musste, dass das Ergebnis ausschließlich von der Zahl bestimmt wurde, die ich erscheinen ließ, denn seine war immer dieselbe. Ich versuchte es mit allen Mitteln, aber am Ende musste ich klein beigeben, denn ich konnte nicht nicht denken, konnte nicht nicht versuchen, die Rechnung zu meinen Gunsten aufgehen zu lassen, da ich sie ja gleichsam allein machte. Ich strengte mich an, nicht zu denken, aber es war unmöglich. Und da ich allein entscheiden musste, hatte ich nicht den Mut, ihn, den Kleineren, auf der Straßenseite gehen zu lassen.

Jahre später habe ich die Geschichte von den Erbgenen und von allen diesen Sachen erfahren, und ich habe endlich verstanden, dass die Frage der Straßenseite in mir vorprogrammiert war vom Moment der Geburt an, sie war ein Faktor meiner Familie, und ich würde nicht aufhören können, daran zu denken.

Viel Zeit war vergangen seit jener Ohrfeige, und die Wut darüber war verraucht; so nahm ich eines Montagmorgens meinen Bruder an die andere Hand und ließ ihn an der Mauerseite gehen. Er aber wollte trotzdem auszählen, weil er Spaß daran hatte, und ich tat ihm den Gefallen, damit er nicht weinte, und das jeden Morgen; er warf weiter seine Zwei, und ich hatte ein leichtes Spiel, und fröstelnd machten wir uns auf den Weg zur Schule, und ich schloss glücklich die Augen, um den Fahrtwind der Autos zu spüren, die mich streiften. Barone und seine Schwester, die beachtete ich gar nicht mehr.

Martin Walser

Die Kette

Durch die Dorfgemeinschaft von Wasserburg am Bodensee geht wie überall
in Deutschland nach der nationalsozialistischen Machtergreifung ein Riss,
der sich durch Freundschaften und mitten durch die Familien zieht. Noch
ist man freundlich zueinander, doch bekommen auch Johann, dessen Vater
vor kurzem gestorben ist, und seine Altersgenossen die wachsende
Spannung zu spüren: Ein halbjüdischer Schulkamerad wird »unehrenhaft«
aus dem Jungvolk ausgestoßen, und in der Nacht verprügelt ein Schläger-
trupp den Dummen August des Wanderzirkus, er hatte zu unvorsichtig
seine Späße über das neue Regime gemacht. Auf dem Heimweg von der
Ostermesse werden die Mädchen und Buben, die bald zur Erstkommunion
geführt werden sollen, plötzlich selbst zu Tätern.

Nach der Messe musste Johann zuerst wieder auf das Grab und
das Weihwasser geben und dazu denken: Herr, gib ihm die
ewige Ruhe, das ewige Licht leuchte ihm, Herr, lass ihn ruhen
in Frieden, Amen. Vor dem Friedhof draußen stand der Lehrer,
um ihn herum schon die anderen. Der Lehrer ging voraus,
Richtung Schule. Er hatte den anderen offenbar schon gesagt,
warum sie, trotz Osterferien, jetzt schnell in die Schule kommen
mussten. Man setzte sich, wie man im Unterricht saß. Der
Lehrer sagte, es sei seine Pflicht, die Jungen und Mädel (der
Lehrer bezeichnete die Buben nie als Knaben, sondern immer als
Jungen, die Mädchen als Mädel) auf die Gefahren hinzuweisen,
die dem deutschen Volk von überallher drohten. So lange noch
drohten, als sich willfährige Elemente fänden, die sich in den
Dienst der Feinde des deutschen Volkes stellten. Dann sprach er
zuerst, ohne ihn zu nennen, vom Dummen August, dann sprach
er, ohne es auszusprechen, von der Erstkommunion. Johann
gestand sich ein, dass er den Dummen August unterschätzt
hatte. Dass der so gefährlich war, hatte er nicht bemerkt. Dass
man den kleinen Riesen mit dem Rollenkopf zusammengeschla-
gen hatte, tat ihm trotzdem Leid. Man müsste dem Rollenkopf
einfach sagen, dass er keine Späße machen sollte, die den
Feinden des deutschen Volkes nützen konnten. Die Erstkommunion nannte der Lehrer einen alten Brauch, der früher oder
später einmal abgelöst werden würde durch noch ältere

Bräuche. Bevor wir christlich geworden seien, hätten wir nämlich auch schon eine Religion gehabt. Er wolle jetzt nur daran erinnern, dass ein deutscher Junge und ein deutsches Mädel keine Beichte brauchten, um rein zu sein. Am Montag beginne die Schule wieder, dann werde er den Kindern noch genauer mitteilen, wie man durch Pflichterfüllung sauber bleibe, Kniebeugen und Gebeteleiern könne man sich dann schenken. Inzwischen sollten die Erstkommunikanten einmal daheim lesen, was im Kirchenblatt über Herzog Widukind stehe, dann wüssten sie, wie es die Kirche mit der Wahrheit halte. Der Heide Herzog Widukind schließt einen Pakt mit dem Teufel, weil er den christlichen Kaiser Karl umbringen will. Schleicht sich in Kaisers Lager, natürlich an Weihnachten, Kaiser Karl kniet waffenlos am Altar, betet demütig zum Christengott. Da sei, steht im Kirchenblatt, dem wilden Sachsenherzog seltsam weich geworden. Hin zum Kaiser, dem den bösen Plan gestanden, und schon steigt das Jesuskind aus der weißen Hostie in des Priesters Hand wie eine Wunderrose in der kalten Winternacht. Widukind lässt sich taufen, der Teufel flieht endgültig aus Deutschland. Die Erstkommunikanten sollten die Eltern aufklären, ihnen vortragen, was er, der Lehrer, ihnen über Widukind und Karl erzählt habe, damit die Eltern wüssten, was vom Kirchenblatt zu halten sei.

Keiner und keine sagte auf dem Heimweg etwas über das, was der Lehrer gesagt hatte, obwohl man doch sonst über alles, was er sagte, Witze machte. Eine Zeit lang gingen sie die Straße hinauf, als gehe der Lehrer noch zwischen ihnen. Adolf machte ein Gesicht, als sei er der Lehrer. Oder der Sohn des Lehrers. Er trug wieder diese Jacke: zuknöpfbar bis zum Kragen, einen Gürtel aus dem gleichen Stoff. Man konnte Adolf nicht einfach ansprechen. Erst als ihnen der sein Fahrrad schiebende Hutschief begegnete, ging das normale Gejohle und Gerenne wieder los. Dieser Mann schob, wenn er eingekauft hatte, sein Fahrrad durchs Dorf. Immer hatte er diesen kleinen steilen Hut schief auf dem Kopf. Eine winzige Krempe lief wie eine Dachrinne um seinen Hut herum. Keiner wusste, wo der wohnte. Wenn man ihm Hutschief nachrief, drehte er sich um und hob abwehrend eine Hand. Er hatte eine kleine goldene Brille und ein altmodisches Gesicht. Wenn Johann dem Hutschief allein begegnete, rief er dem natürlich nichts nach. Dann sah er ihm ins Gesicht und grüßte mit Grüßgott. Der sah immer aus, als müsse er aufpassen, dass er beim nächsten Schritt nicht falle. Und dann noch dieser komische Rucksack. So einen hellen, fast weißen und formlosen Rucksack konnte man nirgends kaufen, den musste der Hutschief selber gemacht haben. Dieser Rucksack war, auch wenn der Hutschief dorfauswärts ging, nie gefüllt. Der hing ihm immer als etwas Helles auf dem Rücken. Was er gekauft hatte, lag in dem Korb, den er auf den Fahrradständer geklemmt hatte. Sobald die Mädchen Achtung Hutschief gerufen hatten, fassten die Buben einander an den Händen, bildeten eine Kette, sperrten die Straße. Der Hutschief schob sein Fahrrad zwischen den Mädchen durch, kam auf die Bubenkette zu, blieb dicht vor Adolf und Johann stehen. Sie waren die Mitte der Kette. Keiner sagte etwas. Das Vorderrad reichte fast unter Adolfs und Johanns Hände. Johann spürte Adolfs Händedruck. Er erwiderte ihn. Das hieß: Auf mich kannst du dich verlassen, ich gebe nicht nach, bei mir kommt er nicht durch. Der Hutschief schaute auch jetzt, als er nicht mehr ging, nur vor sich hin. Johann dachte, der Hutschief stehe da wie ein Tier. Wie ein Tier, das nicht mehr weiter weiß. Dann hob er sein Gesicht, man sah seine durch die dicken Brillengläser ins Riesige vergrößerten Augen, dann öffnete sich sein Mund, man hörte, eher leise als laut: Ich dank euch recht schön. Und nahm sein Fahrrad, trug es in die Wiese und in der Wiese um die Bubenkette herum, setzte es vorsichtig auf der Straße auf und schob es weiter. Adolf sagte, man hätte dem Hutschief die Kette am Straßenrand hinhalten müssen, dass er von der Wiese nicht mehr auf die Straße zurückgekommen wäre. Alle gaben ihm Recht. Keiner wollte schuld sein an dem Fehler, der allen passiert war.

Johann fiel die schwarze Katze mit den gelben Augen ein, die sich einmal in die untere Remise verirrt hatte. Johann hatte die Tür zugemacht, er hatte die Katze streicheln wollen, aber sie war ihm entwischt, also hatte er sie jagen müssen, hatte sie gefangen, hatte sie plötzlich in die Luft geworfen, so hoch in die Luft, dass sie gegen die Holzbalken der Decke geschleudert worden war. Und hatte sie wieder gejagt, wieder gefangen, wieder gegen die Decke geschleudert. Jedesmal hatte die Katze, wenn sie gegen einen Balken geflogen war, geschrieen. Und jedesmal war es noch schwieriger geworden, sie noch einmal in die Hände zu kriegen. Sie kratzte und biss. Johanns Hände bluteten, der Katze triefte gelber Schleim aus den Augen. Als sie einen Querbalken erreicht hatte, den Johann nicht mehr er-reichte, gab Johann auf, öffnete die Tür, wartete draußen noch eine Zeit lang, dann hatte er kein Interesse mehr an dieser Katze und ging ins Dorf zu den anderen. Aber er hatte keine Lust gehabt, Adolf oder Ludwig oder Paul oder Guido oder Berni oder dem einen Helmut oder dem anderen zu erzählen, was gerade passiert war. Er hatte ihn ja nicht erlebt, den Katzenstrebler. Ein Adolf-Wort für letzte Zuckungen, nicht nur bei Katzen. Adolf behauptete, auch Frauen kriegten den, wenn sie unter Männern lägen. Johann vergaß nicht, dass der Tag, an dem er die Katze gejagt hatte, ein Freitag gewesen war.

Viktor Astafjew

Die Erdbeeren

*Der elfjährige Ilja wächst in einem sibirischen Dorf auf, einer im Jahr 1928
gegründeten Barackensiedlung für Holzfäller und Flößer, die einem großen
Holz verarbeitenden Betrieb am Jenissey die Stämme liefern. Iljas Vater,
ein jähzorniger Trinker, zieht als Jäger in den Wäldern umher oder sitzt
im Gefängnis. Die junge Stiefmutter Iljas fühlt sich allein gelassen und
um ihre Jugend betrogen. Ihre Wut und Verzweiflung bekommt Ilja zu
spüren, der sie im Streit verletzt und daraufhin das Dorf verlassen muss.
In seinem Versteck am Fluss erinnert er sich an jenen Morgen, an dem
seine Mutter Abschied von ihm nahm und nicht mehr zurückkehrte.*

Ilja träumte gern von der Mutter. Er hatte sie nur noch undeutlich in Erinnerung, in seinen Träumen sah er sie jedes Mal
anders. Allein an jenen ganz besonderen Tag und an den
Walderdbeerduft würde er sich sein Leben lang erinnern. Wenn
er die Augen schloss, zogen die Ereignisse dieses Tages mit
allen Einzelheiten an ihm vorüber, und der Walderdbeerduft
hüllte ihn von allen Seiten ein.

An dem Tag, bevor die Mutter für immer von ihm gegangen
war, waren sie am Steilufer Erdbeeren suchen. Die Mutter sagte,
Ilja solle sich Mühe geben und einen vollen Krug Erdbeeren
sammeln. Dann würde sie zur Stadt rudern und Vater die Erdbeeren bringen. Er saß damals im Gefängnis, Ilja wurde allerdings gesagt, er sei im Krankenhaus. Auf dem Heimweg
kroch ihnen eine schwarze Schlange über den Weg. Die Mutter
drückte Ilja an sich und murmelte hinter der sich langsam davon schlängelnden Natter her: »Allmächtiger! Ein übles Zeichen!«

Sie gingen spät zu Bett, die ganze Nacht duftete es in der
Stube nach Walderdbeeren. Am frühen Morgen, jawohl, es war
noch ganz früh, weckte sie ihn. Ilja war noch schlaftrunken,
darum konnte er sich auch nicht an Mutters Gesicht erinnern, er
bekam die Augen nicht richtig auf. In dieser Herrgottsfrühe, als
das bläuliche Frühlicht gerade erst durch die Ritzen der Fenster-
laden sickerte, beugte sich Mutter über ihn und rief: »Jungchen!«
Mühsam öffnete er die Lider und umschlang ihren Hals mit
heißen Händen. Als fühlte die Frau, die keine Zärtlichkeit

gewohnt war, dass das ein Abschied für immer war, presste sie den Sohn an sich, sah ihm in die Augen und bedeckte seine Wangen, die Nase, das Ohr mit gierigen Küssen. Dann wurde sie wieder nüchtern. »Was ist bloß in mich gefahren?« murmelte sie und zupfte das Kopftuch zurecht. »Na, geh, sperr die Tür hinter mir zu und schlaf weiter, ich rudere los und bringe Vater unser Geschenk.«

Draußen, im morgenkühlen Flur, schulterte sie das duftende Bündel. Sie küsste den Jungen noch einmal. Auch ihre Lippen dufteten nach Erdbeeren.

Ilja kehrte ins Haus zurück und schlüpfte ins warme Bett. Ihm schien, er habe gerade erst die Augen geschlossen, als an die Tür gehämmert wurde. Ilja fuhr hoch, sah sich um. Draußen erklang die heisere, geborstene Stimme der Großmutter:

»Iljenka ...! Iljuschka!«

Ilja riegelte auf, die Großmutter fiel mit verzerrtem Mund und zerrauftem Haar vor ihm nieder, fasste kraftlos nach seinen Knien, wollte etwas sagen, brachte jedoch nur hervor:

»Oh! Oh! Lisaweta-a! Lisaweta-a! Mein Täubchen!«

Ilja begriff nichts, und doch beengte es ihm die Brust, sein Atem stockte.

Die Nachbarn liefen zusammen. Die Großmutter wurde weggebracht, man spritzte ihr Wasser ins Gesicht und auf die Brust. Ilja kehrte ins Haus zurück und zog sich an. In der Stube hing immer noch der Duft von Walderdbeeren. Ilja äugte herum und entdeckte ein Glas Beeren auf dem Tisch. Mama hat sie für mich hingestellt, überlegte er und humpelte, erst ein Bein in der Hose, zum Tisch und begann, mit beiden Händen zufassend, gierig zu essen.

In den ersten Tagen spürte er keine Sehnsucht nach der Mutter. Den Tod vermochte er noch nicht zu begreifen. Es ging über seinen Verstand, dass Mutter nie mehr zurückkehren würde. Denn der Erdbeerduft, der Duft, den Mutter zurückgelassen, umgab ihn überall. Sie war weggefahren, würde aber bald heimkehren. Er musste bloß warten.

Er wartete also. Schon hatte man die Mutter aus dem Strom gefischt und mit einem Pferdewagen zurückgebracht. Trotzdem wartete er noch. Was ging ihn der bleiche, aufgeschwemmte Körper an, der unter dem Wetterdach lag? Man fürchtete sogar, Ilja heranzuführen. Freilich hatte er heimlich über den Zaun gespäht, aber weder Mitleid noch Schmerz empfunden, nur Grauen.

Nein, das konnte nicht wahr sein. Mama konnte nicht grauenerregend sein. All die weinenden Leute und Oma, die sich das Haar raufte, täuschten sich, Ilja allein täuschte sich nicht, weil nur er und kein anderer jenen Duft spürte.

Als Mutter zu Grabe getragen wurde und das Gejammer über den ganzen Friedhof schallte, redeten die Leute Ilja zu: »Wein doch, wein dich aus, das erleichtert«, aber er konnte keine einzige Träne aus den Augen pressen, wie sehr er sich auch mühte, es den Großen recht zu machen.

Er wartete. Wartete einen Monat, zwei Monate, dann wurde er still, fiel in sich zusammen, ging völlig verloren herum.

Der Sommer verblühte, und der kleine Junge begann zu begreifen.

Die Großmutter, die Ilja nicht an den Strom ließ, weil sie befürchtete, auch ihm könne etwas zustoßen, entdeckte ihn einmal nach langem Suchen auf dem Friedhof. Er stand am Grab der Mutter. Dicht am Kreuz war ein kleines Loch ins Erdreich gegraben, darin steckte ein dünner Stengel mit einem Sternchen inmitten weinroter Blätter.

Eine Erdbeerblüte.

Ilja schmiegte sich an die Großmutter und weinte lange und untröstlich. Erschüttert streichelte die Großmutter seinen Rücken und wiederholte ein um das andere Mal: »Was hast du, Kind, was ist denn? Beruhige dich, weine nicht« und fügte seufzend hinzu: »Wirst noch genug weinen müssen.«

Oskar Maria Graf

Die Entdeckung der Mutter

Es ist der zehnte September des Jahres 1898. Die Kunde von der Ermordung der österreichischen Kaiserin Elisabeth hat sich auch in den bayrischen Ortschaften rund um den Starnberger See verbreitet. Voller Sensationslust rennen die Kinder mit der Nachricht nach Hause. Doch im Haus des Bäckers Graf in Berg hat man andere Sorgen: Die Mutter liegt im Kindbett, und es ist nicht sicher, ob sie die schwere Geburt ihres elften Kindes überleben wird.

»Gestochen hat er sie! ... Von hinten ... Sein Messer soll giftig gewesen sein«, sagt der Wagner Neuner zum Schmalzer-Hans, während er sein Werkzeug zusammenräumte. Er klopfte mit den flachen Händen den Holzstaub von seinem grobleinenen blauen Arbeitsschurz und brummte mehr für sich: »So, der Tag ist auch wieder vorbei ... Mein Gott, ich möcht' keine Fürstlichkeit sein! Nicht geschenkt! ... Es ist auch ein recht unsicheres Leben! ... Was hat sie jetzt, samt dem, dass sie Kaiserin gewesen ist? Gar nichts! Jetzt ist sie auch tot wie unsereins ... «

Wir Kinder standen dabei, schnappten jedes Wort auf und schauten ab und zu staunend zu den zwei Männern empor.

»Jaja«, meinte der Schmalzer-Hans durchaus gleichgültig und fing gemächlich zu erzählen an: »Beim Klostermaier droben haben sie schon gesagt, der Stich selber soll gar nicht so arg gewesen sein, aber das Gift! ... Da hat nichts mehr geholfen ... Ich hab' sie seinerzeit, wie unser König noch gelebt hat, oft gesehen im Schloss drunten ... Eine hochnoble, bildsaubere Person ist sie gewesen. Eine Kaiserin, wie man nicht leicht eine findet ... Sie hat unserm König auch gleichgesehen.«

Der Wagner Neuner nahm den »Land- und Seeboten« von der Hobelbank und gab ihn dem Hans: »Da, in der Zeitung steht schon alles genau drinnen.« Er schneuzte sich. Dann schnupfte er rasselnd.

Der Hans, der nie etwas las, warf einen flüchtigen Blick auf die Zeitung, und wir reckten neugierig die Hälse. Die ganze erste Seite war umrahmt von einem breiten schwarzen Trauerrand, und unter den dicken Lettern der Überschrift sahen wir das Bild einer Frau mit hoher Frisur, einer geraden Nase und ernsten, stolzen Augen.

»Jaja, genauso hat sie ausgeschaut, ganz genau so«, sagte der Schmalzer-Hans, »eine stramme Person! ... Und couragiert, mein Lieber! ... Reiten hat sie können, besser als jedes Mannsbild.« Er und wir Kinder gingen etwas auf die Seite, denn der Wagner trat jetzt aus seiner hohen, gewölbten Werkstatt, drückte das Tor zu und riegelte ab.

»So, Kinder, marsch! Macht, dass ihr heimkommt! Nacht wird's!« rief er. Es dämmerte schon. Die laue Luft hatte sich fühlbar abgekühlt, und sie roch nach Herbst. Über der Straße, um den heckenumsäumten Obstgarten vom Schatzl, der sich über den so genannten »kleinen Berg« hinaufzog, wisperten noch vereinzelte späte Vögel.

»Wer ist denn die Frau?« fragte mein Bruder Maurus, auf die Zeitung deutend, und wir drängten uns um den Hans.

»Das? ... Die Kaiserin Elisabeth von Österreich! Die ist erstochen worden«, erklärte uns der Wagner Neuner und wurde leicht ungeduldig, »so jetzt aber marsch! Weiter! Heim jetzt! ... Eure Mutter ist doch krank!« Die letzten Worte überhörten wir. Wir bekamen wichtige Mienen, liefen den kleinen Berg hinauf und schrien gleicherzeit, als wir in die Wohnkuchl kamen: »Vater! Die Kaiserin Elisabeth haben sie erstochen!« Ein fast wohliges Gruseln durchlief uns dabei. Wir schnaubten und hatten hochrote Backen.

»Jaja!« sagte unser Vater brummig, »machts keinen solchen Lärm ... Die Mutter ist doch krank!« Jetzt erst sahen wir sein besorgtes Gesicht, bemerkten den Zwerg, die »alte Resl« in der Kanapee-Ecke, sahen unsere älteren Geschwister stumm herumsitzen, und es stieg uns auch wieder der penetrante Lysolgeruch in die Nase, der schon seit Wochen das Haus erfüllte. Enttäuscht schwiegen wir ebenfalls und machten ernste Gesichter, aber die Kaiserin Elisabeth ließ uns keine Ruhe.

»Der Wagner Neuner hat gesagt, mit einem giftigen Messer hat sie ein Lump gestochen«, fing der Maurus von neuem an, und auf einmal entdeckten wir die ausgebreitete Zeitung auf dem Tisch, sprangen auf die Holzbänke und beugten uns über das Bild mit dem Trauerrand.

»Jaja, die ist's! Jaja!« riefen wir alle, drückten und verdrängten einander, der Vater wies uns zurecht, wir beruhigten uns ein wenig, und dann fing der Maurus buchstabierend zu lesen an: »R-u-u-chl-o-oser M-e-eeu-ch-« ... Er stockte, das »e-u« irritierte ihn. Es klang zu fremdartig. Er und wir überlegten.

»Es heißt doch eu! ... Meuchelmord! Schafskopf, saudummer!« fuhr ihn unsere zwölfjährige Schwester Theres an. Dieses

Wort verstanden wir erst recht nicht, dennoch machte sich der Maurus sofort wieder unverzagt ans Weiterlesen: »Meu-Meu-chel-mo-rd a-n I-h-r-e-r K-a-i-s-e-r-l-i-ch-chen M-a-je-st- -«

Die Tür ging auf. Vater und Geschwister hoben die Gesichter. Maurus schwieg. Der Zwerg malmte gleichgültig mit dem Unterkiefer. Die rundliche braunhaarige Hebamme blieb kurz stehen, sah auf unseren Vater und sagte kopfschüttelnd: »Ob das Kind noch durchkommt? ... Ich weiß nicht.«

»Und die Resl? Wie geht's der?« fragte er.

»Naja!« wich die Hebamme aus und zuckte dabei mit den Achseln, »mit einundvierzig Jahren! ... Und das elfte Kindbett! ... So einfach ist das nicht mehr.« Sie ging mit einem Bündel blutbeschmutzter Windeln auf den Herd zu und warf sie in den dampfenden Wassertopf.

»Soll vielleicht der Doktor noch mal kommen?« fragte er wieder.

»Sie ist jetzt eingeschlafen ... Recht matt ist sie«, meinte sie statt einer Antwort. »Ich glaub', es ist besser, wenn ich das Kind in die Kuchl bring'. Da kann's schreien.« Und während sie mit dem langen Holzlöffel die Windeln in das brodelnde Wasser stieß, fügte sie dazu, dass für den Doktor bis morgen auch noch Zeit sei.

Als sie aus der Kuchl gegangen war, blieb es eine Weile still.

»Vater? ... Muss unsere Mutter sterben?« fragte der Maurus auf einmal, und die Kaiserin Elisabeth interessierte uns nicht mehr.

»Setzt euch ordentlich hin«, sagte der Vater und schluckte ein wenig. Wir folgten wortlos und falteten, da er und die ältesten Geschwister dies taten, unsere Hände. Niemand aber fing laut zu beten an. Es kam uns vor, als rieche das Lysol auf einmal viel stärker. Der Geruch vermischte sich mit dem Dampf des Seifenwassers. »Krank« – »sterben« – »Tod« fiel uns von ungefähr ein, und wir dachten an unsere Mutter. Eine sonderbare, unbestimmte Bangigkeit überkam uns nach und nach. Wir sahen unverwandt auf unseren Vater, der einen leeren Blick hatte. Es wurde allmählich ganz dunkel in dem niederen, dämpfigen Raum. Die Pendeluhr tickte, und das Wasser brodelte. Endlich, als die Hebamme mit dem schreienden Kind über die Stiege herunterkam, stand der Vater rasch auf und zündete die Petroleumlampe an. Dabei zitterten seine Hände.

Dieses elfte von uns Kindern wurde nur etliche Monate alt. Es hatte schon kurz nach der Taufe zu kränkeln angefangen. Es hieß Maria, und nun, nach einer Woche, starb es. Vaters Schwester, die Kathl, nähte ein winziges weißes Spitzenhemdchen. Die Leichenfrau und sie machten die kleine Leiche zurecht. Wir schauten den beiden zu, aber es graute uns davor.

»Jaja, das Marei kommt jetzt in den Himmel! Drum machen wir es so schön. Da schauts!« sagte die Leichenfrau lächelnd und hob das starre, leblose Ding aus dem Sarg. Wie eine Puppe sah es aus. Wir glotzten benommen und wichen zurück.

»Geh! So was tut man doch nicht!« rief die Kathl, wütend über die Leichenfrau. Da rannten wir erschrocken auf und davon und ließen uns in der Kuchl nicht mehr blicken. Nur manchmal drückten wir draußen unsere Gesichter scheu an die Fensterscheiben.

Als die Leichenfrau mit dem kleinen weißen Sarg unter dem Arm aus der Kuchl ging, machte ihr die »alte Resl« eine Faust nach. Der Zwerg nämlich konnte aus irgendeinem unaufgeklärten Grund alles, was mit dem Tod zusammenhing, nicht leiden. Särge und schwarzgekleidete Menschen waren ihm zuwider, und das Wort »sterben« machte ihn wütend. Da er aber ziemlich ungelenk war, hatte er die ganze Zeit in der Kuchl zubringen müssen. Noch lang, nachdem der Vater, die Kathl mit ihren zwei Kindern und unsere älteren Geschwister fortgegangen waren, stieß die »alte Resl« unverständliche, schimpfende Laute aus sich heraus und gestikulierte heftig mit ihren kurzen, dicken Armen. Wir Jüngsten – Anna und ich – waren daheim gelassen worden und wichen nicht von ihrer Seite. Wir gingen nicht zu unserer kranken Mutter hinauf und wollten überhaupt nicht an sie denken. Wir empfanden wohl ein stumpfes Mitleid, doch das scheue Grauen überwog. Wir fürchteten uns vor der Stille und stachelten die »alte Resl« immer wieder an, indem wir ihr Geplapper nachahmten. Das gefiel ihr stets. Sie polterte derart, dass sie ganz außer Atem kam, hielt erschöpft inne, schaute uns mit ihren flachen, wässerigen Froschaugen an und lachte ein wenig. Das erleichterte uns.

Später, als alle heimkamen, fiel es dem Vater ein, gerade uns zwei Kleinsten mit zur Mutter hinaufzunehmen. Er begriff nicht, weshalb wir uns dagegen wehrten, und wurde leicht ärgerlich.

Unsere Mutter hatte, als wir in die Kammer kamen, die Augen geschlossen, den schwarzen, kleinperligen Rosenkranz um die Hände gewunden, ihre Lippen bewegten sich, und flüsternd betete sie. Eine starke Hitze ging von ihr aus. Ihr knochiges Gesicht war ungesund rot, und als sie uns anschaute, war in ihren Augen ein weher, zugleich unruhiger Glanz. Sie tastete mit ihren zerarbeiteten, heißen Händen nach uns. Wir wagten nicht auszuweichen, ließen es mit uns geschehen und starrten furchtsam auf sie. Nebenher fragte der Vater, wie es ihr ginge, erzählte vom Begräbnis, und wer dabei gewesen sei. Unsere Mutter schien das alles kaum zu hören und gab nur hin und wieder gleichgültige Antworten. Sie hatte uns Kinder zu sich ans Bett herangezogen, streichelte und liebkoste uns mit ungewohnter Zärtlichkeit. Sie bekam Tränen in die Augen, wischte sie aber immer wieder schnell weg, nach und nach wurde ihr Gesicht erlöster, und auch sie sagte etwas davon, dass das kleine »Marei« jetzt schon bei den Engeln im Himmel droben sei. Wir erinnerten uns an das leblose Ding in dem weißen Spitzenhemdchen, und uns kamen die Engel und das In-den-Himmel-Kommen unheimlich, ja grausig vor.

»Der Doktor wird bald kommen«, sagte der Vater. Unsere Mutter dagegen meinte, es sei ihr schon besser, der Doktor koste bloß einen Haufen Geld, und wenn es »wem aufgesetzt sei, der müsse eben sterben, da helfe alles Kurieren nichts mehr«. Wir hörten nur das Wort »sterben«.

Beim Hinausgehen aus der Kammer hob uns der Vater empor, damit wir die Finger in den am Türstock hängenden Weihwasserkessel stecken konnten. Halblaut und schmeichelnd sagte er: »So, jetzt macht ein schönes Kreuz.« Wir aber waren so verstört, dass wir nur die nassen Händchen auf unseren Gesichtern abwischten.

Natalia Ginzburg

Die Mutter

Die Mutter war klein und schmächtig, ihr Rücken war ein wenig gebeugt. Sie trug stets einen blauen Rock und eine rote Wollbluse. Sie hatte kurzes schwarzes Kraushaar, das sie immer mit Öl einrieb, damit es nicht hochstand; jeden Tag zupfte sie sich die Augenbrauen und formte sie zu zwei schwarzen Fischlein, die zu den Schläfen hinzuckten. Das Gesicht schminkte sie mit gelbem Puder. Sie war sehr jung, wie alt wussten die Kinder nicht, aber sie erschien ihnen um vieles jünger als die Mütter ihrer Schulkameraden; wenn sie deren Mütter sahen, wunderten sie sich immer, dass sie so dick und so alt waren. Sie rauchte viel und hatte vom Rauchen fleckige Finger; sie rauchte sogar abends im Bett vor dem Einschlafen. Sie schliefen alle drei zusammen in dem großen Ehebett mit der gelben Steppdecke, die Mutter auf der Türseite; auf ihrem Nachttisch stand eine Lampe, deren Schirm mit einem roten Stoffetzen umwickelt war, weil sie nachts las und rauchte. Manchmal kam sie sehr spät nach Hause, dann wachten die Jungen auf und fragten sie, wo sie gewesen sei, und sie antwortete fast immer: »Im Kino« oder »Bei einer Freundin«, aber wer diese Freundin sein sollte, wussten sie nicht, da noch nie eine Freundin die Mutter besucht hatte. Sie befahl ihnen, sich zur anderen Seite zu drehen, während sie sich auszog, und sie hörten das hastige Rascheln ihrer Kleider und sahen Schatten an der Wand tanzen. Dann schlüpfte sie neben ihnen ins Bett, ein magerer Körper im kalten Seidenhemd, und sie hielten sich fern von ihr, weil sie sich immer beklagte, sie klebten an ihr und versetzten ihr im Schlaf Tritte; manchmal löschte sie das Licht, damit sie einschliefen, und dann rauchte sie schweigend im Dunkeln.

Die Mutter war nicht wichtig. Wichtig waren die Großmutter, der Großvater und Tante Clementina, die auf dem Land wohnte und ihnen hin und wieder Maronen und gelbes Mehl mitbrachte; wichtig war auch Diomira, das Dienstmädchen, und wichtig war Giovanni, der schwindsüchtige Pförtner, der Stühle aus Korbstroh flocht; sie alle waren sehr wichtig für die beiden Jungen, weil es starke Leute waren, auf die man sich verlassen konnte, Leute, die Stärke bewiesen, wenn es galt, etwas zu erlauben oder zu verbieten, die sehr tüchtig waren in allen

Dingen, die sie in die Hand nahmen, und stets voller Weisheit und Kraft; Leute, die einen vor Gewitter und Einbrechern zu schützen vermochten. Wenn sie jedoch mit der Mutter allein im Hause waren, dann hatten die Kinder genauso viel Angst, wie wenn sie allein geblieben wären; und was das Erlauben und Verbieten anging, so erlaubte und verbot sie niemals etwas, höchstens klagte sie mit müder Stimme: »Macht nicht soviel Lärm, ich habe Kopfschmerzen«, und wenn die Kinder sie um Erlaubnis für etwas baten, dann antwortete sie sogleich: »Fragt die Großmutter«, oder sie sagte erst nein und dann ja und dann wieder nein, dass man überhaupt nicht mehr wusste, woran man war. Wenn sie mit der Mutter allein ausgingen, fühlten sie sich unsicher und hilflos, weil sie sich immer verlief und den Polizisten nach dem Weg fragen musste und weil sie eine so komische und schüchterne Art hatte, wenn sie ein Geschäft betrat und etwas verlangte, und immer vergaß sie etwas in den Läden, die Handschuhe oder die Tasche oder den Schal, und dann mussten sie umkehren und danach suchen, und die Jungen schämten sich.

Die Mutter hielt keine Ordnung in den Schubladen, sie ließ alles herumliegen, und Diomira schimpfte auf sie, wenn sie morgens das Zimmer aufräumte. Sie rief auch die Großmutter hinzu, sie sollte sich das mal ansehen, und dann sammelten sie miteinander Strümpfe und Kleider und fegten die Asche weg, die überall verstreut war. Die Mutter ging morgens einkaufen. Wenn sie zurückkam, warf sie das Netz auf den Marmortisch in der Küche, nahm ihr Fahrrad und fuhr eilig in das Büro, wo sie arbeitete. Diomira schaute sich alles an, was im Netz war, betastete die Apfelsinen eine nach der anderen, dann das Fleisch, brummte und rief die Großmutter herbei, sie sollte sich anschauen, was das wieder für minderwertiges Fleisch sei. Die Mutter kam um zwei nach Hause, wenn sie alle schon gegessen hatten, sie aß in Eile, die Zeitung gegen ihr Glas gelehnt, und dann sauste sie erneut auf dem Rad ins Büro, und sie sahen sie für einen Augenblick beim Abendessen wieder, nach dem Abendessen aber ging sie fast immer fort.

Die Kinder machten ihre Hausaufgaben im Schlafzimmer. Über dem Bett hing ein großes Bild ihres Vaters, auf dem er kahlköpfig mit eckigem schwarzem Bart und Brille in Schildpattrahmen zu sehen war. Ein zweites, kleineres Bild von ihm stand auf dem Tisch, darauf hielt er den Jüngeren im Arm. Der Vater war gestorben, als sie noch ganz klein waren, sie erinnerten sich an nichts, was mit ihm zusammenhing, oder genauer gesagt, dem größeren Jungen war ein ferner, ferner Nachmittag auf dem Lande bei Tante Clementina in vager Erinnerung geblieben: Da schob ihn der Vater in einer grünen Schubkarre auf der Wiese vor sich her. Später hatte er einige Teile der Karre, einen Griff und ein Rad, auf Tante Clementinas Dachboden wiedergefunden. Neu war die Karre wunderschön gewesen, und er war glücklich, sie zu besitzen; der Vater rannte und schob ihn, und sein langer Bart flatterte. Sie wussten nichts vom Vater, sie dachten sich nur, dass er zu denen gehört haben musste, die stark und weise im Erlauben und Verbieten sind. Wenn Großvater oder Diomira auf die Mutter schimpften, dann pflegte die Großmutter zu sagen, man müsse Mitleid mit ihr haben, weil sie sehr viel Schweres durchgemacht habe, und sie wäre eine ganz andere Frau geworden, wenn Eugenio, der Vater der Jungen, noch am Leben wäre, so aber hatte sie das Unglück gehabt, in jungen Jahren den Mann zu verlieren. Eine Zeitlang hatte es auch die Großmutter väterlicherseits gegeben, sie hatten sie nie zu Gesicht bekommen, weil sie in Frankreich lebte, aber sie schrieb Briefe und schickte ihnen zu Weihnachten kleine Geschenke; schließlich war sie gestorben, weil sie schon sehr alt war.

Zu Vesper aßen sie Maronen oder Brot mit Öl und Essig, und dann, wenn sie ihre Aufgaben fertig hatten, durften sie nach unten gehen und auf dem kleinen Platz oder zwischen den Trümmern des öffentlichen Bades spielen, das bei einem Bombenangriff in die Luft geflogen war. Auf dem Platz gab es viele Tauben, und sie brachten ihnen Brot oder ließen sich von Diomira eine Tüte übrig gebliebener Reiskörner geben. Dort trafen sie mit allen Kindern des Viertels zusammen, Schulkameraden und anderen, denen sie dann sonntags im kirchlichen Kinderhort wiederbegegneten, wenn sie mit Don Vigliani Fußball spielten, der seine schwarze Soutane raffte und kräftig gegen den Ball trat. Auch auf dem Platz spielten sie manchmal Fußball oder Räuber und Gendarm. Ab und zu trat die Großmutter auf den Balkon und rief ihnen zu, sie sollten sich nicht weh tun. Es war schön, von dem dunklen Platz die erleuchteten Fenster dort im dritten Stock des Hauses zu sehen und zu wissen, dass man dorthin zurückkehren, sich am Ofen wärmen und vor der Nacht schützen konnte. Die Großmutter saß mit Diomira in der Küche und flickte Wäsche; der Großvater saß mit der Mütze auf dem Kopf im Esszimmer und rauchte Pfeife. Die Großmutter war sehr dick, schwarz gekleidet und trug auf der

Brust ein Medaillon mit einem Bild von Onkel Oreste, der im Krieg gefallen war. Sie war sehr tüchtig im Zubereiten von Pizza und anderen guten Sachen. Die Großmutter nahm sie zuweilen auf die Knie, auch jetzt, als sie schon ziemlich groß waren, sie war dick und hatte eine große, ganz weiche Brust; unter dem Ausschnitt des schwarzen Kleides sah man den gezackten Rand des dicken Unterrocks aus weißer Wolle, den sie selbst gestrickt hatte. Sie nahm sie auf die Knie und sagte in ihrem Dialekt zärtliche und fast ein wenig mitleidige Worte zu ihnen; dann zog sie sich eine lange Eisennadel aus dem Haarknoten und säuberte ihnen die Ohren, und sie brüllten und versuchten auszureißen, bis der Großvater mit seiner Pfeife auf der Türschwelle erschien.

Großvater war früher Lehrer für Latein und Griechisch am Gymnasium gewesen. jetzt war er im Ruhestand und schrieb an einer griechischen Grammatik. Viele seiner ehemaligen Schüler besuchten ihn. Dann musste Diomira Kaffee kochen. Auf dem Abort lagen Blätter von Übungsheften mit Übersetzungen aus dem Lateinischen und Griechischen, die seine roten und blauen Korrekturen trugen. Großvater hatte ein weißes Bärtchen, das ein wenig einem Ziegenbart ähnlich sah, und man durfte keinen Lärm machen, weil er nach so vielen Jahren Schuldienst mit den Nerven herunter war; er war immer etwas erschrocken, weil die Preise stiegen, und die Großmutter musste sich morgens oft ein bisschen mit ihm herumzanken, weil er sich stets wunderte, wie viel Geld alles kostete. Er sagte, vielleicht stehle Diomira Zucker und koche sich heimlich Kaffee, das hörte dann Diomira und lief herbei und schrie, der Kaffee sei für die Schüler, die dauernd kämen. Aber das waren kleine Zwischenfälle, die sogleich wieder beigelegt wurden, sie erschreckten die Kinder nicht. Dagegen erschraken sie, wenn es Streit zwischen Großvater und der Mutter gab; das geschah manchmal, wenn die Mutter erst sehr spät nachts heimkam. Dann trat der Großvater aus seinem Zimmer, barfuß, den Mantel über den Schlafanzug geworfen, und sie schrien sich an, er und die Mutter. Er schrie: »Ich weiß, wo du gewesen bist, ich weiß, wo du gewesen bist, ich weiß schon, was du für eine bist!«, und die Mutter schrie: »Ist mir doch egal!«, und dann »Bitte, da hast du's, du hast mir die Kinder aufgeweckt!«, und er entgegnete: »Als ob dir deine Kinder nicht völlig gleichgültig wären, red bloß nicht, ich weiß schon, was du für eine bist. Eine Hündin bist du. Nachts treibst du dich herum wie eine tolle Hündin, das bist du.« Und dann kamen die Großmutter und Diomira im Nachthemd herbeigelaufen, schoben ihn in sein Zimmer und machten »Sst, sst«, und die Mutter glitt in ihr Bett und schluchzte unter der Bettdecke. Ihr lautes Schluchzen klang durch das dunkle Zimmer, und die Kinder dachten, Großvater habe sicher recht, und die Mutter tue nicht gut daran, nachts ins Kino und zu ihren Freundinnen zu gehen. Sie fühlten sich sehr unglücklich, verschreckt und unglücklich, sie kuschelten sich in dem warmen, weichen, tiefen Bett eng aneinander, und der größere der Jungen, der in der Mitte lag, drückte sich zur Seite, um den Körper der Mutter nicht zu berühren. Ihm schien, das Weinen der Mutter und ihr nasses Kopfkissen habe etwas Widerliches, und er dachte: Ein Junge ekelt sich vor seiner Mutter, wenn sie weint. Über diese Streitszenen zwischen der Mutter und dem Großvater sprachen sie nie miteinander, sie vermieden es sorgfältig, davon zu sprechen, aber sie hatten einander sehr lieb und hielten sich eng umarmt, wenn die Mutter nachts weinte. Am Morgen schämten sie sich ein bisschen voreinander, weil sie sich so fest umarmt hatten, als ob sie sich hätten schützen müssen, und weil da diese Sache war, über die sie nicht sprechen wollten; übrigens vergaßen sie rasch, dass sie unglücklich gewesen waren, der Tag begann, sie würden zur Schule gehen, auf der Straße die Freunde treffen und vor der Schultür noch ein Weilchen spielen.

Die Mutter erhob sich im grauen Morgenlicht. Den heruntergelassenen Unterrock um die Taille gerollt, stand sie über die Waschschüssel gebeugt und seifte sich Hals und Arme ein. Sie gab sich immer Mühe, von ihnen unbeobachtet zu bleiben, aber sie sahen im Spiegel ihre mageren braunen Schultern und die kleinen nackten Brüste. In der Kälte traten die Brustwarzen dunkel und starr hervor. Sie hob die Arme und puderte sich unter den Achseln, in den Achselhöhlen hatte sie dichte, gekräuselte Haare. Wenn sie ganz angezogen war, zupfte sie sich die Augenbrauen, dabei hielt sie das Gesicht ganz nahe vor den Spiegel und presste die Lippen fest zusammen; dann kremte sie sich das Gesicht ein, schüttelte kräftig die Puderquaste aus rosa Schwanenfedern und puderte sich, bis ihr Gesicht ganz gelb war. Manchmal war sie morgens recht lustig und wollte sich mit den Jungen unterhalten, sie fragte sie nach der Schule und ihren Freunden und erzählte aus ihrer Schulzeit. Sie hatte eine Lehrerin gehabt, die »Signorina Dirce« hieß, eine alte Jungfer, die sich auf jung zurechtmachte. Dann schlüpfte sie in den Mantel, griff nach dem Einkaufsnetz, beugte sich herunter, um die Jungen zu küssen, und eilte davon, das Tuch um den Kopf geschlungen und das Gesicht ganz und gar duftend und gelb gepudert.

Die Jungen fanden es merkwürdig, dass die Mutter sie zur Welt gebracht haben sollte. Es wäre viel weniger merkwürdig gewesen, wenn die Großmutter oder Diomira sie zur Welt gebracht hätten, mit ihren großen warmen Leibern, die Schutz vor Angst, Gewitter und Einbrechern boten. Es war eine sehr merkwürdige Vorstellung, dass es ihre Mutter war, die sie eine Zeitlang in ihrem kleinen Bauch getragen haben sollte. Seit sie erfahren hatten, dass die Kinder im Bauch der Mutter sind, ehe sie geboren werden, hatten sie sich sehr gewundert und sich auch ein wenig geschämt, dass jener Bauch sie eine Weile geborgen haben sollte. Und sie hatte ihnen auch Milch aus ihrer Brust gegeben, und das war noch unwahrscheinlicher. Nun aber hatte sie keine kleinen Kinder mehr, die sie stillen und in den Schlaf wiegen musste, und sie sahen sie jeden Tag nach dem Einkaufen mit dem Fahrrad wegfahren, wobei ihr Körper glücklich und befreit vorwärtsschnellte, als werfe er eine Last ab. Die Mutter gehörte ihnen nicht, sie konnten auf sie nicht zählen. Auch fragen konnte man sie nichts. Es gab andere Mütter, die Mütter ihrer Schulkameraden, bei denen war es klar, dass man sie eine Menge fragen konnte; die Kameraden liefen nach der Schule zu ihren Müttern und fragten sie eine Menge Dinge, ließen sich die Nase putzen und den Mantel zuknöpfen, zeigten ihre Schulaufgaben und Hefte vor. Diese Mütter waren ziemlich alt, sie trugen Hüte und Schleier und Pelzkragen. Fast jeden Tag kamen welche, um mit dem Lehrer zu sprechen; es waren Menschen wie die Großmutter oder wie Diomira, mit den großen, sanften und Achtung gebietenden Körpern von Leuten, die nicht fehlgehen, Leuten, die nichts verlieren, keine Unordnung in den Schubladen dulden, nicht spätnachts heimkommen. Ihre Mutter jedoch eilte nach dem Einkaufen befreit davon, kaufte dazu noch schlecht ein, ließ sich vom Fleischer beschummeln, oftmals gab man ihr auch falsch heraus, sie eilte davon, und man konnte sie da, wo sie war, nicht erreichen. Im Grunde bewunderten sie sie sehr, wenn sie fortging. Wer weiß, wie es in ihrem Büro war, sie sprach nicht oft darüber, sie musste tippen und Briefe in Französisch und Englisch schreiben, wer weiß, vielleicht war sie darin ganz tüchtig.

Eines Tages, als sie mit Don Vigliani und mit anderen Jungen des Kinderhorts spazieren gingen, sahen sie die Mutter in einem Vorortcafé. Sie saß drinnen im Café, sie erblickten sie durch die Scheiben, und bei ihr saß ein Mann. Die Mutter hatte ihren schottischen Schal und die alte Krokodilledertasche, die ihnen wohl bekannt war, auf den Tisch gelegt, der Mann trug einen weiten hellen Mantel und hatte einen kastanienbraunen Schnurrbart und sagte lächelnd etwas zu ihr. Der Gesichtsausdruck der Mutter war glücklich, gelöst und glücklich, wie er zu Hause nie war. Sie schaute den Mann an, sie hielten sich an den Händen, und sie bemerkte die Kinder nicht. Die Jungen gingen weiter neben Don Vigliani her, der allen sagte, sie sollten sich beeilen, weil sie die Straßenbahn noch erreichen müssten. Als sie in der Bahn waren, schob sich der Kleine an seinen Bruder heran und fragte: »Hast du die Mutter gesehen?«

Und der Bruder antwortete: »Nein, ich habe sie nicht gesehen.« Der Kleine lachte leise und sagte: »Aber klar, du hast sie gesehen, es war die Mama, und bei ihr war ein Herr.«

Der Größere wandte den Kopf weg. Er war groß, fast dreizehn, und er war zornig auf den jüngeren Bruder, denn er tat ihm Leid, er begriff nicht weshalb, aber er tat ihm Leid. Auch er selbst tat sich Leid, und er wollte nicht an das denken, was er gesehen hatte, er wollte so tun, als habe er nichts gesehen.

Der Großmutter sagten sie nichts. Am Morgen, als die Mutter sich anzog, sagte der Kleine. »Gestern, als wir mit Don Vigliani spazieren waren, haben wir dich gesehen, und ein Herr war auch dabei.«

Die Mutter drehte sich mit einem Ruck herum, ihr Gesicht war böse: die schwarzen Fischlein auf ihrer Stirn zuckten und zogen sich zusammen. Sie sagte: »Aber das war doch nicht ich. Was für ein Einfall! Ich muss bis spätabends im Büro bleiben, das weißt du doch. Ihr habt euch natürlich geirrt.«

Da sagte der Größere in müdem und gleichmütigem Ton: »Nein, das warst du nicht. Es war eine, die dir ähnlich sieht.«

Und beide Kinder verstanden, dass sie diese Erinnerung loswerden mussten, und sie atmeten tief aus, um sie wegzupusten.

Aber der Mann in dem hellen Mantel kam einmal zu ihnen ins Haus. Den Mantel hatte er nicht an, weil Sommer war, er trug eine blaue Brille und einen hellen Tuchanzug, und er bat um Erlaubnis, während des Mittagessens die Jacke ausziehen zu dürfen. Großvater und Großmutter waren zu Verwandten nach Mailand gefahren, sie waren also mit der Mutter allein. Da kam dieser Mann. Es gab ein recht gutes Mittagessen, die Mutter hatte fast alles in der Garküche gekauft. Es gab Huhn mit Bratkartoffeln, das kam aus der Garküche, und die Mutter hatte selbst Pastasciutta zubereitet, die gut geraten war, nur die Soße war ein bisschen angebrannt. Es gab auch Wein. Die Mutter war angeregt und lustig, sie wollte so vieles auf einmal sagen, wollte dem Mann von den Kindern und den Kindern von dem Mann erzählen. Der Mann hieß Max und war in Afrika gewesen, er hatte viele Fotos aus Afrika und zeigte sie ihnen. Da war das Bild eines Affen, und die Jungen fragten ihn aus über diesen Affen. Er war sehr klug gewesen und hatte Max gern gehabt, und er war so drollig und niedlich gewesen, wenn er ein Bonbon haben wollte. Max hatte ihn jedoch in Afrika gelassen, weil er krank war und Max Angst hatte, er könnte auf dem Schiff sterben. Die Jungen schlossen Freundschaft mit diesem Max. Er versprach ihnen, sie einmal ins Kino mitzunehmen. Sie zeigten ihm ihre Bücher, sie besaßen nicht viele, und er fragte, ob sie Saturnino Farandola gelesen hätten, sie sagten nein, und er versprach, er würde es ihnen schenken, ebenso Robinson im Wiesenland, weil es sehr schön sei. Nach dem Mittagessen sagte ihnen die Mutter, sie sollten zum Spielen in den Kinderhort gehen. Sie wären lieber noch bei Max geblieben. Sie maulten ein bisschen, aber die Mutter und auch Max sagten, dass sie gehen sollten; und abends, als sie heimkamen, war Max nicht mehr da. Die Mutter bereitete in aller Eile das Abendessen zu, Milchkaffee und Kartoffelsalat, und sie freuten sich, wollten über Afrika und den Affen reden, sie waren schrecklich froh und wussten nicht recht, weshalb, und auch die Mutter schien froh zu sein und erzählte ihnen etwas von einem Affen, den sie einmal auf einem Leierkasten hatte tanzen sehen. Dann sagte sie ihnen, sie sollten sich hinlegen, sie würde noch einmal kurz weggehen, sie sollten keine Angst haben, dafür gebe es keinen Grund. Sie beugte sich herunter, gab ihnen einen Kuss und sagte, es habe keinen Zweck, Großvater und Großmutter etwas von Max zu erzählen, denn sie sähen es nicht gern, wenn man Leute einlüde.

So blieben sie also einige Tage mit der Mutter allein, sie aßen ungewöhnliche Sachen, weil die Mutter keine Lust zum Kochen hatte, Schinken und Marmelade und Milchkaffee und Braten aus der Garküche. Dann wuschen sie alle miteinander das Geschirr ab. Doch als Großvater und Großmutter zurückkehrten, fühlten sich die Jungen erleichtert. Zum Mittagessen gab es wieder ein Tischtuch auf dem Tisch, Gläser und alles, was man brauchte, die Großmutter mit ihrem sanften Körper und ihrem Geruch saß wieder im Schaukelstuhl, die Großmutter konnte nicht ausreißen, sie war zu alt und zu dick, es war schön, jemanden zu haben, der im Haus blieb und niemals ausreißen konnte.

Die Kinder sagten der Großmutter nichts von Max. Sie warteten auf das Buch von Saturnino Farandola und darauf, dass Max sie mit ins Kino nehmen und ihnen neue Bilder von dem Affen zeigen würde. Ein- oder zweimal fragten sie die Mutter, wann sie mit Signor Max ins Kino gehen würden. Die Mutter antwortete ihnen jedoch kühl, Signor Max sei nicht mehr da. Der kleinere Junge fragte, ob er vielleicht nach Afrika gefahren sei. Die Mutter gab keine Antwort. Aber er dachte, gewiss sei er nach Afrika gefahren, um sich den Affen wiederzuholen. Er stellte sich vor, dass er sie eines Tages aus der Schule abholen würde, mit einem Negerdiener, und den Affen auf der Schulter. Die Schule begann wieder, und Tante Clementina kam für eine Weile zu ihnen auf Besuch; sie hatte einen Sack Birnen und Äpfel mitgebracht, die mit Marsalawein und Zucker im Ofen gebacken wurden. Die Mutter war sehr schlecht gelaunt und zankte sich andauernd mit dem Großvater. Sie kam nachts spät nach Hause, lag wach und rauchte. Sie war sehr abgemagert und aß überhaupt nichts. Ihr Gesicht wurde immer kleiner und gelber; sie tuschte sich jetzt auch die Wimpern schwarz, spuckte in ein Schächtelchen und nahm mit einem Bürstchen die schwarze Tusche von der Stelle auf, wo sie hingespuckt hatte; sie legte sich viel, viel Puder auf, die Großmutter wollte ihn mit dem Taschentuch abwischen, doch sie drehte das Gesicht weg. Sie sprach kaum, und wenn, dann schien es, als bereite es ihr Mühe, ihre Stimme klang ganz schwach. Eines Tages kam sie am Nachmittag gegen sechs nach Hause, das war seltsam, denn gewöhnlich kam sie erst viel später. Sie schloss sich ins Schlafzimmer ein. Der kleinere Junge klopfte an die Tür, da er ein Heft brauchte, die Mutter antwortete von drinnen in zornigem Ton, sie wolle schlafen und sie sollten sie in Frieden lassen. Der Junge erklärte schüchtern, er brauche das Heft, da öffnete sie, und ihr Gesicht war ganz nass und gedunsen; der Junge begriff, dass sie weinte, er ging zur Großmutter zurück und sagte: »Die Mama weint«, und die Großmutter und Tante Clementina sprachen lange im Flüsterton miteinander, sie sprachen von der Mutter, aber man verstand nicht, was sie sagten.

Eines Nachts kehrte die Mutter nicht nach Hause zurück. Großvater kam viele Male nachschauen, barfuß und mit dem

Mantel über dem Schlafanzug; auch die Großmutter kam, und die Jungen schliefen schlecht, sie hörten, wie die Großmutter und der Großvater durch das Haus gingen, die Fenster öffneten und wieder schlossen. Die Kinder hatten große Angst. Dann am Morgen rief jemand vom Polizeipräsidium an. Man hatte die Mutter tot in einem Hotel gefunden, sie hatte Gift genommen und einen Brief hinterlassen. Großvater und Tante Clementina gingen hin, die Großmutter weinte, die Kinder wurden zu einer alten Dame ein Stockwerk tiefer geschickt, die dauernd wiederholte: »Herzlos, zwei kleine Wesen so zurückzulassen!« Die Mutter wurde ins Haus zurückgebracht. Die Jungen gingen zu ihr, sie anzuschauen, nachdem man sie auf dem Bett ausgestreckt hatte. Diomira hatte ihr die Lackschuhe und das rotseidene Hochzeitskleid angezogen, sie war ganz klein, eine kleine tote Puppe.

Es war seltsam, in dem vertrauten Zimmer Blumen und Kerzen zu sehen. Diomira und Tante Clementina und die Großmutter waren niedergekniet, um zu beten. Sie hatten gesagt, sie habe das Gift aus Versehen genommen, denn sonst wäre der Priester nicht gekommen, um sie zu segnen, wenn er gewusst hätte, dass sie es absichtlich getan hätte. Diomira sagte zu den Jungen, sie sollten sie küssen, sie schämten sich schrecklich und küssten sie nacheinander auf die kalte Wange. Dann war das Begräbnis, es dauerte lange, sie durchquerten die ganze Stadt und fühlten sich sehr erschöpft, auch Don Vigliani war dabei und viele Kinder aus der Schule und aus dem Hort. Es war kalt und sehr windig auf dem Friedhof. Zu Hause begann die Großmutter zu weinen und zu klagen, als sie das Fahrrad im Gang erblickte, denn es war gerade so, als könnte man die Mutter sehen, wie sie davonfuhr, mit ihrem wie befreit vorwärtsschnellenden Körper und dem im Wind flatternden Schal. Don Vigliani sagte, sie sei jetzt im Paradies, denn er wusste vielleicht nicht, dass sie es absichtlich getan hatte, oder er wusste es und tat so, als wisse er es nicht. Aber die Kinder wussten nicht so recht, ob es das Paradies wirklich gab, denn der Großvater sagte nein, und die Großmutter hatte einmal gesagt, es gebe kein Paradies mit Englein und schöner Musik, sondern wenn man tot sei, komme man an einen Ort, wo es einem weder gut noch schlecht gehe und wo man keine Wünsche habe, wo man sich ausruhe und viel Frieden habe.

Die Jungen fuhren für einige Zeit zu Tante Clementina aufs Land. Alle waren sehr gut zu ihnen, küssten sie und streichelten sie, und sie schämten sich sehr. Untereinander sprachen sie nie von der Mutter und auch nicht von Signor Max; auf Tante Clementinas Dachboden fanden sie das Buch von Saturnino Farandola, lasen und lasen es immer wieder und fanden es schön. Der größere Junge jedoch dachte sehr oft an die Mutter, wie er sie an jenem Tage im Café gesehen hatte, mit Max, der ihre Hände hielt, und mit ihrem gelösten und glücklichen Gesichtsausdruck; dann dachte er, vielleicht habe die Mutter Gift genommen, weil Max vielleicht für immer nach Afrika zurückgegangen war. Die Jungen spielten mit Tante Clementinas Hund, einem schönen Hund, der auf den Namen Bubi hörte, und sie lernten, auf die Bäume zu klettern, was sie vorher noch nicht gekonnt hatten. Sie gingen auch zum Baden an den Fluss, und es war schön, abends zu Tante Clementina heimzukehren, wo sie alle miteinander Kreuzworträtsel lösten. Die Jungen waren sehr froh, bei Tante Clementina zu sein. Dann kehrten sie nach Hause zur Großmutter zurück, und darüber waren sie auch sehr froh. Die Großmutter saß im Schaukelstuhl und wollte ihnen mit ihren Haarnadeln die Ohren säubern. Sonntags gingen sie auf den Friedhof, auch Diomira kam mit, sie kauften Blumen, und auf dem Rückweg machten sie in einem Café halt und tranken heißen Punsch. Wenn sie auf dem Friedhof vor dem Grab stand, dann betete und weinte die Großmutter, aber man konnte sich sehr schwer vorstellen, dass die Gräber und Kreuze und der Friedhof etwas mit der Mutter zu tun haben sollten, der Mutter, die sich vom Fleischer beschummeln ließ und auf dem Fahrrad davonsauste und rauchte und sich in den Straßen verlief und nachts schluchzte. Das Bett war jetzt sehr groß für sie beide, und jeder hatte ein Kopfkissen für sich allein. Sie dachten nicht oft an die Mutter, weil es ein wenig weh tat und man sich schämen musste, wenn man an sie dachte. Manchmal suchten sie sich, schweigend und jeder für sich, zu entsinnen, wie sie gewesen war, und sie mussten immer mehr Mühe aufwenden, um sich an die kurzen, lockigen Haare und die schwarzen Fischlein auf der Stirn und an ihre Lippen zu erinnern. Sie legte viel gelben Puder auf, dessen entsannen sie sich gut; allmählich war da nur noch ein gelber Fleck, und es gelang ihnen nicht mehr, sich die Form der Wangen und des Gesichts ins Gedächtnis zu rufen. Übrigens begriffen sie jetzt, dass sie sie nicht sehr lieb gehabt hatten, vielleicht hatte auch sie die Jungen nicht sehr lieb gehabt, denn wenn sie sie lieb gehabt hätte, dann hätte sie nicht das Gift genommen, das hatten sie

Diomira und den Pförtner und die Signora unter ihnen und viele andere Leute sagen hören. Die Jahre vergingen, und die Jungen wuchsen heran, und es geschahen so viele Dinge, und jenes Gesicht, das sie nicht sehr lieb gehabt hatten, entschwand auf immer.

Stanislaw Lem

Enzyklopädie

Seine früheste Erinnerung, so schreibt Stanislaw Lem, ist die Erinnerung an die geheimnisvollen Gegenstände, die er in den Taschen des väterlichen Anzugs findet. Wie ein Liliputaner in Gullivers Reisen bewegt sich das Kind durch die Welt der Erwachsenen, erkundet den Inhalt von Schubladen und Schränken und betreibt heimlich Forschungen in den medizinischen Atlanten seines Vaters, eines Laryngologen. Seine Neugier gilt den Gegenständen und ihren Abbildungen, denn »damals waren auch nur die Gegenstände, wenn ich so sagen darf, mir gegenüber aufrichtig«. Das unersättliche Interesse an dieser Dingwelt erhält neue Nahrung durch das Geschenk eines Onkels.

Onkel Fryc wohnte in der Kościuszkostraße, nicht allzu weit von der Brajerowskastraße entfernt, und ich war durchaus imstande, allein dort hinzugehen, was jedoch nie geschah. Vor dieser Wohnung hatte ich zunächst etwas Angst, wegen eines Bärenfells, das mit aufgerissenem Rachen und gefletschten Zähnen mitten im Salon lag. Viel Wasser musste die Peltwa entlangfließen, bevor ich es wagte, diesem Bären die Finger in den Rachen zu stecken. Den Onkel mochte ich sehr gern, obwohl er sich einmal einen grausamen Scherz mit mir erlaubt hatte. Er brachte mir einmal ein ungeheuer großes Paket als Geschenk, auf das ich mich sogleich stürzte, um die Verpackung abzureißen, aber das währte lange, sicherlich eine Viertelstunde, bis ich, verschwitzt und zitternd, inmitten des zerfetzten Papiers – mit einem Püppchen, das kleiner als eine Bohne war, dastand; der Onkel hatte über diesen Scherz gelacht, mit dem er mich tief verletzte.

Wenn ich mich überhaupt bereit erklärte, in die Kościuszkostraße zu gehen, so vor allem wegen des großen schwarzen Flügels, auf dem wohl niemand spielte. Ich liebte es, die Klaviatur mit raschen Griffen zu misshandeln, denn ich fand Geschmack am »big beat«, an brüchigen und heftigen Kakophonien; mit meinem Gehör war es nicht zum Besten bestellt, und ich kann von Glück reden, dass meine Eltern nicht ein einziges Mal den Versuch machten, meine Musikalität, die von Natur aus gering war, der strengen Disziplin eines Spiels auf einem

Instrument auszusetzen. Außer den zahlreichen schweren und langen Portieren, an denen Tante Niunia, des Onkels zweite Frau, großen Gefallen fand, beherbergte die Wohnung in der Kościuszkostraße sehr festliche Möbel, gewiss irgendwelche Louis-Imitationen. Ich kann mich noch an einen vergoldeten Spiegel auf Beinen (wohl denen eines Löwen) erinnern, an einen bemalten hölzernen Greif auf einem Sockel mit einem kleinen, rittlings daraufsitzenden Neger, an einen Leuchter aus tausend irisierenden Glasstückchen sowie an einen interessanten Gegenstand: ein großes Fass aus rotem Kupfer, das in einer fensterlosen Nische stand; es war gänzlich nutzlos, und deshalb machte es mich neugierig.

Ich verdanke diesem Onkel viel: Er gestattete mir nämlich, eine Enzyklopädie aus den achtziger Jahren, einen Brockhaus und einen Meyer, die sich in seiner Kanzlei auftürmten in die Brajerowskastraße mitzunehmen. Ich musste diese gewaltigen Bände einzeln tragen, weil sie so schwer waren. Natürlich konnte ich sie nicht lesen, ich konnte ja nicht Deutsch, aber sie waren voll bunter Tafeln und einfarbiger Holzschnitte, und so verbrachte ich viel Zeit über diesen schweren, verstaubten Bänden. Die Welt, die jene Enzyklopädie zeigte, war bereits damals, in den zwanziger Jahren, ein wenig fossil, es klang beinahe alles wie ein Anachronismus, aber ich wusste weder davon etwas, noch schadete mir das. Die Eisenbahnen der achtziger Jahre, die eisernen Brücken mit den gusseisernen Girlanden, die Lokomotiven mit ihren üppig gekrönten Schornsteinen, ebenso die Personen, die darin fuhren, die bärtigen und schnurrbärtigen Herren – all das erschien mir wunderbar, durchdrungen von unbeschreiblichem Reiz. Auch die damaligen Dynamomaschinen, diese archaischen Vorrichtungen mit Rädern, deren Speichen selbstverständlich verziert waren, die Elektromotoren sowie die verschiedenen neuesten Erfindungen, wie etwa die Droschke ohne Pferd, angetrieben von Akkumula-toren, die der letzte, der Ergänzungsband enthielt; am belusti-gensten war die Tatsache, dass es in jenen Werken alles gab, und zwar alles nebeneinander – Elefanten, Vögel, Pflanzen, Rekonstruktionen von Mammuten, preußische Orden auf bunten Tafeln, Porträts der Herrscher, Negerphysiognomien, Krüge, Kleinodien. Mit großem Behagen vertiefte ich mich in diese Enzyklopädie; jeden Band wertete ich gewissenhaft von A bis Z aus, wobei ich mich bemühte, nichts zu übergehen. Ich entsinne mich nicht, überhaupt gewusst zu haben, was das für ein Werk war und wozu es eigentlich diente. Sicherlich kümmerte mich das nicht. Wenn ich also auch nicht begriff, dass das eine vollständige katalogisierte und beschriebene Welt war oder auch nur ihr Querschnitt durch die achtziger Jahre des 19. Jahrhunderts, so nahm ich die Sache wohl dennoch richtig auf: Alles darin war für mich gleichermaßen gut, doch natürlich nicht gleichermaßen interessant. Es war eine vortreffliche Ergänzung jener Erkundungen, die ich in Vaters Bibliothek vornahm. So manche Gravüre wurde gewiss später meine Eingebung, als mich die Leidenschaft gepackt hatte, Erfindungen zu machen, außerdem diente mir die Enzyklopädie, die sich in unserer Wohnung das Bürgerrecht erworben hatte und in einem alten weißen Schränkchen in dem Zimmer neben der Küche aufgereiht war, als ein besonderes Versteck. Hinter den einzelnen Bänden war nämlich viel Platz, genug, um dort Fläschchen mit geheimen Mixturen oder einfach mit alkoholischen Getränken, die ich in größter Heimlichkeit aus den in der Anrichte stehenden Flaschen abfüllte, aufzustellen.

Jean-Paul Sartre

Unvergessliche Wörter

Nach dem frühen Tod ihres Ehemanns ist die junge Mutter von Jean-Paul Sartre zu ihren Eltern zurückgekehrt. Mutter und Sohn kommen in einen Haushalt voller Bücher, denn Charles Schweitzer, der elsässische Groß-vater, der sich 1871 für Frankreich entschieden hatte, ist der gelehrte Leiter eines Sprachinstituts und »die Weltliteratur war sein Arbeitsmaterial«. Er ist aber auch der Herausgeber eines »Deutschen Lesebuches«, und wenn die Korrekturfahnen für die neue Ausgabe ins Haus kommen und auf dem Tisch ausgebreitet werden, erlebt der Enkel nicht nur frühzeitig den Umgang mit Büchern, sondern erfährt auch etwas über ihre Herstellung. »Ich hatte meine Religion gefunden, nichts erschien mir wichtiger als ein Buch«, und eines Tages verlangt Jean-Paul, obwohl er noch nicht lesen kann, seine »eigenen Bücher«.

Ich konnte noch nicht lesen, aber ich war so sehr Snob, dass ich verlangte, meine Bücher zu erhalten. Mein Großvater ging zu seinem Gauner von Verleger und ließ sich die »Märchen« des Dichters Maurice Bouchor geben, Erzählungen nach Volksmoti-ven, dem Kindergeschmack angepasst durch einen Mann, der sich, wie mein Großvater sagte, den kindlichen Blick bewahrt hatte. Ich wollte unverzüglich mit den Einweihungszeremonien beginnen. Ich nahm die beiden kleinen Bände, roch daran, betastete sie, öffnete sie nachlässig »auf der richtigen Seite« und ließ sie krachen. Vergebens: ich hatte nicht das Gefühl, sie zu besitzen. Ich versuchte, ohne mehr Erfolg, sie wie Puppen zu behandeln, zu wiegen, zu küssen, zu schlagen. Ich war den Tränen nahe und legte sie schließlich meiner Mutter auf den Schoß. Sie schaute von ihrer Arbeit auf: »Was soll ich dir denn vorlesen, Liebling? Die Feen?« Ich fragte ungläubig: »Die Feen, ist das da drin?« Diese Geschichte nämlich kannte ich: meine Mutter erzählte sie mir oft, wenn sie mich gründlich abwusch, unterbrach sich aber immer wieder, um mich mit Kölnischwas-ser einzureiben oder um die Seife zu suchen, die ihr aus der Hand geglitten war und nun unter der Badewanne lag; zerstreut hörte ich der allzu bekannten Erzählung zu; ich hatte bloß Augen für Anne-Marie, das junge Mädchen all meiner Mor-genstunden; ich hörte bloß auf ihre im Dienst brüchig gewordene Stimme, ich freute mich an ihren Sätzen, die nicht zu Ende geführt wurden, an den zögernd hintereinander herlaufenden Worten, an ihrer plötzlichen Selbstsicherheit, die bald wieder getrübt wurde, sich in melodische Bruchstücke auflöste, in Schweigen überging und dann von neuem erstarkte. Die Geschichte, die erzählt wurde, war nur eine Zugabe: sie war das einigende Band dieser Selbstgespräche. Immer wenn sie sprach, waren wir heimlich beisammen, allein, fern von Menschen, Göttern und Priestern, zwei Rehe im Wald unter anderen Rehen, inmitten der Feenwelt; ich konnte nicht glauben, dass man ein ganzes Buch schrieb, bloß damit diese Episoden unseres Alltagslebens darin vorkamen, die nach Seife und Kölnischwasser rochen.

Anne-Marie ließ mich auf meinem kleinen Stuhl ihr gegenüber Platz nehmen; sie beugte sich vor, senkte die Lider, schlief ein. Aus dem Statuengesicht kam eine gipserne Stimme. Ich wurde ganz verwirrt: wer erzählte? was? und wem? Meine Mutter war verschwunden: kein Lächeln, kein Zeichen des Einverständnisses, ich war im Exil. Und außerdem erkannte ich ihre Sprechweise nicht wieder. Woher nahm sie diese Sicherheit? Nach einem Augenblick hatte ich begriffen: das Buch sprach. Sätze kamen daraus hervor, die mir Angst machten: wahre Tausendfüßler, ein Gewimmel von Silben und Buchstaben, sie streckten ihre Diphthonge vor, ließen die Doppelkonsonanten vibrieren; singend, nasal, unterbrochen von Pausen und Seufzern, reich an unbekannten Wörtern; so erfreuten sich diese Sätze an sich selbst und an ihren mäanderhaften Windungen, ohne sich um mich zu kümmern. Manchmal verschwanden sie, ehe ich sie verstanden hatte, ein andermal hatte ich schon vorher verstanden, und die Sätze rollten nobel weiter ihrem Ende entgegen, ohne mir ein Komma zu schenken. Diese Rede war offensichtlich nicht für mich bestimmt. Die Geschichte selbst hatte ein Sonntagskleid erhalten: der Holzfäller, die Holzfällerin und ihre Töchter, die Fee, all diese kleinen Leute von unseresgleichen hatten Majestät angenommen, man sprach prunkvoll von ihren Lumpen, die Wörter färbten auf die Sachen ab, verwandelten die Handlungen in Riten und die Ereignisse in Zeremonien.

Jemand begann Fragen zu stellen: der Verleger meines Großvaters hatte sich auf die Herausgabe von Schulbüchern spezialisiert und benutzte jede Gelegenheit, die junge Intelligenz seiner Leser zu erproben. Mir schien, dass man ein Kind fragte, was es an der Stelle des Holzfällers getan hätte. Welche der beiden Schwestern war ihm lieber? Warum? Fand es die Bestrafung von Babette richtig? Aber dies Kind war nicht ganz und gar ich selbst, und ich hatte Angst zu antworten. Trotzdem antwortete ich, meine schwache Stimme verlor sich, und ich fühlte, wie ich ein anderer wurde. Anne-Marie war auch eine andere mit ihrem Ausdruck einer überwachen blinden Frau: es kam mir vor, als sei ich das Kind aller Mütter, als sei sie die Mutter aller Kinder. Als sie zu lesen aufhörte, nahm ich ihr rasch die Bücher fort und trug sie unterm Arm davon, ohne mich zu bedanken.

Schließlich bekam ich Geschmack an solchem Druck auf den Knopf, der mich meiner Welt entriss. Maurice Bouchor neigte sich über die Kinderwelt mit der umfassenden Fürsorge eines Rayonchefs für die Kundinnen eines großen Warenhauses; das schmeichelte mir. Den improvisierten Erzählungen zog ich von nun an die vorfabrizierten Geschichten vor; ich wurde hellhörig für die strenge Folge der Wörter. bei jedem Lesen kehrten sie wieder, immer die gleichen und immer in der gleichen Ordnung, ich erwartete sie bereits. In Anne-Maries Märchen lebten die Gestalten aufs Geratewohl, so wie sie selbst es tat: sie erwarben sich Schicksale. Ich war in der Messe: ich erlebte die ewige Wiederkehr der Namen und Ereignisse.

Nun wurde ich eifersüchtig auf meine Mutter und beschloss, ihre Rolle zu übernehmen. Ich packte mir ein Buch mit dem Titel »Drangsale eines Chinesen in China« und zog damit in einen Abstellraum; dort hockte ich mich auf ein Eisenbett und tat so, als läse ich: mit den Augen folgte ich den schwarzen Linien, ohne auch nur eine einzige zu überschlagen, und erzählte mir dazu laut eine Geschichte, wobei ich mich bemühte, jede Silbe auszusprechen. Man ertappte mich – oder ich ließ mich ertappen –, es machte großes Aufsehen, man beschloss, nun sei es an der Zeit, mir das Alphabet beizubringen. Ich war eifrig wie ein Kind beim Katechismus-Unterricht; ich ging so weit, mir Nachhilfestunden zu geben: ich kletterte auf mein Eisenbett mit dem Buch »Heimatlos« von Hector Malot, das ich auswendig kannte; halb rezitierte ich, halb entzifferte ich, ich nahm mir eine Seite nach der anderen vor: als die letzte Seite umgeblättert war, konnte ich lesen.

Ich war verrückt vor Freude: jetzt hatte ich sie für mich, diese getrockneten Stimmen in ihren kleinen Herbarien, diese Stimmen, die mein Großvater durch seinen Blick zum Klingen brachte, die er hörte, die ich nicht hörte! Ich sollte sie hören, ich sollte mich erfüllen mit ihren formvollen Reden, ich sollte alles wissen. Man ließ mich in der Bibliothek vagabundieren, und ich stürmte los auf die menschliche Weisheit. So bin ich geworden. Später habe ich hundertmal hören müssen, wie Antisemiten den Juden vorwarfen, sie hätten kein Verständnis für Lehre und Schweigen der Natur. Ich antwortete: »In diesem Fall bin ich jüdischer als die Juden.« Vergeblich suche ich in mir die kompakten Erinnerungen und die sanfte Unvernunft der Bauernkinder. Ich habe niemals Höhlen gegraben und Vogelnester gesucht, niemals botanisiert und mit Steinen nach den Vögeln geworfen. Aber die Bücher waren meine Vögel und meine Nester, meine Haustiere, mein Stall und mein Gelände; die Bücherei war die Welt im Spiegel; sie hatte deren unendliche Dichte, Vielfalt, Unvorhersehbarkeit. Ich stürzte mich in unglaubliche Abenteuer: ich musste auf Stühle klettern, auf Tische und riskierte dabei, Lawinen auszulösen, die mich begraben hätten. Die Bücher auf dem obersten Regal blieben lange außerhalb meiner Reichweite; andere wurden mir, kaum hatte ich sie entdeckt, wieder aus der Hand genommen; noch andere versteckten sich: ich hatte sie gehabt, hatte sie zu lesen angefangen, glaubte sie wieder an ihren Platz gestellt zu haben, brauchte aber eine Woche, ehe ich sie wiederfand. Es kam zu schrecklichen Begegnungen: ich öffnete ein Album und stieß auf eine farbige Abbildung, scheußliche Insekten wimmelten vor meinen Augen. Ich lag auf dem Teppich und unternahm anstrengende Reisen mit Hilfe von Fontenelle, Aristophanes, Rabelais. Die Sätze leisteten mir genauso Widerstand wie die Dinge; man musste ihnen auflauern, sie umgehen, man musste so tun, als entferne man sich, und dann rasch zu ihnen zurückkommen, wollte man sie unbewaffnet überraschen: die meiste Zeit behielten sie ihr Geheimnis für sich. Ich war La Pérouse, Magalhães, Vasco da Gama; ich entdeckte sonderbare Wilde: Das Wort »Heautontimoroumenos« in einer Terenz-Übersetzung in Alexandrinern, das Wort »Idiosynkrasie« in einem Buch über vergleichende Literaturgeschichte. Apokope, Chiasma, hundert andere undurchdringliche und abweisende Kaffern traten aus so einer Seite hervor, und wo sie erschienen, fiel der ganze Abschnitt auseinander. Den Sinn dieser harten und schwarzen Wörter habe ich erst zehn oder fünfzehn Jahre später kennen gelernt, und auch heute noch haben sie ihre Dichtigkeit beibehalten: sie sind der Humusboden meines Gedächtnisses.

Bruno Schulz

Das Buch

Ich nenne es einfach das Buch, ohne weitere Bezeichnungen und Epitheta, und es ist in dieser Enthaltsamkeit und Beschränkung ein ratloses Seufzen, eine stille Kapitulation vor der Unermesslichkeit des Transzendenten, da kein Wort, keine Anspielung so funkeln, duften oder gar mit dem Schauer der Angst, dem Vorgefühl dieses namenlosen Dinges verschmelzen kann, dessen erster Geschmack auf der Zungenspitze schon das Fassungsvermögen unseres Entzückens überschreitet. Was hülfe das Pathos von Eigenschaftswörtern und die Aufgeblasenheit von Epitheta gegen dieses Ding ohne Maß, gegen diese Herrlichkeit ohne Vergleich. Schließlich wird der Leser, der echte Leser, mit dem unsere Erzählung rechnet, auch so verstehen, wenn ich ihm tief in die Augen schaue und auf deren tiefstem Grund diesen Blitz funkeln lasse. Durch diesen kurzen, aber mächtigen Blick, durch meinen flüchtigen Händedruck wird er begreifen, eindringen, erkennen – und die Augen schließen vor Entzücken über sein tiefes Verständnis. Denn halten wir uns nicht unter dem Tisch, der uns trennt, alle insgeheim an den Händen?

Das Buch ... Irgendwo im Morgengrauen der Kindheit, im ersten Lebenslicht wurde der Horizont von einem sanften Licht erhellt. Es lag ruhmbedeckt auf dem Schreibtisch des Vaters, während der Vater, still in das Buch versenkt, mit speichelbefeuchtetem Finger geduldig an der Rückenprägung rieb, bis das blinde Papier sich beschlug, trüb wurde, in seligem Vorgefühl zu phantasieren anhub und sich auf einmal in Fuseln wie Fliespapier schuppte und einen pfauenäugigen, verhexten Flor enthüllte, während der Blick ermattend in die jungfräuliche Welt göttlicher Farben und die bezaubernde Feuchtigkeit der reinsten Lazurtöne versank.

O dieses Lüften der Schleier! O diese Invasion von Glanz! O seliger Frühling! O Vater ...

Mitunter stand der Vater auf und ging von dem Buch fort. Dann blieb ich allein mit diesem – und ein Wind fuhr durch seine Seiten und die Bilder erhoben sich.

Und wenn so der Wind leicht in den Bogen blätterte und dabei Farben und Figuren herauswehte, rann ein Schauder durch die Spalten des Textes und ließ zwischen den einzelnen Lettern ganze Scharen von Schwalben und Lerchen frei. So flog eine Seite nach der anderen davon und zerflatterte und sickerte sanft in die Landschaft ein, die sich an dieser Farbigkeit sättigte. Mitunter schlief sie und der Wind blies sie leise auf wie eine hundertblättrige Rose und öffnete die Blätter, Läppchen um Läppchen, Lid um Lid, alle blind, samten und schläfrig, einen azurblauen Augenstern auf dem Grund ihres Schoßes bedeckend, einen Pfauenkern, ein schreiendes Kolibrinest.

Das war vor langer Zeit. Die Mutter gab es damals noch nicht. Ich verbrachte die Tage allein mit dem Vater in unserem Zimmer, das mir damals so groß wie die Welt vorkam.

Die prismenförmigen Kristalle, die von der Lampe herabhingen, erfüllten das Zimmer mit gebrochenen, zerstäubten Farben, mit einem in allen Winkeln zerspritzenden Regenbogen, und wenn die Lampe sich auf ihren Ketten drehte, wanderte das ganze Zimmer in den Fragmenten dieses Regenbogens, als schöben die Sphären der sieben Planeten sich kreuzend durcheinander. Ich stand gern zwischen den Beinen des Vaters und umfing sie von beiden Seiten wie Säulen. Mitunter schrieb er Briefe, ich saß am Schreibtisch und verfolgte ergriffen die Schnörkel seiner Unterschrift, die verworren waren gleich den Trillern einer Koloratursängerin. In den Tapeten knospte verstohlenes Lächeln, Augen brachen hervor und schlugen Purzelbäume. Um mich zu unterhalten, blies der Vater aus einem langen Strohhalm Seifenblasen in den Regenbogen des Raumes. Sie schlugen gegen die Wände, zerplatzten und ließen in der Luft ihre Farben zurück.

Dann kam die Mutter, und die frühe, helle Idylle war zu Ende. Gefangen genommen von den Liebkosungen der Mutter, vergaß ich den Vater. Mein Leben verlief in neuen, veränderten Bahnen, ohne Feiertage und ohne Wunder, und ich hätte wohl das Buch für immer vergessen, wären nicht diese Nacht und dieser Traum gewesen.

Ich erwachte einmal im dunklen Schein eines Wintermorgens – unter den Lawinen der Dunkelheit glühte, tief unten, eine trübe Morgenröte – und begann, noch unklar und verworren, nebst vielen anderen Schmerzen und Leiden, das Gewimmel nebelhafter Figuren und Zeichen unter den Lidern, von dem alten, verschwundenen Buch zu faseln.

Niemand verstand mich, und so begann ich denn, gereizt durch diese Stumpfheit, beharrlicher zu greinen und die Eltern ungeduldig und fieberhaft zu belästigen.

Barfuß und im Hemd, zitternd vor Erregung durchstöberte ich den Bücherschrank des Vaters und schilderte dem verblüfften Publikum enttäuscht, zornig und ratlos jenes unbeschreibliche Ding, dem keine Worte, kein Bild mit meinem zitternden, verlängerten Finger gezeichnet, zu entsprechen vermochten. Ich erschöpfte mich endlos in verworrenen und widerspruchsvollen Vergleichen und weinte vor ohnmächtiger Verzweiflung.

Sie standen ratlos und verwirrt neben mir und schämten sich ihrer Ohnmacht. In tiefster Seele waren sie nicht ohne Schuld. Meine Gewalttätigkeit, mein ungeduldig heischender und zorniger Ton verliehen mir den Anschein des Rechts und das Übergewicht wohlbegründeter Absichten. Sie kamen mit verschiedenen Büchern angelaufen und drückten sie mir in die Hände. Ich warf sie empört weg.

Eines von ihnen, einen dicken und schweren Folianten, schob mir der Vater immer von neuem mit schüchterner Aufmunterung zu. Ich schlug es auf. Es war die Bibel. Ich erblickte auf ihren Blättern eine große Wanderung von Tieren über tausend Landstraßen dahinströmend, verzweigt in Märschen über ein fernes Land, ich erblickte einen Himmel ganz in Schlüsseln und Schaufeln, eine riesige umgekehrte Pyramide, deren fernen Gipfel die Arche berührte.

Ich blickte den Vater vorwurfsvoll an. »Du weißt es, Vater«, rief ich, »du weißt es gut, verstell dich nicht, weich nicht aus! Dieses Buch hat dich verraten. Weshalb gibst du mir diese verdorbene Apokryphe, die tausendste Kopie, ein misslungenes Falsifikat? Wo hast du das Buch hingetan?«

Der Vater wandte den Blick ab.

Die Wochen vergingen, meine Erregung flaute ab, ich beruhigte mich, doch das Bild des Buches brannte in meiner Seele als helle Flamme weiter und war ein großer raschelnder Kodex, eine stürmische Bibel, durch deren Blätter der Wind fuhr, der sie plünderte wie eine riesige, sich entblätternde Rose.

Als der Vater sah, dass ich mich beruhigt hatte, näherte er sich eines Tages vorsichtig und sagte im Tonfall eines sanften Vorschlages: »Im Grund genommen existieren nur Bücher. Das Buch ist ein Mythos, an den wir in der Jugend glauben, doch im Lauf der Jahre hört man auf, sich ernstlich mit ihm zu beschäftigen.« Ich war schon damals anderer Ansicht und wusste, dass dieses Buch ein Postulat, eine Aufgabe war. Ich spürte auf den Schultern die Last einer großen Sendung. Ich gab dem

Vater, ganz von Verachtung und zornigen, düsteren Gedanken erfüllt, keine Antwort.

Damals war ich nämlich schon im Besitz einiger Fetzen des Buches, kläglicher Reste, die mir ein seltsamer Zufall in die Hände gespielt hatte. Ich versteckte meinen Schatz sorgfältig vor allen Blicken und trauerte über den tiefen Verfall dieses Buches, für dessen verstümmelte Reste ich niemandes Verständnis zu gewinnen vermocht hätte. Das war so gekommen:

Eines Tages im Winter traf ich Adela mit der Bürste in der Hand über ein Pult geneigt, auf dem irgendein zerfledderter Papierhaufen lag. Ich neigte mich über ihre Schulter, nicht nur aus Neugierde, sondern um mich noch einmal am Geruch ihres Körpers zu betäuben, dessen jungen Zauber meine erwachten Sinne vor kurzem entdeckt hatten.

»Schau«, sagte sie, während sie mein Sich-Anschmiegen ohne Protest hinnahm, »ist es möglich, dass jemandem die Haare bis auf die Erde wachsen? Ich möchte auch solche haben.«

Ich betrachtete den Kupferstich. Auf einem großen Blatt in Folio war das Bildnis einer Frau von ziemlich starken und gedrungenen Formen und mit einem Gesicht voll Energie und Erfahrung zu sehen. Vom Kopf dieser Dame floss ein riesiger Haarpelz herab, der sich schwer um die Schultern wand und sich mit den Enden der dichten Flechten über den Boden ringelte. Es war ein unwahrscheinliches Naturwunder, ein faltenreicher, verschwenderischer Mantel, aus Haarwurzeln gewebt, und man konnte sich schwer vorstellen, dass ein solches Gewicht den überlasteten Kopf nicht außer Gefecht setzte und ihm nicht empfindliche Schmerzen verursachte. Doch die Eigentümerin dieser Pracht schien diesen Belag mit Stolz zu tragen, während der daneben in dicken Lettern gedruckte Text die Geschichte dieses Wunders vermeldete und mit den Worten begann: »Ich, Anna Csillag, geboren zu Karlowitz in Mähren, hatte einen spärlichen Haarwuchs . . .«

Es war eine lange Geschichte; sie ähnelte ihrer Konstruktion nach der Geschichte Hiobs. Anna Csillag war durch Gottes Fügung von spärlichem Haarwuchs heimgesucht. Das ganze Städtchen beklagte diese Heimsuchung, die Anna ihres tadellosen Lebenswandels wegen verziehen wurde, obgleich sie nicht ganz unverschuldet sein konnte. Und tatsächlich geschah es auf Grund ihrer inbrünstigen Gebete, dass der Fluch von ihrem Haupt genommen wurde. Anna Csillag erlangte die Gnade der Erleuchtung, ward manniger Zeichen und Hinweise teilhaftig

112

und braute ein Spezifikum, eine wunderbare Arznei, so ihrem Haupte gar liebliche Fruchtbarkeit verlieh. Sie bekam einen Pelz aus Haaren – und nicht genug damit: auch ihr Mann, ihre Brüder und ihre Vettern verfilzten von einem Tag auf den anderen im dichten schwarzen Futter ihrer Behaarung. Andererseits wurde Anna Csillag sechs Wochen nach Offenbarung des Rezepts im Kreise ihrer Brüder, Schwager und Neffen, lauter bis zum Gürtel bebarteter und haariger Männer gezeigt, und man betrachtete voll Staunen diese wahrhaft unverfälschte, bärengleiche Explosion der Männlichkeit. Anna Csillag beglückte das ganze Städtchen, auf das sich ein wahres Füllhorn in Gestalt wallender Schöpfe und riesiger Mähnen herabgesenkt hatte und dessen Bürger den Boden mit Bärten, wie Besen so breit, fegten. Anna Csillag wurde die Verkünderin der Behaartheit. Nachdem sie ihre Vaterstadt beglückt hatte, wünschte sie alle Welt zu beglücken und bat, ermunterte und flehte, dieses Geschenk Gottes, diese wunderbare Arznei, deren Geheimnis nur sie allein kannte, der eigenen Erlösung willen anzunehmen.

Diese Geschichte las ich über Adelas Schulter hinweg, und plötzlich zündete ein Gedanke, von dessen Schlag ich ganz in Flammen stand. Das war jenes Buch, waren seine letzten Seiten, war sein inoffizieller Anhang, waren seine hintere Offizin voller Abfälle und Gerümpel! Die Fragmente eines Regenbogens kreisten in den wirbelnden Tapeten, ich riss Adela die Fetzen aus den Händen und hauchte mit versagender Stimme: »Woher hast du das Buch?«

»Dummkopf«, sagte sie achselzuckend, »es liegt doch seit jeher hier, und wir reißen täglich Blätter heraus, um die Einkäufe in der Fleischbank einzuwickeln und das Frühstück für den Vater ...«

Tschingis Aitmatow

Robbenjagd

Zum ersten Mal in seinem Leben fährt der elfjährige Kirisk mit drei Männern hinaus aufs Meer. Nach dem Stammesbrauch der Niwchen am Ochotskischen Meer soll er nun das Leben eines Jägers beginnen.

Der Vater hatte versprochen, ihm ein Gewehr in die Hand zu geben, sowie es Zeit wäre zu schießen.

So schlichen sie sich an den Lagerplatz heran, dann krochen sie auf die Erde – auch Kirisk. Über die scharfen Steine und über das zerschrammte Eis zu kriechen war schwer und unbequem, aber Kirisk begriff, es musste sein.

Sie krochen schwer atmend, schweißüberströmt, hin und wieder Atem schöpfend, Ausschau haltend, sich umblickend. Und erstarrten, verstummten, als der Augenblick gekommen war, anzulegen und zu schießen.

Nie im Leben würde Kirisk diese Stunde vergessen, diesen Frühlingstag, diese kalte, steinige Insel inmitten des endlosen, gewaltigen Meeres und darauf die zerklüfteten, dunkelrötlichen Felsbrocken, von einer wahnwitzigen Kraft aus dem Boden gerissen und überallhin geschleudert, diese kahle, gefrorene Erde, noch nicht abgetaut vom Eis, hart und leblos, auf der er bäuchlings lag, neben sich den Vater und Mylgun, die sich zu schießen vorbereiteten, vor sich aber, in einer flachen Mulde unmittelbar am Meer, inmitten der bemoosten, unförmigen, von Winden und Stürmen verwitterten Gesteinstrümmer, eine kleine Robbenherde, die einstweilen noch nichts argwöhnte und ruhig liegen blieb. Und über ihnen, über dem Lagerplatz, über der Insel, über dem Meer erstreckte sich ein dunstiger, erstarrter Himmel, der, wie ihn dünkte, gespannt des ersten Schusses harrte.

Wenn ich nur treffe! dachte er, während er die Schulter an den Kolben der Winchesterbüchse drückte, die ihm der Vater gereicht hatte.

In jenem kurzen, lang ersehnten Augenblick, da er sich stolz bereits als ruhmreichen, kühnen Jäger sah, bestürzte ihn plötzlich, dass die lebendigen Rücken dieser unförmigen, fetten Tiere, die sich in Erwartung einer kargen Sonnenwärme in der

114

Steinsenke drängten, so wehrlos und verwundbar waren. Doch im Nu waren diese Skrupel verflogen. Er besann sich, dass er ein Jäger war, dass die Menschen von ihm Beute erwarteten, dass sie ohne Robbenfleisch und Robbenfett hungern und darben müssten, und dann durchzuckte ihn der Gedanke, er müsse als Erster schießen und zeigen, was in ihm steckte. Er nahm allen Mut zusammen und zielte mit sicherer Hand, wie der Vater geraten hatte, unter die linke Flosse, ein wenig höher und eine Spur weiter rechts ... mitten ins Herz des kräftigen, gefleckten Seehundes. Als ahne es Ungutes, lauschte das Tier plötzlich aufmerksam, obwohl es die Jäger nicht sah und auch nicht wittern konnte – der Wind blies vom Meer. Um besser zielen zu können, musste Kirisk etwas zur Seite rücken, irgendein Schatten war da vorn hinderlich, äußerst behutsam musste er seine Lage verändern, aber da löste sich ein Stein unter seinem Ellenbogen, rollte den Hang hinab und riss andere Steine mit. Der gefleckte Seehund stieß ein kurzes Bellen aus, die Herde schrak hoch und wälzte sich heulend zum Wasser. Doch in dieser Sekunde, noch ehe die Tiere sich in Bewegung gesetzt hatten, ertönte ein Schuss, der eine große Robbe seitlich der Herde umwarf – Mylgun hatte die Lage gerettet. Kirisk verlor den Kopf.

»Schieß!« befahl Emraijin.

Die Schulter erhielt einen heftigen Schlag, der Schuss dröhnte, und alles versank in Totenstille. Kirisk schämte sich unsäglich, dass er nicht getroffen hatte und die Jagd seinetwegen scheiterte. Doch der Vater steckte ihm eine neue Patrone zu. »Lad und schieß schnell!« Was doch gar nicht so schwierig sein sollte: laden und schießen – wie oft hatte er das im Handumdrehen getan, als er es noch lernte! machte ihm jetzt Mühe. Das Schloss seiner Winchester klemmte. Inzwischen feuerte Mylgun aus der Hüfte noch zweimal auf die zum Wasser hastenden Robben. Eine verwundete er, sie wand sich in Zuckungen am Uferrand. Die Jäger liefen dorthin. Die Herde verschwand bereits im Meer, das am Ufer zurückgebliebene angeschossene Tier aber mühte sich nach Kräften, ins Wasser zu kriechen. Als die Menschen hinkamen, hatte die Robbe das Wasser bereits erreicht; mit ihren Flossenfüßen arbeitend und einen blutig wogenden Fleck hinter sich herziehend, glitt sie hinein, tauchte immer tiefer in das durchsichtige Meer. Deutlich sah man ihre schreckensstarren Augen und den hell fliederfarbenen Streifen am Rücken vom Nacken bis zum Schwanzende.

Mylgun ließ die hochgerissene Winchester sinken – die Robbe jetzt fangen zu wollen, war sinnlos.

»Lass ab, sie ertrinkt ohnehin«, sagte Emraijin.

Kirisk aber stand atemlos da, niedergeschlagen, mit sich unzufrieden. Er hatte ganz anderes erwartet. Ein schöner Jäger war er!

Und der Junge verstummte, verbiss sich mit Macht Tränen der Scham. So nahm er sich alles zu Herzen.

»Du wirst schon noch Glück haben«, beschwichtigte ihn Mylgun, als sie später darangingen, die erlegte Robbe auszuweiden.« »Gleich fahren wir zur Mittleren Zitze, dort sind mehr Tiere.«

»Hätte ich bloß nicht zu hastig . . .«, setzte Kirisk an, doch der Vater unterbrach ihn: »Versuch nicht, dich herauszureden. Mit dem ersten Schuss wird keiner zum Jäger. Wart ab, schießen kannst du doch, und die Beute läuft dir nicht davon.«

Kirisk schwieg sich aus, war aber insgeheim den Erwachsenen dankbar, weil sie ihm keine Vorwürfe machten. Jetzt nahm er sich fest vor, bei der Jagd stets Ruhe zu bewahren, sich nicht ablenken zu lassen, nicht aufs Geratewohl zu schießen, sondern, wie der Vater lehrte, erst, wenn Auge und Atem »mit dem Visier verschmelzen«. Dann erst abdrücken! Die Robbe war groß und schwer, noch ganz warm, wie lebendig. Zufrieden rieb sich Mylgun die Hände, als er das Tier vom Bauch her ausnahm.

»Vier Finger breit Fett, siehst du? Schön!« Kirisk hatte seinen Kummer bereits vergessen und half mit Feuereifer. Emraijin war indes zum alten Organ gegangen, um das Boot in der Nähe an Land zu ziehen.

Bald kam er zurück, besorgt und voller Hast.

»Wir haben keine Zeit zu verlieren, beeilt euch!« Und nach einem Blick auf den Himmel setzte er hinzu, an keinen von ihnen gewandt: »Das Wetter gefällt mir nicht . . .«

Rasch hatten die Jäger die Robbe ausgeweidet, behielten von den Innereien nur Leber und Herz; den Tierkörper schleppten sie auf zusammengebundenen Stangen zum Boot. Kirisk lief hinterdrein, er trug die beiden Winchesterbüchsen.

Am Ufer neben dem Boot erwartete sie Organ. Der alte Mann freute sich. »Mag unser höchster Gott Kurng nur vernehmen, wie zufrieden wir sind! Für den Anfang ist das gar nicht schlecht!« erklärte er und zückte sein Messer. Vor ihnen lag das Wichtigste nach der Jagd – der unverzügliche Verzehr der rohen

Robbenleber. Organ hockte sich über den aufgeschlitzten Tierkörper und zerschnitt die Leber in kleine Teile. Die Jäger würzten die Leberstückchen mit etwas Salz, schmatzten und schluckten genießerisch. Die Leber war sehr schmackhaft – zart, warm, sättigend. Sie schmolz im Mund, überzog die Zunge mit fettem Saft. Kirisks Traum hatte sich erfüllt – wie ein echter Mann aß er rohe Leber bei der Jagd!

Gavino Ledda

Hirtenschule

In den Bergen Sardiniens kämpfen die Menschen um ihr Überleben. Die schmalen Felder, den Weinberg und die paar Olivenbäume muss ein Familienvater selbst bestellen. Der kaum sechsjährige Sohn aber wird zum Bewachen der Schafherde gebraucht.

Am 7. Januar 1944 saß ich zum ersten Mal auf einer Schulbank, drei Monate später als meine Kameraden. Offiziell gehörte ich zu den Sechsjährigen; in Wirklichkeit war ich erst vor kurzem fünf geworden. Aber da ich demselben Jahrgang angehörte wie meine Kameraden musste mich die Lehrerin aufnehmen. In den ersten Tagen machten sich die Kameraden über mich lustig, belachten meine Unwissenheit. Alle – Jungen und Mädchen – waren sie älter als ich. Viele wiederholten die Klasse. Und sie taten mir gegenüber recht forsch: sie konnten die Grundstriche schon malen und Vokale und Konsonanten lesen und schreiben. Glücklicherweise hatte ich Pizzente als Banknachbarn, der so alt war wie ich und auch am selben Tag in die Schule gekommen war. Unsertwegen musste die Lehrerin noch einmal ganz von vorn anfangen. Eine Zeitlang war Pizzente ebenso befangen und schüchtern wie ich; aber schon bald reagierte er mit Herausforderung: als bockiger Schüler, der lieber alles andere lernen wollte als Lesen und Schreiben.

Ich weiß noch, dass mein Banknachbar stets unordentlich war: er hatte nie eine Schulmappe oder Hefte dabei und passte auch im Unterricht nicht auf. Wenn die Lehrerin den anderen die einzelnen Buchstaben mit deutlichen Mundbewegungen vorsprach und ich schweigend meine Grundstriche machte, knöpfte er sich oft die Hose auf und produzierte mit vorsichtigen Körperverdrehungen den nächsten Nachbarn sein Spätzchen. Für ihn war dies eine Mutprobe, mit der er beweisen wollte, dass er sich von niemandem einschüchtern ließ. Die ganze Klasse geriet darüber in Aufruhr. Wenn die Lehrerin nicht mehr anders konnte, schlug, tadelte und bestrafte sie ihn. Bemerkten ihn jedoch nur wenige und die Aufmerksamkeit der Klasse litt nicht darunter, zog sie es vor, ihn gar nicht zu beachten. Dann fühlte sich Pizzente wirklich als der Stärkere.

Ging die Lehrerin einmal hinaus, stellte er sich auf die Bank und reizte in aller Offenheit unsere Neugierde und begleitete seine Exhibition mit einem Lachen, das noch anmaßender war als das Lachen derjenigen, die ihre Buchstaben schon gut malen konnten. Einige Kameraden machten es ihm nach. Die Mädchen taten zwar schämig empört, konnten aber ihre Neugier nicht ganz verbergen. Doch für die meisten, darunter für mich, war das, was sich hier abspielte, ein Ärgernis und eine Schande. Ich fühlte mich sogar schuldig, als hätte ich diese Bravourstücke selbst vollbracht. Die Angeberei meines Kameraden verstärkte meine Schüchternheit nur noch. Zudem musste ich ja die verlorene Schulzeit aufholen und den Abstand überwinden, der mich ohne eigenes Verschulden von meinen Kameraden trennte. Ich durfte mich nicht von Pizzente ablenken lassen. In den Pausen bat ich die Mitschülerinnen und Mitschüler, mir bei der Niederschrift von Vokalen und Konsonanten zu helfen, die sie selbst ja schon einigermaßen flüssig schreiben konnten.

Meine Schulerfahrung dauerte gegen meinen eigenen Willen und gegen den Willen der Lehrerin kaum mehr als einen Monat und endete, lange bevor ich zu einem wirklichen Schüler geworden war. Meine Lehrerin mochte mich sehr. Und viele Mitschüler und Mitschülerinnen, die in den ersten Tagen über mich gelacht hatten, waren inzwischen dadurch für mich eingenommen, dass ich ihnen die Grundstriche, die Konsonanten und Vokale abgeschaut hatte. Aber während die Tage verflossen, arbeitete die Zeit unerbittlich gegen mich. Eines Februarmorgens, die Lehrerin ließ mich gerade etwas an die Tafel schreiben, stürzte sich mein Vater, in der festen sittlichen Überzeugung, dass ich sein Eigentum war, und mit dem harten Blick eines ausgehungerten Falken (*de unu astore famidu*) auf die Schule. Laut und ungestüm kam er in die Klasse. Ging wortlos zum Katheder, grüßte die Lehrerin mit einem knappen Gutentag. »Guten Tag«, erwiderte die Lehrerin, als er sich stocksteif und verdrossen ob der Situation vor sie hinpflanzte.

Bei seinem Anblick verstummten alle Schüler auf ihren Bänken. Mein Vater kam sofort zur Sache.

Seine Hirtenkleidung drückte Stolz und Würde aus. Barchenthose, glatte Samtjacke, Stiefel, steife Mütze (*craccas e zizia*).

Anfangs gelang es ihm freilich nicht, seine Erregung zu verbergen. Seine Augen blitzten.

»Ich will den Jungen holen. Er muss die Schafe hüten und sie bewachen ... Er gehört mir. Und ich bin allein. Ich kann die

Herde nicht unbewacht lassen, wenn ich hierher nach Siligo komme, um die Milch in die Molkerei zu bringen oder Proviant zu holen. Ich habe noch anderes zu tun als Schafe zu hüten. Will ich mit Anstand leben, ohne meinen Nächsten zu bestehlen, muss ich einen Teil des Weidelandes für den Familienunterhalt, *pro su fittu de domo*, mit Getreide anbauen. Gavino wird, so klein wie er ist, die Schafe hüten, wenn ich die Getreidestoppeln unterhacke oder die Reben beschneide oder im Olivenhain arbeite, den ich mir angelegt habe ... Sie sehen, das alles kann ich gar nicht allein machen, wenn ich auch noch die Schafe hüten muss. Passt aber niemand auf sie auf, dann gehen sie mir noch an die Reben oder ans Getreide; und wir können nicht ein ganzes Jahr lang ohne Brot leben. Also, Gavino hütet die Schafe, und ich kümmere mich um alles andere, um seine kleineren Geschwister durchzubringen ... Ich habe nicht das Geld, auch noch Lebensmittel für sie zu kaufen. Das Geld, das ich für die Schafsmilch bekomme, reicht gerade für die Kleidung und die anderen Sachen, die wir Hirten nicht selbst produzieren können. Kartoffeln, Getreide, Zwiebeln und Saubohnen muss ich selber anbauen ... Es tut mir ja leid, dass ich ihn wieder mitnehmen muss, aber ohne ihn komme ich nicht zurecht. So ist es schon immer mit uns Hirten gewesen. Überall gibt es Banditen, und das wissen Sie genau, Frau Lehrerin.«

»Gavino ist doch noch viel zu klein! Wie soll er da die Schafe hüten und die Banditen abschrecken? Sein Einsatz wird sinnlos sein ... Hier lernt er erst fürs Leben, bevor er ins Leben hinausgeht. Er hat noch keine Federn, um fliegen zu können.«

»Was wissen Sie von Schafzucht? Ein Hirte kann ohne Federn fliegen.« Seine Stimme wurde entschieden.

»Der Junge braucht, um Schafe zu hüten, nicht erst groß zu sein, und was die Banditen angeht, da reicht ein kräftiger Atem. Seine Stimme wird ja ausreichen, damit er mich von der einen Senke bis in die andere rufen kann, wenn's nötig ist. Mein Weideland ist nicht sehr groß. Aber die Schafe wechseln rasch und streiten sich um die paar Grashalme und die besten Eicheln (*sos pagos runcos de eva e sa mezzus lande*). Oft drängen sie sich in einer Senke zusammen, um sich vorm Wind zu schützen, und sind dann plötzlich weg. Wenn ich auf der einen Seite auf meinen Feldern arbeite, brechen sie mir plötzlich auf der anderen aus, und dann machen sich die Banditen und der Fuchs über sie her ... Der Fuchs! Jawohl! Der Fuchs! Auch der ist eine ständige Gefahr. Besonders, wenn die Schafe werfen ... Er holt sich die Lämmer, und ein Lamm, das ist viel für einen armen Hirten wie mich. Wissen Sie, dass die Armut uns Hirten verbietet, je Lammfleisch zu essen, ganz gleich, was die Leute sagen ... Wer sich an Lammfleisch satt isst, der stiehlt's. Mit dem, was ich für ein Lamm kriege, kann ich meine Familie zehn Tage lang mit Brot und Makkaroni durchbringen ... Die Lämmer, die meine Herde wirft, muss ich wie meine Augäpfel hüten ... Gavino ist nicht der erste, und er wird auch nicht der letzte sein, dem es so geht ... Auch ich habe meine Kindheit so zugebracht. Kindheit! Ha! Ich hab vor der Zeit erwachsen sein müssen, und die Alten haben mich mitten im Winter als Wache gegen die Füchse eingesetzt ... Ich habe schon Schafe gehütet, als ich noch die Mutterbrust nötiger gebraucht hätte als das Schafseuter.«

Eine Stille folgte, und es war, als gäbe es in dem Klassenzimmer nur seinen Willen und sonst nichts. Als wollten sogar Lehrerin und Schüler auf dieses schreckliche Schweigen lauschen.

»Ich werde einen ausgezeichneten Hirten aus ihm machen, der Milch, Käse und Fleisch für die Familie beschafft. Das muss er nicht in der Schule lernen. Erst soll er zusehen, dass er heranwächst. Wenn er groß ist, wird er ebenso wie viele andere die fünfte Volksschulklasse nachholen, bevor er zum Militär kommt. Die Schule ist für die Reichen da, für die Löwen: Wir sind nur die Lämmer.«

Meine Kameraden lauschten auf diese heftige, ungestüme Rede wie auf den ersten Blitz und Donner eines Unwetters, das schon bald auch über sie hereinbrechen würde.

Ich stand wie gelähmt vor der Tafel, als hätten mir seine Worte die Füße auf dem Podest festgenagelt. Und auf einmal musste ich weinen wegen dieser schrecklichen »Sprache der Realität«. Ich klammerte mich an die Lehrerin, als wollte ich am Horizont der neuen Realität das schreckliche Wetterleuchten vergehen und den Donner ausklingen lassen, die aus Augen und Mund meines Vaters hervorgegangen waren, das ganze Klassenzimmer ausgefüllt und die Gedanken meiner Mitschüler wie mit einer dunklen Vorahnung bestürmt hatten.

So an die Lehrerin geschmiegt und das Gesicht in meinen rechten Arm versteckt, verging das grelle Licht sofort; der Donner, der in meinem Sinn die fürchterlichsten Dinge anzukündigen schien, verrollte am Himmel und über den Wäldern einer Landschaft, die ich mir schon vorstellte. Die Lehrerin ließ mich ein wenig ausweinen. Aber dann begann auch sie, mich auf die triste Realität vorzubereiten, mich in meiner ganzen Unschuld zu überreden.

»Du wirst ein großer Hirte werden. Dein Vater wird dich lehren, Schafe und Kühe zu melken. Sie sind sehr schön, weißt du! Und draußen auf dem Land gibt es viele Blumen und Gras und Bäume voller Vögel, die alle zwitschern und singen. Sie bauen ihre Nester in den Büschen, auf der Erde und in den Bäumen, und du kannst so viele fangen, wie du willst. Hier in Siligo gibt's das alles doch gar nicht!«

Dies flüsterte sie mir zu, wobei sie mir über die Haare strich und mir die Tränen mit ihrem Taschentuch trocknete. Mein Vater stand stocksteif in seiner Hirtenkleidung daneben und wartete, bis ich mich an die Wahrheit gewöhnen würde, die allzu rasch gekommen war. Aber selbst seine Starre verriet eine unerträgliche Verlegenheit. Und während er mich beim Hinausgehen zur Tür schob, musste er, wie um damit sein Unbehagen loszuwerden, vor der Lehrerin und den von seiner Rede ganz benommenen Schülern nach weiteren Rechtfertigungen suchen.

»Ich brauch ihn draußen auf der Weide ... sonst kann ich meine Familie nicht ernähren. Ja, würde die Regierung einen Mann bezahlen, der mir die Schafe hütet oder irgendwie hilft, würde ich ihn ja auch ... lernen lassen. Der Junge ist mein. Was will die Regierung? Sollen meine andern Kinder verhungern, nur damit er zur Schule gehen kann? Nein. Nein. Ich nehme den Jungen mit und lasse ihn arbeiten, weil mir nichts anderes übrig bleibt. Ich will doch sehen, was mir dieses mistige Gesetz anhaben kann. Ich habe ein ruhiges Gewissen! Aber dieses Gesetz hat kein Gewissen: Den Schulbesuch zum Zwang erklären. Und die Armut? Ja, die ist wirklich ein Zwang.«

Mit Tränen in den Augen und mit diesem Donner, der noch in meinem Kopf rumorte, blickte ich zum letzten Mal auf das Klassenzimmer, als wollte ich es mitnehmen, musterte alle Bänke. Stumm verabschiedete ich mich von jedem meiner Mitschüler und prägte sie mir gut ein, um sie nie zu vergessen. Noch einmal sah ich mir die Gegenstände an, die meine Vorstellungskraft am meisten angeregt hatten: Tafel, Katheder und Landkarten.

»Nur Mut, Gavino«, flüsterte die Lehrerin. Sie schloss langsam und behutsam die Tür, und Stückchen um Stückchen blieb ihr Lächeln dahinter zurück.

Draußen vor dem Schulzimmer kam ich mir plötzlich wie ein Hase vor, den ein Hund aus seinem Bau gescheucht hat (*iscovada dae sa tana*) und auf den nun Jäger schießen, die er nicht sehen kann, auch wenn ihn ihre Schüsse schon verwunden. Während ich die Treppen des Gemeindehauses hinunterstieg, dröhnten in meinem Kopf noch die Worte und Sätze, die mein Vater gesagt hatte: »Er wird die Schafe hüten, wenn ich die Getreidestoppeln unterhacke ... die Reben beschneide ... für seine kleinen Geschwister ... Er ist der Älteste und muss den anderen helfen, damit sie aufwachsen können und nicht vor Hunger sterben ...«

Ich liebte meine Geschwister und wollte nicht, dass sie vor Hunger starben. Für einen Augenblick sah ich in meiner Phantasie die Kleinen, wie sie mich baten, meinem Vater zu folgen. Und so war ich nach den ersten Tränenausbrüchen auch bereit, ihm nachzugeben, ohne Hass auf ihn zu verspüren. Und die Zeitspanne zwischen dem Verlassen des Klassenzimmers und dem Eintreffen zu Hause reichte aus, mich auf meinen Weggang vorzubereiten.

»Mariantòò!! Miantòò!!« rief mein Vater zu Hause.

»Hier bin ich«, erwiderte meine Mutter vom Speicher, wo sie den Proviant für Vater und seinen Hund in den wollenen Quersack (*in sa bertula*) verstaute.

»Mach Gavino fertig! Beeil dich! Ich nehme ihn mit«, schrie er erregt. Meine Mutter erhob keine Einwände. Vielleicht wusste sie schon Bescheid. So war ich in weniger als einer halben Stunde ein anderer: mit Barchenthose, Stiefeln und Mantel. Ein richtiger Hirte! Vater hatte mittlerweile den Esel aufgezäumt. Er riss die Läden auf und kam hastig ins Haus. »Bist du soweit?« Ich nickte und ging zur Haustür. Der Esel stand schon mit seiner Last aufbruchbereit. Er war noch am Mauerring (*a sa loriga*) festgebunden, stampfte, schlug sich mit den Hufen an den wolligen Bauch und bewegte seinen Schwanz, als wären dies Vorbereitungen zum Aufbruch. Mein Vater band den Esel vom Mauerring los. Er ließ den Strick (*su murrale*) einen Augenblick auf die Erde hängen, schleuderte mich fast auf die Kruppe, legte dann die linke Hand auf die Mähne, saß mit einem einzigen Schwung auf, presste seinen Hintern kräftig gegen den Sattel, schlug seine herunterhängenden Beine an den Esel, reckte sich kerzengerade auf, schwang den Strick und brachte solcherart unser Beförderungsmittel auf den Weg, der zum Pferch führte, *a su guíle!*

Stumm auf der Kruppe sitzend, horchte ich auf den Trott des Tieres, das mich zum Takt der Hufe jedesmal gegen die Schultern meines Vaters warf. Der erschien mir in seiner

Samtjacke zum ersten Mal kräftig und stämmig. Gleich darauf kamen wir an der Schule vorbei. Und da ging mir so vieles durch den Kopf. Doch der Esel in seinem Trott ließ die Schule hinter sich und ebenso die Kameraden, die ich mir eingeprägt hatte. Ich war ja nun kein Schüler mehr. Ich war schon ein Hirte. Ich sah mich nach der Schule um, wandte mich um auf der Kruppe des Esels, dessen Bewegungen sie auf und ab schwanken ließen, als wirkte das Erdbeben jener Worte noch auf sie nach. Und im Nu entschwand ihr Dach unter den Stößen der Kruppe. So ging meine Schule für immer in meine Erinnerung ein. Als wir die letzten Häuser von Siligo hinter uns gelassen hatten, waren wir schon nach einem kurzen Trott mitten auf dem Land.

Das Tier kam auf der steinigen Staubstraße gut voran, setzte seine Hufe zwischen einen Stein und den andern und entfernte sich rasch von Siligo: es beförderte mich ebenso, wie es sonst Hundefutter, Schweinefutter und das Saatgut befördert hatte, das mein Vater auf dem Brachland aussäte. Auch ich war so etwas wie ein Saatkorn, das allein auf unserm Feld aufgehen und sprießen (*naskere e tuddire*) durfte, und sich an die Gesetze des Pflanzenreichs auf dem Brachfeld der Einsamkeit zu halten hatte wie alle Hirtenjungen auf Sardinien.

Immerhin war es ein schöner Tag, und der Ritt gefiel mir. Die Täler und Berge in der Ferne sah ich von der bewegten Kruppe des Tieres ganz so, als tanzten sie zu meinem Empfang. Das alles fand ich lustig. Aber gleich fiel mir wieder Siligo ein. Die Worte der Lehrerin und die Rede meines Vaters klangen mir noch in den Ohren. Freilich war ihr Sinn jetzt ein anderer: sie trösteten und machten Mut.

Unterwegs trafen wir manchmal auf andere Hirten, die meinen Vater mit gewohnten, oft völlig sinnlosen Redensarten oder auch mit irgendwelchen Bemerkungen grüßten, nur um nicht stumm aneinander vorbeizureiten. Die Straße war schmal, und diese Begegnung aus nächster Nähe besiegte zumindest einen Augenblick lang das Misstrauen, das man normalerweise füreinander empfand.

Aus diesen Begegnungen entstanden oft Freundschaften. Diesmal sagten einige allerdings mehr als den gewohnten Gruß; das ergab sich schon fast zwangsläufig aus der Situation.

»Da kannst du ja endlich dein Land in Ruhe bearbeiten«, sagte der eine. »Jetzt, wo ihr zu zweit seid, wird's besser gehen: Einigkeit macht stark. Und wenn der Junge sofort daran gewöhnt wird, kriegt er keine Laster und lernt unser Handwerk.«

»Na! Du fängst ja schon zeitig an, dein Fohlen zu bändigen. Hoffentlich ist es brav«, sagte ein anderer, der auf einem Esel in die entgegengesetzte Richtung ritt, und weiterredete, bis er außer Sichtweite war.

»In dem Alter holst du ihn dir schon aufs Feld?« fragte ein dritter. »Bringst du ihn weg, damit er abgestillt wird (*ti che lu giughes al istittare*)?«

Mein Vater, der auf seinem Sattel saß und nichts als seine Pläne im Kopf hatte, achtete nicht sonderlich auf dieses Gerede. Wie besessen von seinem Arbeitsdrang, trieb er den Esel zur Eile an, schlug ihm die Absätze in die Flanken.

Nach anderthalb Stunden Trott kamen wir zu unserm Weideland. Plötzlich tauchte mit ihrem strohgedeckten First die Hütte (*sa pinnetta*) auf, ringsum dicht belaubte Bäume, deren Zweige sich im Wind berührten. Der Hund Rusigabedra (Steinknabberer) bellte zur Begrüßung und kam uns schweifwedelnd entgegen. Er stellte sich auf die Hinterbeine und schnüffelte am Proviant. Auf dem Platz vor dem Pferch stieg mein Vater vom Esel und hob mich herunter. Die Hütte, die ich bis dahin nur gelegentlich gesehen hatte, kam mir schön vor. Ich lief hin, um sie besser zu betrachten, um sie richtig kennen zu lernen. Durch die nach Süden gehende Tür trat ich ein, und meine Blicke glitten über das Dachinnere und das Gebälk voller Ruß. Von dem Stein in der Mitte, der Feuerstelle, stieg der Rauch bis zum Giebel. Da war noch das Feuer, das mein Vater zurückgelassen hatte: Glut und Asche. Er entfachte es mit dem Handblasebalg, und wir wärmten uns die vor Kälte starren Hände.

»Gleich machen wir richtig Feuer, und dann essen wir«, sagte mein Vater. »Holen wir jetzt Holz.«

Wir traten aus der Hütte und schleppten Holz herbei. Rusigabedra folgte uns überallhin. Noch einmal ging mein Vater hinaus, um dem Esel seine Last abzunehmen. Er hatte ihn an eine Eiche gebunden. Er nahm ihm den Packsattel ab und band ihn los. Er nahm sich den Quersack mit dem Proviant vor den Bauch und trug ihn in die Hütte. Dort stellte er ihn ab. Der Hund kläffte meinen Vater freudig an. Der warf ihm ein Kleiebrot zu. Rusigabedra stellte sich auf die Hinterbeine und schnappte das Brot auf. Vater holte auch unseren Proviant. Er machte das Brot am Feuer warm und richtete uns ein improvisiertes Essen her.

Auf das erste Essen in der Hütte folgte die erste Erkundung des Geländes. So begann die Hirtenschule. Bei diesem ersten Gang gab Vater sich Mühe, mir beizubringen, wie ich mich orientieren konnte auf freiem Feld und im Wald. Er versuchte, mir die besonderen Merkmale des Geländes einzuprägen, zeigte mir die Eichen, die wegen ihrer Form, ihrer Größe, ihres gekrümmten Wuchses oder auch wegen ihrer vom Blitzschlag verdorrten Äste auffielen: Löcher und Höcker (*tuvas e thoccas*). Oder er wies auf Felsbrocken und Büsche (*crastos e barrasolos*). Mit seiner ganzen Erfahrung half er mir, diese Einzelheiten im Zusammenhang zu sehen: mir einen Überblick über ihre natürliche Anordnung zu verschaffen, damit ich feste Anhaltspunkte hätte für den Fall, dass ich allein wäre oder mich verlaufen würde.

»Du musst das freie Gelände und den Wald Punkt für Punkt kennen lernen und dir die besonderen Merkmale der Bäume, der Brombeersträucher, der Eichen, des ganzen Geländes mitsamt den Schluchten (*de su terrinu e de sos iscameddos*) einprägen. Von jetzt an bleibst du hier allein und musst dich von jeder Stelle aus orientieren können. Siehst du die breite Eiche da unten? Sie heißt *s'àvure manna*, der große Baum. Das Tal hier heißt *su addiju de su palone*. Den bewaldeten Hügel dort oben nennen sie *su montiju de su carrasu*, der Kadaverhügel. Und da drüben die kleine Lichtung heißt *su pianu desu aladerru*, die Lichtung des wilden Olivenbaums. Der Berg über uns ist der *Monte Santu*. Die beiden Felsen an seinem Fuß heißen *sa rocca de thiantina*, der Felsen der *thia Antina* und *rocca de su nidu de s'untusu*, der Felsen zum Geierhorst. Die Gegend hier heißt Baddevrustana. Weißt du, das alles ist von den Alten so benannt worden. Diese ganzen Einzelheiten brauchst du nicht nur zu deiner Orientierung, sondern auch, damit du mir sagen kannst, wo sich die Herde und der Esel, wo sich unsere Tiere befinden, wenn ich dich danach frage. Jetzt ist unsere Herde zum Beispiel *in issu addiju de s'ampidda*, im Tal des Aals und der Esel *in sa tuppa de sos suesos* im Herzen der Korkeichen.«

Ich hörte aufmerksam auf seine Beschreibungen und seine ›Naturmathematik‹; und ich war hingerissen, als wäre sein Mund der Schmelzofen, darin die Dinge zur Realität werden, und sähe sie durch einen Zauber entstehen. Mein Vater schien mir der Schöpfer dieser Welt zu sein, die er für mich zum Leben erweckte. Während dieser seiner ersten ›Lektion‹ kamen wir auch nach *issu addiju de issa ampidda,* nämlich zu unserer Herde: neunzehn Schafe und ein Hund.

So groß war damals unsere Herde. Es waren auch ein paar Lämmer dabei. Mein Vater griff sich eines, damit ich es anfassen und streicheln konnte. Es hatte eine weiche, krause Wolle. Es keuchte. Das Herz schlug ihm bis an die Rippen. Es blökte und prustete. Als ich es an meine Brust drückte und streichelte, stellte sich ein Schaf vor mich hin und blökte klagend und tat ganz ängstlich. »Das ist seine Mutter«, sagte mein Vater, der bei dieser Gelegenheit gleich seine Lektion fortsetzte. Auf ein Zeichen meines Vaters ließ ich das Lamm aus meinen Armen los. Es lief zu seiner Mutter und stupste mit dem Mäulchen (*cun su muzzighile*) sofort heftig gegen ihr Euter.

Es stupste mit Macht und sog und drückte mit seiner Zunge die Zitze. Seine Mutter fuhr ihm mit dem Maul über den kleinen Hintern. Da erregte sich das Lamm beim Saugen und wirbelte seinen kleinen Schwanz herum.

»Es saugt.«

Janet Frame

Poppy

Eine neue Zeit beginnt für Janet, die Tochter eines neuseeländischen Eisenbahners, als sie mit einem Mädchen, das »Poppy« genannt wird, Freundschaft schließt. Poppy erweist sich als phantasievolle Erfinderin von Spielen und Ritualen, sie kennt die Namen vieler Pflanzen und weiß, wofür diese gut sind. Durch sie lernen Janet und ihre Schwestern zwei Bereiche des Lebens kennen, die nur scheinbar nichts miteinander zu tun haben: Die Welt in den Märchen der Gebrüder Grimm und die freizügig gewährte sexuelle Aufklärung.

Eines Tages fand ich eine Freundin, Poppy, die in Wirklichkeit Marjorie hieß. Sie hatte glattes braunes Haar, ein hässliches Gesicht mit einem breiten roten Mund, und ihr Vater schlug sie mit einem schmalen Riemen, der Schnitte in ihrer Haut hinterließ. Alles, was sie sagte oder tat, war neu für mich, sogar die Art und Weise, wie sie sprach und die Wörter, die sie verwendete, ihre Ideen und Spiele und die Legenden und Sagen, die ich nicht für solche hielt, sondern für wahre Begebenheiten, die als Gerüchte von einem zum anderen weiterwanderten. Poppy brachte mir bei, wie man Warzen heilt, indem man sie mit dem Saft des Eiskrautes einreibt. Wir saßen auf dem Erdwall der Glen Street, der vom Eiskraut mit seinen purpurnen Blüten bedeckt war, und wenn die Stengel des Eiskrautes uns ins Hinterteil stachen, zappelten wir hin und her, und wir drückten den Saft über unseren Warzen aus, und ein paar Tage später waren unsere Warzen wie durch ein Wunder verschwunden. Poppy brachte mir bei, wie man die Säure aus einer Pflanze saugt, die sie Goldklee nannte – später erfuhr ich, dass es Sauerklee war –, und wir saßen da und genossen den stechenden Geschmack der Säure; sie lehrte mich, wie man Honig aus dem Immergrün saugt und wie man die süßen, mehlartigen Weißdornbeeren isst und genießt. Sie erklärte, wenn wir auf dem Schulweg einen Laternenpfahl zwischen uns kommen ließen, dann müssten wir »einen Pick aufeinander« haben und dürften erst wieder miteinander sprechen, nachdem wir unsere kleinen Finger ineinander verschränkt hatten, eine Geste, die auch nötig war, wenn wir beide dasselbe Wort gleichzeitig sagten.

Diese neuen Rituale entzückten mich. Poppy brachte mir auch bei, wie man Pflanzen »einkassiert«. Sie erklärte mir, dass jede Blume, die durch den Zaun auf die Straße hinauswuchs, »einkassiert« werden konnte und uns gehörte, und es war kein Diebstahl, denn sie gehörten von Rechts wegen uns. Jeden Tag kamen wir mit den Armen voller Blumen in die Schule und nach Hause, und Poppy kannte alle ihre Namen und brachte sie mir bei. In der Schule untersuchten wir Gräser und Unkrautpflanzen und waren beide ganz berauscht von der Herrlichkeit der neuen Namen – Hirtentäschel, Fette Henne (wie urkomisch!) und das Kreuzkraut, auf dem die schwarzen und weißen Raupen lebten, obwohl uns die pelzigen lieber waren, die sich in Rote Admirale verwandelten.

Nach der Schule ging ich für gewöhnlich zu Poppy, um mit ihr in ihrer Waschküche Schule zu spielen, wo wir die leeren Bierflaschen ihres Vaters in einer Reihe aufstellten und sie ein- und ausatmen, trockenschwimmen und Liegestütze machen ließen, Arme gebeugt, Körper gestreckt, sie auf der Stelle laufen ließen, wobei sie die Knie in die Höhe heben mussten. Wir gaben ihnen Rechenaufgaben zu lösen und befahlen ihnen, die Wolken zu zeichnen und zu benennen, Zirrus, Nimbus, Stratus, Kumulus, während wir die Namen herunterleierten, Zirrus, Nimbus, Stratus, Kumulus ... Wir ließen sie auch die Berggipfel der Bergketten auswendig lernen – Rimutaka, Tararua, Ruahine, Kaimanawa ... Und wir züchtigten sie und sagten streng: »Passt auf. Kommt her.« Die Bierflaschen standen in einer Reihe auf der Bank, den Blick nach Nordwesten gerichtet, golden erleuchtet von den Strahlen der untergehenden Sonne, die durch das staubige kleine Fenster schien. Manchmal, wenn wir eine Flasche zerbrachen, blickten wir durch ein Stück Glas auf die goldene Welt.

Es schien mir, dass Poppy alles wusste. Sie kannte die Namen und den Gebrauch von Dingen, der nicht der übliche Gebrauch alltäglicher Dinge war. Auch sie hatte einen »Platz«, von dem sie sprach, Moeraki, wo sie hinfuhr, um Verwandte zu besuchen. Sie sprach das Wort aus, als gehöre der Platz ihr, so wie die Tanten »Up Central«, Middlemarch und Inch Clutha sagten.

Dann, eines Tages, fragte mich Poppy, ob ich ihr Lieblingsbuch ausborgen wolle, das sie zusammen mit anderen Schätzen in einem alten Bierfass aufbewahrte. »Es sind Grimms Märchen«, sagte sie. Ich hatte noch nie von einem solchen Buch gehört, aber ich sagte, ich würde es mir gern ausborgen. Und an diesem Abend nahm ich Grimms Märchen mit ins Bett und begann zu lesen, und plötzlich entstand eine Verbindung zwischen der wirklichen Welt und der Welt der Bücher, wie ich sie nie zuvor bemerkt hatte. »Hört zu«, sagte ich zu Myrtle und Dots und Chicks. Sie hörten zu, während ich ihnen »Die zertanzten Schuhe« vorlas, und während ich las und sie zuhörten, wusste ich und wussten sie wunderbarerweise, dass wir die tanzenden Prinzessinnen waren – nicht zwölf, sondern vier; und während ich las, sah ich im Geiste den Platz im Kleiderschrank in der Ecke des Schlafzimmers, wo wir in die unterirdische Welt verschwinden konnten, und den Obstgarten, der »unser« Obstgarten am Kanal war, wo die Zweige der Bäume ächzten und aufschrien, wenn sie abgebrochen wurden, silberne und goldene Bäume; und zum Schluss war es Myrtle, die den alten Soldaten heiratete, der in meiner Vorstellung wie Vincent aussah, der zweiundzwanzigjährige Mann, der für uns runzlig und alt war und der sich in die kaum zwölfjährige Myrtle verliebt hatte, als sie die Ferien bei den Walkers in Wyndham verbrachte.

Und die Schuhe, jeden Morgen zu Fetzen getanzt, darüber wussten wir Bescheid, da unsere eigenen Schuhsohlen lose vom Oberleder hingen und Dad dasaß und das Leder sorgfältig anzeichnete und zurechtschnitt und sich mit den Schuhnägeln im Mund über die Leisten beugte, während er unsere Schuhe zur Hälfte besohlte und mit Absätzen versah und sich dabei wie der König im Märchen beklagte: »Wo seid ihr gewesen, dass eure Schuhspitzen ganz zerkratzt und eure Sohlen durchgewetzt sind?« Ja, wo denn nur!

Was für eine wunderbare Geschichte das war – Obstgärten, die mit silbernen und goldenen Äpfeln behangen waren, Zweige, die sprachen und sangen und aufschrien, unterirdische Gewässer und Flüsse und platsch platsch durch die finsteren Höhlen, und dann plötzlich der hell erleuchtete Palast und der Ballsaal.

Alle Märchen boten ein ähnliches Maß an Vergnügen und Spannung – »Das blaue Licht«, »Der Wacholderbusch«, die alten Favoriten aus den Anfängerlesebüchern – »Hänsel und Gretel«, »Schneewittchen«, all die Märchen über Mutter, Vater, Schwester, Bruder, Tante, Onkel, die nicht anders waren als wir, trotz der ganzen Reihe von außerordentlichen Gaben, Wundern, Verwandlungen, Grausamkeiten und der vielen Jahre des

Wanderns und Suchens, voller Hoffnung und Erwartung. Grimms Märchen, das war unsere Geschichte in besonderem Licht gesehen, mit etwas Neuem, das den normalen Regeln der Beobachtung hinzugefügt wurde. Selbst die Insekten und Tiere in den Märchen besaßen eine Sprache; ich hatte immer das Gefühl gehabt, dass es so ist; als das Schaf mich ansah, hatte ich gewusst, dass es mit mir redete. Und wenn die Fliegen vom klebrigen Fliegenpapier sich in meinem Kraushaar verfingen und in meinem Ohr brummten und summten, bestand kein Zweifel an ihrer verrückten Sprache.

Poppys Märchen der Gebrüder Grimm wurden zu einem geliebten Buch, immer wieder zurückgegeben und aufs neue ausgeborgt.

Poppy hatte zwei Brüder, Bob und Ted, und eine ältere Schwester, Florrie, die bald heiraten würde. Bob, der die Schule verlassen hatte und arbeitete, war ein zurückhaltender Junge mit einer schwarzen Binde auf der Stirn, wo er sich beim Versuch, mit dem Fahrrad den Hügel beim Krankenhaus hinunterzufahren, verletzt hatte. Es ging das Gerücht, er müsse sterben, wenn er seine schwarze Binde entfernte. Sein Bruder Ted war klein und hatte einen breiten Mund wie Poppy, und er war in dem Alter, dass wir Myrtle seinetwegen aufziehen konnten. Da Florries Heirat bevorstand, redeten wir viel über Hochzeiten und was mit einem passierte, wenn man heiratete, und unsere Eltern gaben unbefriedigende Antworten auf unsere Fragen.

»Was habt ihr gemacht, als ihr geheiratet habt, Mum?«

»Euer Vater und ich sprangen über einen Besenstiel.«

»Und wo kommen die Babys her?«

»Vom Storch, der alle Babys bringt.«

Diese Antworten waren ebenso bedeutungslos wie die scherzhafte Antwort, die einem die Leute gaben, wenn man sie fragte, was sie gerade machten. »Ein Zaumzeug für einen Gänserich.« Glücklicherweise verfügte Poppy über alle Informationen, die ich benötigte.

»Man fickt«, sagte sie.

»Man fickt?«

»Der Mann legt sich auf die Frau und steckt ihr sein Ding rein.«

Sie erklärte mir alles über das Ficken und über Pariser, die der Mann über sein Glied zog, damit die Frau kein Baby bekam, und dass die Frau eine Vagina hatte und dass der Mann »kam« und sein Sperma überall hinspritzte, und wenn in der Frau ein Baby entstand und sie es nicht haben wollte, trank sie Gin, um es loszuwerden. Poppy brachte mir den Vers bei:

Penny, Shilling, Pfund,
ein Mann fiel über'nen Hund.
Er fiel auf eine Frau geschwind,
die kriegte dann ein kleines Kind.
Penny, Shilling, Pfund.

Sie kannte auch ein paar Mae-West-Geschichten. Alle redeten über Mae West und erzählten Mae-West-Geschichten, und in der Schule, in der Lesestunde, kicherten wir und tauschten obszöne Sprüche aus.

Florrie heiratete. Wir feierten es mit klappernden Blechdosen und einem Fest mit Brauselimonade und Kuchen, und ein paar Tage später gingen Myrtle und ich und Ted und Poppy hinauf zum zweiten Wäldchen, wo die Männer von der Stadtgemeinde einige Bäume gefällt hatten, und dort, wo die Bäume lagen, zwischen den Ästen und Kiefernnadeln, versuchten Myrtle und Ted, »es zu tun«, während wir interessiert zusahen, wie Ted ruckartige Bewegungen auf Myrtle vollführte.

Diese neue Erfahrung gefiel mir, und wie immer eifrig darauf bedacht, den anderen die Ereignisse des Tages mitzuteilen, sagte ich an diesem Abend am Esstisch ganz beiläufig: »Myrtle und Ted haben es heute Nachmittag im Wäldchen gemacht.«

»Was gemacht?« fragte Papa.

»Gefickt natürlich«, sagte ich, ohne mir bewusst zu sein, dass ich etwas Bestürzendes gesagt hatte; ich berichtete lediglich über die Tagesereignisse.

Eine plötzliche Welle des Entsetzens erfasste alle am Tisch, und Dad ließ seine Faust niedersausen, so dass das Geschirr (und wir) in die Höhe hüpften. »Ich verbiete dir«, sagte er, »je wieder mit Poppy und Ted und allen anderen aus dieser Familie zu reden. Und du«, und damit blickte er Myrtle an, »du kommst mit ins Schlafzimmer.«

»Mum«, rief er, »wo ist der Gürtel?« Mutter, die uns nie schlug und sich immer ängstigte, wenn Dad nach dem Gürtel rief, flehte: »Schlag sie nicht, Charly.«

Die Angelegenheit war jedoch zu ernst. Dad bearbeitete Myrtle mit dem Gürtel, während ich, entsetzt und gewissermaßen »schuld an allem«, mit den anderen hinaus ins Sommerhaus flüchtete. Ich konnte die plötzliche Verwandlung von Mum und Dad, als sie meine harmlose Neuigkeit erfuhren, nicht verstehen. Ich dachte, es sei ein Grund zum Feiern. Ich dachte allen Ernstes, alle würden sich freuen.

Während Myrtle im Schlafzimmer weinte und schrie, ließ Dad einen Arzt holen, denn obwohl Myrtle erst zwölf war, was damals noch sehr jung war, hatte sie schon ihre »Regel«, von Mum eines Morgens an der Nähmaschine in ihrer Katastrophenstimme mit den Worten verkündet: »Myrtle hat sie, Myrtle hat sie«, was verwirrend war, bis ich begriff, was sie damit meinte.

Der Arzt kam und ging ins Schlafzimmer, um Myrtle zu untersuchen. Wir hörten sie weinen. Dads Wut und Angst waren unvergesslich. Der Arzt sagte in scharfem Ton zu Dad: »Sie ist ganz hysterisch vor Angst.«

Diese Nacht, genau wie die Nacht, als Bruddies Krankheit ausbrach, bewirkte eine Veränderung in unserem Leben.

Als ich Poppy am nächsten Morgen traf, sagte ich: »Ich darf nie mehr mit dir spielen und nie mehr mit dir reden.«

In ebenso gewichtigem Tonfall entgegnete sie. »Und ich darf mit dir auch nicht sprechen.« Denn auch Poppy hatte es, sich der Notwendigkeit der Geheimhaltung nicht bewusst, »weitererzählt«.

Die Drohung unserer Eltern war so stark, die Warnung vor den Folgen eines Ungehorsams so schrecklich, dass Poppy und ich uns für immer trennten, und ich sprach nur noch einmal mit ihr, ein paar Jahre später. Ich gab ihr Grimms Märchen zurück, etwas getröstet, als ich merkte, dass ich viele der Geschichten im Kopf hatte. Die »Zertanzten Schuhe« hatten bei uns zu Hause einen festen Platz. Sie und das »Blaue Licht« und der »Wacholderstrauch«. Und in jeder Weihnachtshaselnuss stellte ich mir noch immer ein fein zusammengefaltetes winziges Kleid aus Gold und Silber vor, das man auseinanderfalten konnte bis zur Lebensgröße, um es dann zu tragen. »Bäumchen, rüttle dich, Bäumchen schüttle dich, / Wirf Gold und Silber über mich.« Und unten beim Wasserhahn im Garten, wo das Gras am grünsten war, konnte ich immer noch spielen und Huflattichtee trinken und mir vorstellen, wie die kleine Ziege das lange Gras fraß und ich sagte: »Tischlein, deck dich«, und wie ich dann das vor meinen Augen erschienene Festmahl verzehrte.

Ljudmila Ulitzkaja

Windpocken

Auf die solide, breitschultrige amerikanische Truhe mit Eisen-
beschlägen und Griffen an den Schmalseiten warfen die
Mädchen ihre vom Rutschen auf Eisbergen am Po glattge-
scheuerten Pelzmäntel, die zusammengeknüllten Handschuhe,
verhedderten Schals und nassen Gamaschen. Nass geworden
und steifgefroren waren ihre Sachen in der Stunde, die sie für
den Weg von der Schule bis zu Aljonas Gasse gebraucht hatten:
durch zwei Höfe, vorbei an einer Barackensiedlung mit dem
schmeichelhaften Namen Furzowka und einer gruseligen,
halbverfallenen Kirche.

Unterwegs hatten sie ein bisschen gespielt und sich ein
bisschen gezankt; die stolze Piroshkowa war beleidigt fortgegangen, die dicke Plischkina wollte sie zurückholen und war auch
verschwunden. Etwa fünf Minuten warteten die anderen auf
Aljonas Hof, gingen aber schließlich, da die beiden nicht kamen,
ins Haus.

Es war das schönste Gebäude der Gegend, mit Türmchen
an jeder Ecke und einem Fahrstuhl. Zu fünft zwängten sich die
Mädchen in den Fahrstuhl, stampften mit den Füßen und
hüpften darin herum. Er antwortete mit dumpfem Beben.

Die arme Kolywanowa, die in Furzowka wohnte, erstarrte
vor Angst: Sie war das erste Mal im Leben in einem Fahrstuhl.
Gajaneh Oganessjan, die mal eine orientalische Schönheit zu
werden versprach, drückte auf den gewölbten weißen Knopf mit
der Sechs, doch ihre Zwillingsschwester Viktorija, die durchaus
keine Schönheit zu werden versprach, drückte einen Augenblick
später auf den Knopf »Stop«, und der Fahrstuhl, der gerade
mühsam einen halben Meter hochgefahren war, blieb stehen.
Der Kolywanowa quollen die Augen hervor und sahen nun aus
wie die Emailleknöpfe mit den schwarzen Zahlen in der Mitte.

Gajaneh kreischte fröhlich. Lilja Shishmorskaja wollte zur
Schalttafel, doch Viktorija stieß sie zurück. Mascha Tschelyschewa öffnete ihre Mappe – sie war heute Ordnungsdienst
gewesen und hatte es darum nicht geschafft, noch einmal nach
Hause zu gehen –, holte einen Kopierstift heraus und benetzte
ihn geschäftig im Mund. Während sich vor den Fahrstuhlknöp-

fen ein winterlich-wolleschweres Gerangel abspielte, malte sie auf den Holzrahmen des Spiegels mit schiefen kleinen Buchstaben ein schreckliches Wort aus fünf Buchstaben, das sie bis an ihr Lebensende nie laut aussprechen würde. Sie stellte sich dieses Wort ekelhaft braun vor, mit einem bodenlosen Loch in der Mitte, so ähnlich wie ein nach außen gestülptes Klistier.

Die Kolywanowa, die es unmittelbar nach dem Wort »Mama« gelernt hatte und auch mit vielen anderen Wörtern praktisch bekannt war, blinzelte erstaunt.

Sie ahnte natürlich nicht, dass sie ausschließlich dank eines demokratischen Anfalls eingeladen worden war, den Aljonas Mutter bei der Erörterung der Gästeliste erlitten hatte. Die diplomatische Mama stellte überrascht fest, dass die Theorie von Gleichheit und Brüderlichkeit, dem Kind nahezu von Geburt an konsequent eingeimpft, unvorhergesehene Früchte getragen hatte: Aljona hatte außerordentlich feinfühlig die Gleichheit der wohlhabendsten Mädchen der Klasse ausgemacht und eben diese zu gleichem und brüderlichem Umgang ausgewählt.

Daraufhin erfolgte eine unverzügliche Ermahnung an Aljona, und auf Verlangen der Eltern wurde die arme Kolywanowa in die Gästeliste aufgenommen.

Während die Mädchen sich im Fahrstuhl zu schaffen machten, sich gegenseitig anstießen und herumhüpften, lag Aljona, die Nase im Kopfkissen, still im Alkoven auf dem ungeheuer breiten Bett der Eltern, mit einem fest zugezogenen Vorhang von der Welt abgeschirmt.

Das russische Mädchen Aljona Sedych war ein bisschen Amerikanerin: Sie war in einem sterilen Krankenhaus in Washington zur Welt gekommen, wo ihr Vater während des Krieges diplomatischen Dienst leistete. Die gute sibirische Rasse des Vaters, hochwertige Kindernahrung und eine Erziehung nach strengen hygienischen Regeln, ohne die verweichlichende russische Einmummerei und Verwöhnung, hatten aus Aljona ein ideales Kind gemacht: Sie hatte dichtes, glänzendes Haar, kräftige weiße Zähne und eine reine, rosige Haut. Die Sommersprossen auf der großen Stupsnase und die wer weiß warum auf amerikanische Art vorstehenden Zähne, noch nicht durch eine Spange korrigiert, machten die Amerikanisierung perfekt. Aber das ahnte kaum jemand, höchstens die Kollegen des Vaters, die bereits in Übersee gelebt hatten.

Das fröhliche, gesunde Mädchen Aljona weinte verzweifelt, weil sie vergebens auf ihre wortbrüchigen Gäste wartete. Die

Tanne war reichlich geschmückt mit Spielzeug von unglaublicher Schönheit, der Tisch für acht Personen gedeckt, unter jedem Teller eine Papierserviette mit Mickymaus, einem in hiesigen Breiten dazumal noch unbekannten Tier, und auf den Tellern Geschenke, eingewickelt in wundervolles Papier.

Doch die Uhr zeigte bereits nach fünf, die Gäste waren für vier eingeladen gewesen, und für Aljona war sonnenklar, dass es keine Feier geben würde, darum erschienen ihr das Dröhnen der Fahrstuhltür, der Lärm im Treppenhaus und das unaufhörliche Schrillen der Klingel wie die Stimme des Glücks. Sie sprang vom Bett, zog die heruntergerutschten weißen Kniestrümpfe mit den Bommeln hoch, zupfte das weinrote Samtkleid zurecht, das die Mutter seinerzeit auf Vorrat gekauft hatte, zum Reinwachsen, und das ihr jetzt bereits zu eng war, und lief zur Tür.

Alle Mädchen außer der Kolywanowa waren schon einmal in diesem Zauberschloss von einer separaten Zweizimmerwohnung gewesen, in der ein Zimmer stets abgeschlossen war, was der Behausung einen noch größeren Reiz verlieh. Man konnte nur ahnen, was der verschlossene Raum enthalten mochte, wenn das Wohnzimmer schon mit fremden Kostbarkeiten angefüllt war: Meeresmuscheln, Spielzeug aus Federn und farbigem Glas – die anspruchslose Sammlung eines Eisenbahnarbeiters, den der soziale Wind in den diplomatischen Dienst geweht hatte.

Die Mädchen standen unentschlossen neben dem Tisch und sahen sich um.

Die Schwestern Oganessjan kramten noch im Flur neben der Truhe, denn von den vier Ausgehschuhen, die ihre Großmutter ihnen in die Einkaufstasche gepackt hatte, waren seltsamerweise nur noch drei da. Gajaneh schüttelte erbittert die leere Tasche, in der Hoffnung, den fehlenden Gegenstand herauszuschütteln, Viktorija aber knöpfte sich hastig die Schnallen zu, um der Schwester das alleinige Recht auf den verloren gegangenen Schuh einzuräumen.

So traten sie also ins Zimmer, mit drei Schuhen, und die Mädchen schütteten sich aus vor Lachen.

»Das Eingewickelte sind Geschenke für alle. Jeder nimmt sich das, was an seinem Platz liegt«, erklärte Aljona.

Die Päckchen waren nicht größer als eine Streichholzschachtel und sahen fast gleich aus, nur das Einwickelpapier war unterschiedlich, rot und golden und mit farbiger Schnur zugebunden, die ebenfalls ungewöhnlich war – bunt und wie feste Seide. Der Inhalt war auch nicht zu verachten: kleine Plastikbroschen, alle verschieden, nur Gajaneh und Viktorija hatten die gleiche bekommen – einen Zwerg mit roter Zipfelmütze und einem Korb auf dem Rücken. Außerdem gab es noch ein Rotkäppchen, eine Prinzessin, einen Korb mit Blumen und einen Schwan mit Krone. Die Kolywanowa bekam das Schönste, einen weißen Engel mit goldenen Flügeln. Die beiden Geschenke für die Piroshkowa und die Plischkina blieben verpackt. Alle wollten sie öffnen, aber Aljona erlaubte es nicht.

Die Mädchen steckten die langen Nadeln an sich fest, die diese Wunder hielten, und setzten sich schließlich an den Tisch.

Die Bewirtung war nicht außergewöhnlich: belegte Brote, Kuchen und eine Schale mit selbstgebackenen Keksen. Aber die Gabeln – kleine zweizahnige Gäbelchen staken aus den rosa und gelben Wurst- und Käserücken der Brote, und das war ungeheuer schick. Und das ganze Fensterbrett war voller Flaschen mit Birnenbrause.

»Aljona, können wir die Gabeln mitnehmen?« erkundigte sich Viktorija. Alle wollten das fragen, aber keiner hatte sich getraut.

»Ich weiß nicht«, sagte Aljona verwirrt. »Da muss ich Mama fragen.«

»Nur eine, die rote«, bat Viktorija.

»Du hast kein Gewissen, einfach schrecklich«, flüsterte Gajaneh der Schwester ins Ohr.

»Du halt den Mund, Aschenputtel«, zischte Viktorija, und wieder lachten alle. Gajaneh wurde rot. Viktorija war eine Giftnudel, wie Großmutter sagte.

Hunger hatte nur die Tschelyschewa. Auf ihrem Teller lagen schon viele Gabeln, und sie nahm sich immer mehr. Die Kolywanowa war nicht hungrig, doch sie hätte auch gern viele farbige Gabeln auf ihrem Teller gehabt, genierte sich aber, welche zu nehmen. Sie genierte sich auch ihrer Größe, der zu großen Schuhe ihrer Mutter, der geflickten Strümpfe, des roten Rocks der Schwester, den sie ihr doch selber abgeschwatzt hatte, und vor allem schämte sie sich, wie immer, ihrer Hasenscharte, obwohl dieser Mangel nur sehr schwach ausgeprägt war, kaum zu sehen. So lag auf ihrem Teller nur das Geschenkpapier. Das Engelchen hatte sie an ihre karierte Bluse geheftet und hielt es sicherheitshalber noch fest, um es nicht zu verlieren.

»Gleich verschluckt sie die Gabel!« schrie Viktorija und zeigte auf die Tschelyschewa, die von einem Brot abbiss. Mascha hatte den Kopf so tief hinuntergebeugt, dass die dunkelblonden Zöpfe mit den aufgegangenen Schleifen auf dem Teller lagen.

Viktorija schnappte die Gabeln von ihrem Teller und steckte sie sich umgekehrt in den Mund, so dass nur die farbigen Zähne herauskuckten.

»Wie benimmst du dich, schäm dich«, flüsterte Gajaneh laut.

»Das ist nicht deine Sache, weil ich's für die Heimat mache!« lispelte Viktorija, und wieder lachten alle.

Nur Lilja Shishmorskaja lachte nicht. Sie hatte zwischen Schulkleid und Schürze eine Überraschung liegen und wartete auf den geeigneten Moment. Sie fand, der sei nun gekommen, und tastete bereits nach dem Päckchen, doch inzwischen war Viktorija vom Tisch aufgestanden und hatte aus dem Alkoven, von dem mehrschläfrigen Bett, einen großen, weichen Mischka gezerrt – er hatte schmale Schultern, einen dicken Hintern und einen lockigen Plüschkörper.

»Das ist ein Teddy«, sagte Aljona.

»Haargenau wie Onkel Fedja«, parierte Viktorija sofort.

Wieder lachten alle. Mit seiner birnenförmigen Figur und der rätselhaften, zielstrebig vorgereckten Schnauze sah er wirklich aus wie der Schulhausmeister Onkel Fedja.

Viktorija setzte sich den Bären auf die Knie und fütterte ihn mit einer Gabel.

Sie waren alle zehn Jahre alt, nur die Kolywanowa war schon elf, und wie es sich für ihr reifes Alter geziemte, hatten sie sich notgedrungen von ihren Puppen getrennt. Neue, Schul- und Bücherpflichten machten das Spiel mit Puppen zu etwas Kindlichem, Beschämendem, das man verbergen musste. Wenigstens unter der nächtlichen Bettdecke. Selbst die ernsthafte Shishmorskaja besaß eine solche Kopfkissenpuppe, die sie am Tag hinter Schulbüchern auf dem Regal versteckte. Nur Viktorija, eine leidenschaftliche Seele, verliebt in jeden momentanen Wunsch, genierte sich kein bisschen. Sie setzte sich den Bären auf den Schoß, drückte ihn an sich und redete mit süßer Stimme auf ihn ein:

»Iß ein Löffelchen, Mischenka! Für Mama! Für Papa!«

Sie hielt die vorgegebene Rolle nicht durch und verwandelte das Ritual der Fütterung in eine Belustigung:

»Für alle Mischkas im Zoo!«

Sie und der Mischka hatten die gleichen Augen: braun, glänzend wie Knöpfe und mit einem zarten rosa Rand.

Die Hausherrin konnte der Verlockung nicht widerstehen und holte aus dem Bettkasten des Klappsofas bereits eine ganze Truppe von Figuren verschiedener Größe. Aljona hatte schon seit ein paar Monaten nicht mehr nach ihnen gesehen und empfand nun eine plötzliche Wonne beim Wiedersehen mit Alice, Kitty, Betsy und June – amerikanischen Schönheiten, bereits gezeichnet von der gefährlichen Entwicklung, die in ein paar Jahrzehnten zu ihrem Untergang in einem Millionenheer von Barbies führen würde, die einander ähnelten wie Hundertrubelscheine.

Gajaneh stürzte sich auf die blonde Betsy mit den langen Locken. Viktorija ließ den Bären herzlos fallen und griff sich die schwarzhäutige June, deren flammendroter Mund verlockend – unter dem Aspekt der Fütterung – geöffnet war und in dessen roter Tiefe echte Porzellanzähne blinkten.

Der Kolywanowa legte die großherzige Aljona die Babypuppe Kitty auf den Schoß, die einen Strampler trug und einen winzigen, aber durchaus echten Nuckel vor der Brust und wundervolle künstliche, blaubunte Augen hatte.

Die Shishmorskaja und die Tschelyschewa zerrten taktvoll, aber hartnäckig beide an der langbeinigen Alice, die dabei wie ein Mensch ihren flachsblonden Pferdeschwanz schüttelte.

Aljona entzog ihnen Alice, ihre geliebte älteste Tochter, und holte aus der rechteckigen Dunkelheit des Sofas noch zwei Puppen, ein lockenköpfiges Fräulein mit einer Pelerine und einen Jungen im Matrosenanzug und mit richtigen geknöpften Lederschuhen. Diese beiden Puppen waren alt.

Alle atmeten tief ein und aus. Das Paar war so himmlisch schön, dass man Angst hatte, es zu berühren, ganz zu schweigen von intimem, verwandtschaftlichem Kontakt, der für das Spiel unerlässlich war. Aljona bestätigte das auch unverzüglich:

»Die hat Mama mir nie gegeben. Sie sagt, das ist eine Familienlerikwie und kein Spielzeug.«

Aljona brachte schwierige Wörter manchmal durcheinander.

Die Mädchen beugten sich über das auf dem Bett liegende Pärchen und berührten vorsichtig das seidige Haar des Fräuleins und die Lederschuhe des Jungen. Die Augen der beiden waren im Liegen geschlossen, aber nicht ganz. Die langen Wimpern warfen einen gezahnten Schatten auf die beerenroten Wangen. Wie ein Museumsführer erklärte Aljona ihren Klassenkameradinnen:

»Die Wimpern hat meine Mama abgeschnitten, als sie noch klein war. Mama hat sich geärgert, dass die so unverschämt lang waren. In Samara, wo die Großmutter wohnte, hatten sie ein Holzhaus, und das ist noch vor der Revolution abgebrannt, alles ist verbrannt, aber am nächsten Tag kam die Schneiderin, eine Bekannte, und brachte die beiden Puppen, weil sie für Glückspilz gerade einen Mantel genäht hatte und für Prinzessin ein neues Kleid. Die Großmutter hatte die neuen Sachen bestellt, weil meine Mama zur Welt kommen sollte. Und dann waren sie das einzige, was nach dem Feuer noch übrigblieb.«

Nach diesen Worten wurden die Mädchen ganz still, ihnen verging sogar die Lust, die Puppen anzufassen. Mitten in die nachdenkliche Stille hinein klingelte es plötzlich an der Wohnungstür.

»Deine Mama«, flüsterte die Kolywanowa mit leisem Entsetzen.

Aljona zuckte die Achseln.

»Nein, das ist nicht Mama. Die kommen heute spät, die haben eine Feier im Ministerium.«

Tatsächlich, es waren die Piroshkowa und die Plischkina. Die dicke Plischkina hatte die Piroshkowa doch noch zum Mitkommen überredet und strahlte nun mit einem debilen Engelslächeln, wobei sich tiefe Grübchen und Fältchen in ihre dicken Wangen gruben.

Die stolze Piroshkowa, jüngster Spross einer berühmten Zirkusfamilie und schon seit langem auf deren Pfad der Akrobatik wandelnd, nahm achtlos Glückspilz und sagte:

»Genau so einen hab ich auch.«

Sie lügt, dachten alle.

»Du lügst!« sagte Viktorija.

Eben noch waren sie bereit gewesen, in ein wohlgeordnetes Phantasieleben zu tauchen, wo die unbefriedigende Wirklichkeit, im Spiel korrigiert, gerecht und berauschend formbar ist, die ganze Welt gehorsam der vorgegebenen Bahn folgt: mal zur Jagd, mal auf den Markt; wo die Kinder die verdiente symbolische Strafe demütig hinnehmen und sich brav dem göttlichen Willen der Mama fügen.

Aber nun wollten sie plötzlich nicht mehr spielen.

Nun war für Lilja der geeignete Moment für ihre Überraschung gekommen, und sie sagte feierlich:

»Kuckt mal, was ich hier habe!«

Erst sah es aus, als wäre es nichts Besonderes. Es war nur ein Satz ziemlich alter Postkarten. Lilja breitete sie auf der Decke aus, und die Mädchen knieten sich vors Bett, um sie zu betrachten.

Auf den Postkarten herrschte dämmrige Schönheit. In lila und gelben Gewändern steckten langnasige Schönheiten mit fast zusammengewachsenen Augen unter einer einzigen, über der Nase gebogenen Braue. Die erstarrten Gesten ihrer Arme und kompliziert übereinander geschlagenen Beine wirkten gymnastisch und unnatürlich.

Eine Frau mit Harfe hatte goldene Armreifen an den Handgelenken und Schuhe, die wie goldene Handschuhe aussahen; auch die Brustwarzen der unerträglich nackten Brüste waren golden.

Eine tanzte, eine andere bewunderte ihr Spiegelbild in einem runden Bronzespiegel; zwei hielten sich umarmt, die Beine in den Pluderhosen ineinander verschlungen. Vielleicht war die eine der beiden ja auch ein Mann, aber das spielte keine Rolle.

Eine dunkelgelb Gekleidete mit einem riesigen grünen Stein auf der Stirn hielt – o Gott! – ein Buch in der Hand, und in ihrem Bauchnabel funkelte ein zweiter Smaragd. Eine andere umarmte schmachtend eine kleine Gazelle mit Mädchengesicht. Es gab eigenwillige goldene Käfige mit Phantasievögeln, Orchideen ähnlich, übertriebene Granatäpfel an zwergenhaften Bäumen, kostbare Springbrunnen mit vertikal erstarrten Wassersäulen, Karaffen, Fächer und Schatullen. Und einen dicken alten Mann in einem blauen, sternenübersäten Seidenrock mit einer Kopfbedeckung, die an einen gewaltigen Lampenschirm erinnerte. Mitten auf seiner kleinen, unnatürlich abgespreizten Hand stand eine große Schlange, das Ende des dicken Schwanzes unter sich geringelt.

Alles auf diesen naiven Bildern liebte und koste einander, jede Berührung bereitete Genuss: die Seide auf der Haut, die Hand an der Karaffe, der Fächer in der Luft. Diese liebevolle gegenseitige Anziehung der Materie, mächtig und unsichtbar wie Ofenhitze, drang nach außen, erfasste mit Macht die Mädchen und forderte sie zu etwas auf – doch wozu, wussten sie nicht.

»Gleich! Gleich! Ich weiß! Ich hab was!« Aljona hatte eine Idee und rannte, auf den flachen Ledersohlen ausrutschend, zur Truhe, auf der sich durchdringend riechende nasse Wolle und Pelze türmten.

Sie warf den ganzen Berg auf den Boden, und ihre kleinen Finger mit den kurzgeschnittenen Nägeln zerrten am festsitzenden, flachen Riegel der Truhe. Langsam, unter großem Protest, gab der nach. Der zweite wehrte sich nicht mehr.

Bis zu den Knien im Kleiderhaufen, hob Aljona mühsam den Deckel der Truhe, und Naphtalingeruch wehte die Mädchen an.

Ein paar festgepresste ausländische Zeitungen lagen obenauf. Aljona riss sie herunter und tauchte in die Truhe, wobei ihre schneeweißen Unterhöschen aufblitzten.

Sie nahm die aufgeschichteten Sachen nacheinander heraus: ein schwarzes Samtkleid mit schuppigem Mieder, noch ein Abendkleid mit einem Strauß getrockneter Blumen im herzförmigen Ausschnitt und einen ganzen Haufen einstiger Kapitulationsseide, einen sandfarbenen Kimono mit rotem Futter voller dunkelroter Chrysanthemen, noch einen Kimono und eine ganze Schar Seidenpyjamas in übertriebenen und unnatürlichen Farben.

Mit ehrfürchtiger Vorsicht, als wären es schlafende Kinder, reichten die Mädchen diese kostbaren Hüllen weiter, die aus der Mode gekommene Toilette der Diplomatengattin, die sich ausschließlich in einem dunkelblauen Wollkostüm wohl fühlte, solide zweireihig, dem Körper und der Sache ehrfürchtig untertan.

Der diplomatische Bedienstete selbst, heftig verliebt in seine Frau und unendlich dankbar für das unbeschreibliche Glück, das er jeden Abend an ein und demselben Ort fand, dessen er nie überdrüssig wurde, hatte seine Frau in den Amerika-Jahren großzügig mit preiswerter amerikanischer Garderobe überhäuft. Sie benötigte keine Stimulation durch Konfektion, nahm sie aber geneigt an, woraufhin der größte Teil des militärisch-diplomatischen Einkommens in Samt, Seide und Viskose angelegt wurde. Nylon wurde damals gerade erst aus Molekülen zusammengesetzt.

Diese materialisierte Dankbarkeit und Begeisterung vergangener Jahre breiteten die zehnjährigen Mädchen nun auf dem glücklichen Ehelager aus, zwischen den wundervollen deutschen Reproduktionen iranischer Malerei. Weder Aussehen noch Farbe oder Geruch dieser verschiedenen Dinge passten zusammen, aber das war unwichtig, denn der ganze Reiz dieses Spiels besteht ja darin, dass es aus jedem beliebigen Stoff entstehen kann; Hauptsache, es wirkt eine enorme Anziehungskraft zwischen Blauem und Rosafarbenem, Hartem und Weichem, Schleimig-Feuchtem und Heiß-Trockenem.

Ira Piroshkowa schielte auf die Postkarte und bog ihr elastisches Rückgrat und ihre unendlich dehnbaren Gelenke, um in die ideale Position zu gelangen, die der Maler ohne jegliche Kenntnis der Anatomie abgebildet hatte und die einzunehmen sich ihr lebendiger, menschlicher, wenn auch gut trainierter Körper weigerte.

»Ich zieh das an, das Rote«, sagte Viktorija, im Begriff, sich eine purpurrote Tunika mit gierigen goldenen Blumen über das karierte Baumwollkleid zu ziehen, »und dann bin ich die da!« Sie pickte mit dem Finger auf das Bild, das es ihr angetan hatte.

»Zieh lieber erst das Kleid aus«, riet ihre Schwester, und Viktorija zerrte sich das graubraun karierte vom Leib.

Die Mädchenunterwäsche jener Jahre hatte sich ein Feind des menschlichen Geschlechts zum Zwecke seines völligen Aussterbens ausgedacht. Über die kurzen Hemdchen wurde ein Waisenleibchen mit großen, in diesem Fall gelben Knöpfen gezogen. Am Leibchen waren zwei rutschende Gummis befestigt, woran die kurzen Strümpfe geknöpft wurden, die bei Viktorijas strammen Beinen schon unterhalb der Knie einschnitten. Darüber kamen weite Hosen, die völlig zu Unrecht »Trikot« hießen, und das Ganze pflegte zu drücken, an zarten Stellen rote Druckspuren zu hinterlassen und bei heftiger Bewegung aufzuplatzen. Die Wäsche erwachsener Frauen jener Zeit unterschied sich davon nur wenig und sollte wohl die Keuschheit der Nation gewährleisten.

»Schnell, alle umziehen!« befahl Aljona, langte auf den Rücken und öffnete die komplizierten kleinen Knöpfe, die in noch winzigeren Knopflöchern steckten.

Die Piroshkowa schlüpfte behende aus ihrer langweiligen Kleidung, ließ ihren professionell muskulösen Rücken blitzen, fuhr mit den Beinen in die weiten Ärmel eines schwarz gestreiften Pyjamas und wickelte sich artistisch-verwegen den überflüssigen Stoff um die jungenhaften Hüften. Die künftige Brust, markiert durch zwei blasse Pickelchen, forderte eine würdige Verhüllung; ihre Augen unter dem langen Pony huschten umher auf der Suche nach etwas Geeignetem.

Die Tschelyschewa knöpfte ihr braunes Schulkleid auf, verzog das spitze, bewegliche Fuchsnäschen und überlegte, was sie wählen sollte. Ihr erwachendes unfehlbares Gefühl entschied sich für das Sandfarbene.

Die Kolywanowa, mit den schweren Armen baumelnd, stand wie eine Salzsäule mitten im Zimmer und bedachte den verlockenden und erschreckenden Vorschlag.

Lilja Shishmorskaja zog sich melancholisch den dicken kneifenden Strumpf aus und betrachtete immer wieder die Postkarte mit dem schlangenbeschwörenden Alten. Ein schwacher Drang zum Regieführen regte sich in ihr.

»Die Plischkina soll der Zauberer sein!«

Aljona war empört:

»Was heißt die Plischkina? Wieso die Plischkina? Zauberer ist die Kolywanowa, die ist am längsten!«

Das klang überzeugend, doch die Kolywanowa hielt ihren großen roten Rock fest, loderte vor Verlegenheit und konnte sich nicht entschließen.

Die Puppen wurden beiseite gelegt. Das vorherige Spiel, kaum zur vollen Blüte gelangt, war verwelkt. Die Postkarten auf dem Bettrand luden zu einem neuen Spiel ein. Das Umziehen war erst der Prolog, doch die Regeln waren noch unbekannt, und sie wussten nicht weiter.

Lilja, noch immer mit nur einem Strumpf, der unschön unter süßer rosa Seide hervorlugte, drehte sich zum Bücherschrank um und saugte sich mit einem Kurzsichtigkeit verheißenden Blick an den Buchrücken fest.

Der Kolywanowa hatten die Mädchen den Rock heruntergerissen und ihr einen blaugrünen Morgenrock mit einem großen feuerspeienden Drachen auf dem Rücken angezogen. Zwei weitere Drachen, ein bisschen kleiner, waren vorn aufgestickt, und zu dritt ersetzten sie durchaus die fehlende Schlange. Auf den Kopf bekam die Kolywanowa die Pelzmütze von Aljonas Vater, die mit einem orangefarbenen Pyjama und Lametta umwickelt wurde. Unter dem Morgenrock sahen die Pyjamahosen hervor, in Pluderhosen verwandelt. Reglos und majestätisch stand die Kolywanowa da, während Aljona ihr Bart und Schnurrbart anmalte, wofür sie einen dünnen Pinsel in kleine Quadrate mit fetter, weicher Farbe aus Mutters Schminktisch tunkte. Der Schnurrbart war gelungen, aber der Bart nicht. Sie mussten ein Stück Weihnachtswatte ans Kinn kleben.

Eine durchsichtige Schachtel mit billigem Schmuck – von den Mädchen Glitzerkram genannt – wurde auf den Tisch entleert, und alles fand Verwendung. Aljona, auf deren Stirn ein großes rotes Stück Glas funkelte, das ihr ständig auf die kurze, sommersprossige Stupsnase rutschte, verteilte in die ausgestreckten Hände großzügig Ketten und Ohrclips.

Alles wirbelte bunt und schnell durcheinander; die Zeit erbebte und zog sich zurück. Die nächsten drei Stunden lagen wie eine immergrüne heiße Insel im Ozean der gleichförmigen Minuten und Stunden des Alltags.

Lilja, ein dickes, großformatiges Buch im Pappeinband an den Bauch gepresst, huschte aus dem Zimmer und machte es sich in der Küche auf einem Hocker bequem, das nackte Bein unter sich gezogen.

Sie öffnete das Buch aufs Geratewohl und las:

»*Ob der grauen Meeresebene*
Treibt der Wind Gewölk zusammen,
Zwischen Wolkenzug und Wasser
Schießt der Vogel Sturmverkünder
Einem schwarzen Blitz vergleichbar.«[*]

Das gefiel ihr. Aus dem Zimmer drang heisere Grammophon-
musik, aber Lilja hörte nichts mehr.

Die Kolywanowa wurde aufs Bett gesetzt, die spitzen Knie
gespreizt. Sie saß starr wie ein Klotz. Watte drang ihr in den
Mund, der Kopfputz rutschte mal zur einen, mal zur anderen
Seite, und darunter war ihr heiß. Die Piroshkowa stand mit
nacktem Bauch über ihr und vollführte zaghafte Bewegungen,
die vorerst noch kein Tanz waren, aber einer werden sollten.

Die Oganessjan-Schwestern hatten ihr Pferdehaar gelöst, die
buschigen armenischen Brauen, die dessen keineswegs bedurf-
ten, zugeschwärzt und sich die Lippen blutrot angemalt, wo-
durch der kindliche Flaum auf der Oberlippe stärker her-
vortrat.

Viktorija verglich sich mit der Postkarte, zog zum Abschluss
noch fette Pfeile von den Augenwinkeln zu den Schläfen und
sagte bestimmt:

»Ira, du tanzt, Kolywanowa, du bleibst sitzen, und wir sind
Braut und Bräutigam.«

»Bist du dumm oder was?« wunderte sich die Plischkina gut-
mütig. »Wer Braut ist, hat ein weißes Kleid an.«

Die Piroshkowa tanzte nun: Sie breitete die Flügel aus, hob
ihre Hühnerbeine über den Kopf und schenkte der interessanten
Diskussion keinerlei Beachtung.

»Wenn du meinst, dann zieh was Weißes an, wir bleiben so.
Begreifst du nicht, hier ist doch alles türkisch!« erwiderte die
Tschelyschewa herablassend.

Bei dem Wort »türkisch« wechselten Gajaneh und Viktorija
Blicke: Über Türkisches hatten sie einiges gehört, aber das war
gar nicht märchenhaft oder komisch, sondern schrecklich und
geheimnisvoll, nur für zu Hause bestimmt – mit Fremden
sprach man darüber nicht.

---

[*] Maxim Gorki, Sturmvogel. Nachdichtung von Bertolt Brecht (A. d. Ü.).

Die Plischkina bekam trotzdem ein weißes Laken – in der Truhe fand sich nichts Weißes außer zwei Tennisröcken in einer so kleinen Größe, wie sie die Plischkina nie tragen würde.

Es gab also drei Bräute, und auch Aljona zerrte schon an ihrem schwarzen bestickten Kleid, um etwas Brautgemäßes anzuziehen.

»Aljona, was soll das?« Die Tschelyschewa war besorgt. »Zähl doch mal, wie viel Bräute haben wir? Vier, ja? Und Bräutigame? Ich und Ira, das macht zwei.«

»Ich bin kein Bräutigam, ich bin Tänzerin!« rief die Piroshkowa, wobei sie das Kinn schüttelte und die Handflächen nach außen drehte. Der Großvater, ihr Erzieher und Trainer, hatte bei ihr nicht nur für seilstarke Muskeln gesorgt, sondern ihr auch solche Fäden in den Charakter gewebt, dass sie alles todernst betrieb, konsequent, bis zum Umfallen. Es kam vor, dass der Großvater sie aus dem Trainingssaal tragen musste. Auch jetzt hatte sie sich in diesen Tanz verbissen und drehte und wendete ihren Körper, um die Pose des Mädchens auf der Postkarte einzunehmen, der sie sich immer mehr näherte, ohne sie jedoch ganz zu erreichen. Besonders die Handhaltung wollte ihr nicht gelingen.

»Was denn, soll ich etwa allein alle heiraten?« fragte die Tschelyschewa empört.

»Na und, das ist sogar gut«, sagte Aljona erfreut und ließ den schweren Kleidersaum fallen. »Die Kolywanowa ist der Vater Schah, ich seine Frau und die anderen seine Töchter – drei Schwestern sind drei Bräute, und wir verheiraten sie alle zusammen mit demselben Bräutigam.«

Aljona sah so zufrieden aus, als wäre sie als erste mit einer Mathe-Kontrollarbeit fertig geworden.

»Nein, macht, was ihr wollt, so mach ich nicht mit, ich will einen Mann für mich allein«, zerstörte Viktorija Aljonas schönen Einfall.

»Das ist doch ganz egal, Viktorija, wir spielen doch bloß«, wollte die Plischkina wie immer Frieden stiften.

»Wenn's dir egal ist, dann sei doch Bräutigam und nicht Braut«, konterte Viktorija.

»Na gut«, willigte die Plischkina gelassen ein und zog sich das um ihren zylindrischen Leib mit den dicken, geschlechtslosen Brustfalten gewickelte Laken herunter. »Ich kann auch Bräutigam sein, bitte sehr.«

»Prima!« freute sich Viktorija. »Mein Bräutigam ist die Tschelyschewa, und Gajanehs die Plischkina!«

Alles war schon beinah in Butter, aber Gajaneh, die ständig in den großen Spiegel schielte und sich im Profil betrachtete, widersetzte sich plötzlich:

»Kommt nicht in Frage! Mascha ist mein Bräutigam, die Plischkina kannst du dir nehmen!«

»Wie denn das?« staunte Viktorija.

»Eben so ...« Gajaneh sah die Schwester mit feuchten Augen an. »Ich will die Plischkina nicht.«

»Und warum nicht?« fragte Viktorija drohend.

»Weil ich nicht will«, erklärte Gajaneh sanft, aber bestimmt. »Nimm dir selber die Plischkina.«

Die Plischkina erstarrte mit dem Laken. Aljona widmete sich konzentriert dem auf die Nase rutschenden Diadem. Eine schreckliche Ahnung überkam Viktorija. Es schnürte ihr heftig die Kehle zusammen, sodass sie mehrmals schlucken musste, um das Gefühl der Enge und Verkrampfung loszuwerden. Ein Schatten der Zukunft fiel auf das Heute, und dieser Schatten war furchtbar: Gajaneh verfügte offenbar über zusätzliche Rechte, durch die sie vom Leben mühelos bekommen würde, was sie, Viktorija, sich hart erkämpfen musste ... Die anfangs von Viktorijas Witz und Lebendigkeit angezogenen jungen Männer würden sich hoffnungslos in Gajaneh verlieben; auch Viktorijas Mann, dem schon bei der ersten Begegnung Gajanehs maniriertes Schmachten und ihre graue geistige Öde auffiel, auch er, er ...

»Nein«, sagte Viktorija fest, »die Plischkina will ich nicht.«

»Also machen wir's so, wie ich gesagt hab«, freute sich Aljona. »Wir verheiraten die drei Töchter mit einem Bräutigam. Dafür ist er ein Königssohn, und er heißt ... Muchtar!«

»Bloß nicht Muchtar!« Die Tschelyschewa lachte. »Wir haben auf der Datscha einen Schäferhund Muchtar!«

»Tigran«, sagten die Schwestern verträumt.

Sie hatten in Tbilissi einen entfernten Cousin mit grauen Augen, buschigen Augenbrauen und fliederfarbenem Hauch auf den Wangen, der durch den dreizehnjährigen Flaum schimmerte.

»Ja, gut, dann eben Tigran«, willigte die Tschelyschewa ein.

»Und was soll ich machen?« fragte schüchtern die Kolywanowa, die schon lange auf die Toilette musste.

»Du bleibst sitzen. Ich setz mich gleich zu dir«, sagte Aljona, und die Kolywanowa rutschte ein bisschen hin und her und erstarrte erneut mit gespreizten Knien.

Dann setzten sich alle wieder an den Tisch, gossen den Rest Birnenbrause in hohe Gläser und rollten, da sie in dem Schmuckhaufen auf dem Tisch nichts Passendes fanden, aus Silberpapier und farbigem Band Eheringe. Der schlanke Bräutigam, ein Küchenmesser im Gürtel, hielt drei Stück in der Hand, um jeder Schwester einen aufsetzen zu können, und die Bräute standen hintereinander neben dem Tisch.

»Küsst euch!« rief Aljona laut, und die anderen griffen es auf. Tigran tauschte die Ringe mit Viktorija, küsste sie und trank verwegen Limonade. Dann folgten Gajaneh und die Plischkina. Drei dicke Ringe aus Silberpapier zierten die Hand des Bräutigams. Die Limonade wurde bis zum letzten Tropfen ausgetrunken. Doch die Hochzeit war irgendwie nicht überzeugend. Ganz offenbar fehlte etwas. Dieser Mangel machte sich übrigens auch im Erwachsenenleben jener Zeit bemerkbar und wurde gewöhnlich durch ein Saufgelage bei der Hochzeit ausgefüllt, das hervorwucherte wie dichtes Brennesselgestrüpp auf Ödland.

Gajaneh jedoch hatte die Leere gar nicht bemerkt und war bereits dabei, auf dem Bett die Puppe Kitty zu wickeln, die fast so groß war wie ein echtes Baby.

»Ich hab jetzt eine Tochter!« erklärte Gajaneh.

»Was denn, eine Tochter? Du bist ja schnell!« bemerkte Schah Kolywanowa skeptisch. »Und das?« Sie steckte den Zeigefinger der rechten Hand in einen aus Daumen und Zeigefinger der linken gebildeten Kreis.

Alle verstummten.

»Was?« fragte Gajaneh.

»Na das, wovon man Kinder kriegt«, erläuterte die Kolywanowa und bewegte den Zeigefinger der Rechten in der angedeuteten Richtung.

Die unermüdliche Piroshkowa tanzte wie aufgezogen weiter, nun aber bereits im Parterre. Sie lag auf dem Boden, die Füße am Hinterkopf, und bewegte die Hände in der Hoffnung, sie doch noch nach außen zu drehen.

»Tanja«, sagte Gajaneh bittend, beschwörend, von ganzem Herzen hoffend, dass sie die Kolywanowa überzeugen konnte, »ein Mann und eine Frau heiraten, na, und davon kommen die Kinder . . .«

»Was denn, weißt du etwa nicht Bescheid?« Die Kolywanowa tippte sich mit dem Finger an die Schläfe und drehte ihn. »Bist wohl noch zu klein, wie?«

Die Plischkina lachte, Aljona und die Tschelyschewa wechselten Blicke.

»Ein mal eins, ein Herr – macht eins«, begann die Kolywanowa episch, »zwei mal zwei – seine Frau ist auch dabei, drei mal drei – ins Zimmer gehn die zwei, vier mal vier – dunkel wird's hinter der Tür ... «

»Ich weiß, ich weiß«, unterbrach Gajaneh.

»Nichts weißt du«, antwortete die Kolywanowa unerbittlich. Sie wusste nicht sonderlich viel, aber das wusste sie genau. Darum fuhr sie fort:

»Fünf mal fünf – aufs Bett sind sie gehüpft, sechs mal sechs – er packt sie jetzt, sieben mal sieben –'s ist nicht dabei geblieben, acht mal acht – Doktor, komm heut nacht, neun mal neun – der Doktor kann sich freun, zehn mal zehn – das Kind kommt mit den Wehn! Klar, ja?«

»Das ist, wenn, das heißt ...«, murmelte die von ihrer Ahnung verblüffte Gajaneh. Aljona war ein wohlerzogener Mensch und spürte die aufgekommene Verlegenheit. Sie wusste sofort einen Ausweg:

»Frag Lilja, wie das heißt. Sie weiß alles.«

Die Puppe an die Brust gedrückt, ging Gajaneh in die Küche. Lilja saß auf dem Hocker; sie hatte das Bein gewechselt, so dass nun das nackte herunterbaumelte, und ihre Augen flogen blitzschnell über die Zeilen.

»Lilja«, Gajaneh berührte ihre Schulter, »sag mir, aber ganz ehrlich, wie heißt das, wovon man Kinder kriegt?«

Lilja sah sie abwesend an, überlegte eine Weile und antwortete dann sehr ernst und ein bisschen heiser:

»Cosinus.« Dann versenkte sie sich erneut in ihre Lektüre. Die Großmutter hatte ihr bereits im vorigen Jahr alles ehrlich, ganz wissenschaftlich erklärt.

Gajaneh wurde ein wenig leichter ums Herz. Cosinus – das war immerhin Cosinus und nicht das grässliche Schimpfwort, das auf Zäunen stand. Doch auf dem Weg ins Zimmer durchfuhr sie der unangenehme Gedanke, dass auch ihre eigenen Eltern, als sie sie zur Welt bringen wollten, diesen Cosinus gemacht hatten ... Aber wer weiß, vielleicht gab es noch eine anständigere Methode, von der Lilja bloß nichts wusste.

Sie kam ins Zimmer, als die Tschelyschewa, die Plischkina und Viktorija sich zu dritt auf dem Bett wälzten und den großen Akt imitierten. Die Kolywanowa, von einem Bein aufs andere tretend, lächelte herablassend, winkte ab und sagte immer wieder:

»Nein, nicht so, nicht so, das sieht ganz anders aus! Und die Beine hochheben!«

Die Kolywanowa war eine schlechte Schülerin, saß bei der Schulspeisung an einem Extratisch, wo die »Kostenlosen« ihr Essen bekamen, und ihre Schulkleidung bezahlte der Elternbeirat. Immer fehlte ihr etwas: Mal hatte sie keine Hausschuhe, mal keinen Beutel für die Galoschen oder kein Turnzeug. Sie war der letzte, der allerletzte Mensch in der Klasse. Doch nun stellte sich plötzlich heraus, dass sie über die Erwachsenendinge und Geheimnisse Bescheid wusste und auch noch einfach so, ganz alltäglich darüber redete. Vor den Augen der anderen wurde sie von der verschlafenen Sitzenbleiberin zu einer sehr bedeutenden Person. Alle sahen sie mit erwartungsvollem Interesse an. Doch die Kolywanowa musste so dringend auf die Toilette, dass sie ihren überraschenden Aufstieg nicht einmal gebührend zu würdigen vermochte.

»Wie denn, Tanja?« fragte Viktorija, die auf allen Vieren auf dem Bett stand.

»Hier geht's sowieso nicht.« Die Kolywanowa klopfte kritisch aufs Bett. »Das ist viel zu breit. Es muss eng sein und schmal. Und dunkel.«

»Unterm Tisch!« rief die Plischkina erfreut.

Die Kolywanowa hob skeptisch das Tischtuch an und blickte unter den Tisch.

»Wir brauchen zwei Kissen«, sagte sie, die Stirn gerunzelt. »Na, und was zum Drunterlegen. Und was zum Zudecken.«

Ein Ehelager wurde hergerichtet.

»Ich bin die Erste!« rief die Plischkina und hüpfte ungeduldig auf der Stelle.

Der Bräutigam lag bereits in dem dunklen, niedrigen Haus mit Wänden aus schwankenden, durch die Tischdecke dringenden Lichtstrahlen, lebendigen Mädchenbeinen und reglosen schwarzen Stuhl- und Tischbeinen; und die Finsternis unterm Tisch verpflichtete ihn zu etwas Schrecklichem und Geheimnisvollem.

Die Plischkina schob Aljona samt Stuhl mit der Schulter beiseite und kroch geräuschvoll unter den Tisch. Als sie sich in die Höhle gezwängt hatte, kicherte sie leise und fragte:

»He, Bräutigam, wo bist du?«

Ihr dummes Kichern verdarb alles, und der Bräutigam musste sich umstellen.

»Komm, kriech hierher.«

Die Braut wollte ihn umarmen. Sie liebte Umarmungen, Berührungen und heimliche Bewegungen. Sie hatte bereits eine kleine, aber angenehme Erfahrung. Sie umarmte den Bräutigam. Sofort wurde es heiß und stickig.

»Komm, wir küssen uns richtig, wie im Kino«, schlug sie vor, »wie die Tanten und Onkels.« Sie hielt dem Bräutigam den offenen Mund unter die Nase.

Der versuchte auszuweichen, doch die Mauer aus Beinen hinderte ihn daran, und er musste seine vom Wind ausgetrockneten, winterlichen Lippen auf den heißen, feuchten Mund der Plischkina legen. Oben war es sehr still.

»Ich zeig dir gleich was, wovon dir ganz schön wird. Ganz heiß«, versprach die Plischkina. Den Kopf eingezogen, setzte sie sich auf eine niedrige Querstrebe, schob das Laken hoch, legte die dicken Beine übereinander und steckte den Zeigefinger mitten in das Dreieck.

»Gib mir deine Hand, ich zeig's dir!« flüsterte sie der Tschelyschewa ins Ohr.

»Du bist blöd«, zischte die. Diese Nummer kannte sie selber, sie hatte nur nicht vermutet, dass andere auch davon wussten.

Die Plischkina zappelte und keuchte ein bisschen und sagte dann beleidigt: »Ehrenwort, ich spinne nicht: Davon wird dir da ganz wohl ... « Doch der Bräutigam schreckte zurück und kroch unterm Tisch hervor. Rosig und feucht wie ein frisch gebadetes Ferkel tauchte auch die Plischkina wieder auf.

»Gajaneh, komm, du bist die nächste!« lud der Bräutigam ein, und Gajaneh, die mit den weiten Ärmeln gleich an zwei Stuhllehnen hängen blieb, kroch widerwillig unter den Tisch. Der Bräutigam zwängte sich von der anderen Seite darunter.

»Ich bin's, Tigran«, vernahm Gajaneh ein heiseres Flüstern. Sie schloss die Augen. Im vorigen Jahr hatten sie und Viktorija im Garten der Großmutter in einem Vorort von Tbilissi gespielt und Tigran, der mit ihrer gemeinsamen Tante zu Besuch war, hatte ihnen von der Veranda aus zugesehen. Viktorija sagte leise, ohne den Kopf zu drehen: »Kuck mal, er sieht zu uns.«

Gajaneh wusste, dass er sie ansah, und wandte sich ab. Viktorija brach unvermittelt in lautes Lachen aus, raffte ihren Rock und machte eine »Schwalbe« sie schwang ein kräftiges Bein in die Höhe und breitete die Arme aus.

Gajaneh lag mit fest geschlossenen Augen da. Er beugte sich über sie, eine Hand neben ihrem Kopf auf das Kissen gestützt, wobei er ihr schmerzhaft das Haar einklemmte. Mit der anderen Hand schob er ihr die Knie auseinander.

Ihr stockte der Atem. Eine so tiefe und heftige Angst hatte sie nur einmal im Schlaf empfunden, als sie noch ganz klein war, fast noch ein Baby. Sie war mitten in der Nacht mit einem durchdringenden Schrei aufgewacht und erst zur Ruhe gekommen, nachdem der Vater sie stundenlang auf dem Arm umhergetragen hatte.

Tigran legte sich auf sie.

»Hab keine Angst, es wird heiß und schön sein«, flüsterte er.

»Was denn, willst du richtig?« fragte Gajaneh entsetzt. »Nicht, Tigran.«

»Du Dummchen! Natürlich nur aus Spaß!« Die Tschelyschewa lachte, und da erst begriff Gajaneh, dass Tigran gar nicht da war. Sie lachte auch.

Das Tischtuch wurde angehoben, und Viktorija, den Kopf schräg gelegt, blickte herein.

»Na los, schneller, ich bin dran!« trieb sie die beiden zur Eile.

Während der Bräutigam die letzte Braut nahm, band Aljona geschäftig die große Puppe an Gajanehs Bauch, unter den gelben Pyjama.

»So?« vergewisserte sie sich bei der Kolywanowa.

Die Kolywanowa nickte.

So, gleich pinkle ich ein, dachte sie verzweifelt und ging mit schwerem Schritt zur Tür.

»Wohin willst du?« fragte Aljona verwundert.

»Nach Hause«, antwortete die Kolywanowa lakonisch, fühlte in ihrem Inneren alles zerreißen und stellte zugleich erleichtert fest, dass sie wenigstens den Teppich nicht beschmutzen würde.

»Wir haben doch noch gar nicht zu Ende gespielt«, sagte Aljona verwirrt.

»Mama schimpft sonst«, erwiderte die Kolywanowa finster, wobei sie kaum die Lippen öffnete. Sie hatte das Gefühl, wenn sie den Mund aufmachte, würde es aus ihr herausschwappen. Zu fragen, wo die Toilette war, kam ihr gar nicht in den Sinn.

»Das Interessanteste fängt erst an, und du ...«, nörgelte Aljona enttäuscht, verärgert über den Verlust eines so wertvollen Experten.

Doch die Kolywanowa zog sich schon den Mantel an, der zum Glück zuoberst auf dem Haufen lag. Die Mütze war im Ärmel, Handschuhe und Schal suchte sie nicht weiter. Sie zog den leichten, glänzenden Türgriff zu sich heran und stürzte ins

Treppenhaus. Unten knurrte der Fahrstuhl. Oben, eine halbe Treppe höher, war ein dunkler, abgelegener Ort vor der niedrigen Bodentür. Sie stieg hinauf, merkte, dass es gleich zu spät war, zog sich den Schlüpfer und die himbeerrote Pluderhose herunter, hockte sich hin, und im selben Augenblick strömte die Limonade aus ihr, chemisch verarbeitet, aber noch immer strohgelb.

Der Fahrstuhl kam nach oben.

Gleich erwischen sie mich, dachte sie und wollte den Strahl anhalten, aber das war unmöglich. Der Fahrstuhl knackte, krachte und brummte wieder. Das Bächlein unter ihrem gerafften Mantel lief die Treppe hinunter, als wollte es sich auf den nächsten Absatz ergießen, hielt aber inne und bildete eine birnenförmige Pfütze. Sie zog sich flink die Hosen hoch, wischte sich die Tränen vom Gesicht, die sie vorher gar nicht bemerkt hatte, und rannte donnernd die Treppe hinunter, frei und leicht, und sie hatte das sonderbare Gefühl, es ginge nicht ab-, sondern aufwärts. Erfüllt von abebbender Aufregung, dem Gefühl der beinah stattgehabten Schande und wundervoller körperlicher Freude hüpfte sie nach Hause, wo ihre Mutter sie keineswegs erwartete, denn sie hatte heute Nachtschicht.

Erst zu Hause, unter den verblüfften Blicken der älteren Schwester und der drei kleinen Brüder, wurde ihr bewusst, dass sie in fremden Sachen losgelaufen war und den roten Rock der Schwester und das neue Cowboyhemd mit dem an die Brust gehefteten Engel bei Aljona gelassen hatte.

Zu Hause, im engen Zimmer mit dem halben Fenster, roch es nach Petroleum, altem Nachttopf und frischen Piroggen, die Mutter vor der Arbeit gebacken hatte. Es war so schön und so schlecht, dass die Kolywanowa sich aufs Bett der Mutter warf – das, seit Tanja denken konnte, bereits vier Stiefväter erlebt hatte – und laut ins Kissen weinte, den leuchtenden goldenen Drachen auf dem blaugrünen Rücken.

Die schwangeren Ehefrauen lagen quer auf dem Bett und schickten sich an zu gebären.

»Viktorija und Plischka sollen Jungen kriegen, und Gajaneh ein Mädchen«, äußerte der Ehemann seinen Wunsch, doch Aljona unterbrach ihn überraschend grob:

»Du geh lieber einen Kinderwagen kaufen, so!«

»Was denn, ich bin doch ein Prinz! Wieso Kinderwagen!« empörte sich der Prinz Tigran, der unversehens, ohne es selbst zu merken, gestürzt worden war.

»Wir spielen längst ein anderes Spiel, und du bist immer noch Prinz!« sagte achselzuckend die Piroshkowa, die endlich genug hatte vom Tanzen und nun Doktor war.

Aljona legte die Obstmesser aus der Anrichte und eine Zange unbestimmter Funktion auf einen großen Teller.

»Das sind die Instrumente«, erklärte sie und stellte den Teller aufs Bett. »Alles steril.«

Vor kurzem hatte man ihr den Blinddarm entfernt; die Erinnerung daran war noch frisch.

»Wozu Instrumente?« wunderte sich die Plischkina.

»Weißt du das nicht? Lilja sagt, wenn's durch die Muschi nicht durchgeht, wird der Bauch aufgeschnitten«, erläuterte die Piroshkowa. »Dann wird eine Operation gemacht. Ziemlich oft sogar. Was liegst du da so still, du musst stöhnen. Das tut doch furchtbar weh. Das hat Mama mir erzählt.«

Die Plischkina stöhnte laut und sehr gekonnt. Viktorija fiel mit Bassstimme ein. Gajaneh hatte längst genug von dem Spiel; sie hielt die Puppe auf dem Bauch fest, erinnerte sich, wie Tigran auf der Veranda gestanden und sie angesehen hatte. Wenn ich groß bin, heirate ich ihn, beschloss sie.

»Na los, schneller, es reicht jetzt!« nörgelte die Plischkina.

»Schon gut, alles fertig!« sagte die Piroshkowa mit Doktorstimme. »Zieht die Hosen aus.«

Die Gebärenden zogen die Seidenpyjamas aus. Sie hatten schon vergessen, warum sie sich verkleidet hatten, und merkten gar nicht, dass sie mit nacktem Hintern auf Liljas Postkarten lagen.

»Oh! Oh!« stöhnte die Plischkina sehr echt. Sie war eine große Verstellungskünstlerin und trainierte ständig an ihrer vor Liebe überquellenden Mutter. Die Piroshkowa öffnete mit dem stumpfen Obstmesser die mollige Spalte. Blassrosa und feucht schimmerte das molluskenartige Innere. Die Plischkina kicherte – das kitzelt!

Aljona stieß die Puppe langsam bauchabwärts.

»Nicht so, nicht so! Das stimmt nicht!« mischte sich der entthronte Prinz ein, der eigentlich einen Kinderwagen besorgen sollte. »Nimm lieber die hier, und dann hol sie richtig raus, wo sich's gehört.« Als Vater bestand er auf Echtheit und gab Aljona eine nackte kleine Zelluloidpuppe.

»Lilja sagt, sie kommen mit dem Kopf zuerst raus!« sagte die Piroshkowa.

»Aber bei mir kommt's nicht von allein, und ihr operiert mich«, bat die eitle Viktorija.

»Warte doch, erst bin ich dran!« sagte ärgerlich die Plischkina, die sich ständig beiseite gedrängt fühlte.

Unter dem dünnen Kichern der Plischkina schraubte die Piroshkowa die nackte Puppe hinein, so dass nur noch das frisierte Köpfchen heraussah wie eine rosa Seifenblase.

»Und jetzt hast du Wehen! Du musst Wehen haben!« riet Aljona, und die Plischkina griff sich an beide Hüften.

»Na, los doch!« trieb der Arzt sie an. »Gebären!«

Die Piroshkowa zog die Puppe am Kopf, doch die Plischkina hielt sie irgendwie von innen fest. Da drückte die Piroshkowa auf den Kopf, so dass er beinah verschwand, und zog dann daran. Die Plischkina piepste:

»He, was machst du da, das tut doch weh!«

Das Kind war geboren. Die Piroshkowa legte es auf den Teller zu den Instrumenten, und Aljona half ihr beim geplanten Austausch – sie gab ihr die große Puppe, die eigentlich zur Welt kommen sollte und nur zeitweilig beiseite gelegt worden war.

Die Plischkina wickelte die Puppe und verlangte quengelnd: »Papa! Komm schon, hol mich ab! Du musst mich abholen! Aus dem Entbindungsheim wird man immer abgeholt!«

Auch die Plischkina hatte einige Lebenserfahrung.

Aljona machte bereits einen Kaiserschnitt bei Viktorija und fuhr mit dem Obstmesser quer über den Bauch.

Gajaneh kam nicht mehr an die Reihe, denn die Großmutter rief an und fragte, ob es nicht Zeit sei, sie abzuholen. Fast gleichzeitig klingelte es an der Wohnungstür: Die Tschelyschewa wurde von der Haushaltshilfe Motja abgeholt und folgte ihr, da sie plötzlich Kopfschmerzen hatte, widerspruchslos sehr zum Erstaunen Motjas, die geglaubt hatte, sie würde das grässliche Mädchen erst lange und geduldig zum Mitkommen überreden müssen.

Plötzlich waren alle müde. Die Plischkina hatte sogar Hunger und aß die letzten belegten Brote. Die Gabeln, nun uninteressant geworden, lagen auf dem Tisch.

Wieder klingelte das Telefon. Es war Bella Sinowjewna, Liljas Großmutter. Lilja redete leidenschaftlich auf sie ein:

»Bellotschka! Nur noch ein halbes Stündchen, bitte, bitte! Ich bin fast fertig!«

»Womit bist du fast fertig?« fragte Bella Sinowjewna erstaunt.

»Mit Lesen. Die alte Isergil … Ich hab nur noch ein kleines bisschen. Es ist so interessant … «, bettelte Lilja, die ebenso rosig und erregt war wie die anderen.

Die Gäste gingen fast gleichzeitig, was Aljona sehr kränkte.

Als Aljonas Eltern um halb zwölf kamen, waren sie schockiert: Das Haus war verwüstet, buchstäblich umgestülpt. Nur die Möbel standen noch an ihrem Platz. Sie sahen sich wortlos an. Aljona schlief im Ehebett im Alkoven, zwischen den zerknitterten Postkarten und den silbernen Obstmessern, bekleidet mit einem alten Abendkleid der Mutter. Der Vater hob das schlafende Mädchen auf den Arm, und die Mutter sah, dass ihr Gesicht glühte. Sie berührte die Stirn und schüttelte den Kopf.

»Aspirin?« fragte ihr Mann leise.

»Warte einen Moment, ich mach ihr Bett. Dann sehen wir weiter.«

Sie war eine besonnene Frau und geriet nicht in Panik.

Auch die Plischkina wurde noch in derselben Nacht krank. Sie wälzte sich heftig im Bett und knüllte die Bettdecke zusammen. Die Mutter stand die ganze Nacht an ihrem Bett. Halb aufgewacht, bat das Mädchen um etwas zu trinken, und die Mutter hielt ihr behutsam einen Porzellanbecher mit abgekochtem warmem Wasser an die Lippen. Sie trank und sank wieder in den schrecklichen Traum von vorher zurück: Ein großer Alter mit schwarzem Spitzbart beugte sich über sie und blies ihr heißen Atem ins Gesicht. Es war der Steuerinspektor, heftig gefürchtet von der Mutter, einer teuren Hausschneiderin, die seit vielen Jahren ohne Gewerbegenehmigung arbeitete.

Am Morgen erwachte die Plischkina endgültig, lächelte die Mutter mit allen ihren reizenden Grübchen und Fältchen an und trank noch einen Becher Wasser. Ihr Gesicht und ihr großer, schwammiger Körper waren mit rauhen roten Sternchen übersät. Sie pinkelte in einen großen Nachttopf. In ihr ziepte etwas, aber sie achtete nicht darauf. Die Defloration war so sanft gewesen, dass sie ihr nie bewusst wurde, und von dieser Geschichte blieb der Plischkina nur fürs ganze Leben die mystische Angst vor dem Steuerinspektor, der sich mit einer verschwommenen Drohung über sie beugte.

Die Oganessjan-Mädchen wurden erst einen Tag später krank, aber sie bekamen kein hohes Fieber, ihre Windpocken verliefen leicht. Sie hatten nicht viele Pusteln, und die Großmutter rieb sie sofort mit Zwiebelsaft anstelle der damals üblichen Grüntinktur ein. Die Großmutter befahl ihnen, im Bett zu bleiben, lenkte sie auf jegliche Weise ab und unterhielt sie. Sie erzählte ihnen von den Soken, von denen sie abstammte, und sang ihnen mit gewaltiger, in den Höhen leicht vibrierender Stimme, wundervoll wehmütige sokische Volkslieder vor.

Die Mutter der Mädchen saß wie immer teilnahmslos im Sessel.

Auch Mascha Tschelyschewa und Ira Piroshkowa wurden krank. Die Kolywanowa war vom Kleinkindalter an immun.

Lilja wurde ebenfalls nicht krank. Doch auch sie hatte in dieser Nacht einen sehr unangenehmen Traum: Ihre Eltern sind gekommen, um sie abzuholen, und zwar nicht in die Stadtwohnung, sondern auf die Datscha. Sie sitzt auf einem Leiterwagen, sieht auf sonderbare Weise, als hätte sie hinten Augen, auf der Veranda die sehr bleichen Gesichter von Großmutter und Großvater und bemerkt, dass die Veranda aussieht wie ein Käfig im Zoo; hinter dem Glas ist noch ein zusätzliches Eisengitter, wie im Affenkäfig. Der Wagen setzt sich von selbst in Bewegung, aber das wundert niemanden. Lilja sitzt zwischen ihren Eltern. Die Mutter hält sie im mächtigen Arm, der mit harten, stachligen Haaren bewachsen ist wie die Wange eines unrasierten Mannes. Der Vater ist in Militäruniform. Sein Gesicht ist nicht zu sehen.

Der Weg wird immer tiefer, die Ränder immer höher, und entsetzt begreift Lilja, dass der Weg unter die Erde führt und dass das alles kein Traum ist. Das letzte, woran sie sich erinnert, ist eine in Seide gehüllte Gruppe orientalischer Schönheiten, die sie am Tor zur feuchten Finsternis empfangen. Sie strecken Lilja die leuchtenden, durchscheinenden Hände entgegen, laden sie in ihren raschelnden Kreis ein, und Lilja ahnt erleichtert, dass sie gerettet ist.

Mit den Windpocken gingen auch die Ferien zu Ende, doch heftige Fröste setzten ein, und die jüngeren Schulkinder bekamen schulfrei. Als die Mädchen sich in der Klasse wieder trafen, schienen nicht drei Wochen vergangen zu sein, sondern drei Jahre, und was bei Aljona geschehen war, lag weit in der Kindheit. Etwas hatte sich verändert und verschoben: Sie genierten sich ein wenig voreinander und sprachen nie über den bewussten Abend, als hätten sie ein Schweigegelübde abgelegt wie Komplizen bei einer schrecklichen, geheimen Sache. Der Kolywanowa begegneten sie seitdem voller Achtung.

Ernest Hemingway

Indianerlager

Am Seeufer war noch ein Ruderboot heraufgezogen. Die beiden Indianer standen wartend da.

Nick und sein Vater setzten sich hinten ins Boot; die Indianer stießen es ab, und einer stieg ein, um zu rudern. Onkel George saß im Heck des Lagerruderbootes. Der junge Indianer stieß das Lagerboot ab und stieg ein, um Onkel George zu rudern.

Die beiden Boote brachen in der Dunkelheit auf. Nick hörte das Geräusch von den Ruderdollen des anderen Bootes ein ganzes Stück entfernt vor sich im Nebel. Die Indianer ruderten mit schnellen, abgehackten Schlägen. Nick legte sich zurück in den Arm seines Vaters. Auf dem Wasser war es kalt. Der Indianer, der sie ruderte, arbeitete angestrengt, aber das andere Boot entfernte sich immer weiter im Nebel.

»Wo fahren wir hin, Dad?« fragte Nick.

»Rüber ins Indianerlager. Eine Indianerin ist sehr krank.«

»Oh!« sagte Nick.

Jenseits der Bucht fanden sie das andere Boot schon festgemacht. Onkel George rauchte im Dunkeln eine Zigarre. Der junge Indianer zog das Boot ein Stück den Strand hinauf. Onkel George gab beiden Indianern Zigarren.

Sie gingen vom Strand hinauf durch eine taufrische Wiese und folgten dem jungen Indianer, der eine Laterne trug. Dann kamen sie in den Wald und folgten einer Spur, die auf den Holzfällerweg führte, der in den Hügeln verlief. Auf dem Holzfällerweg war es viel heller, weil die Bäume zu beiden Seiten gefällt waren. Der junge Indianer blieb stehen und blies seine Laterne aus, und sie gingen alle weiter den Weg entlang.

Sie bogen um eine Wegkrümmung, und ein Hund kam kläffend auf sie los. Vor ihnen waren die Lichter der Blockhütten, in denen die indianischen Borkenschäler lebten. Noch mehr Hunde stürzten auf sie los. Die beiden Indianer jagten sie zu den Blockhütten zurück. In der Blockhütte, die dem Weg am nächsten lag, war ein Licht im Fenster. Eine alte Frau stand auf der Türschwelle und hielt eine Lampe.

Drinnen auf einer hölzernen Pritsche lag eine junge Indianerin. Seit zwei Tagen versuchte sie ihr Kind zu bekommen.

Alle alten Frauen aus dem Lager hatten ihr geholfen. Die Männer hatten sich auf der Straße außer Hörweite gebracht und saßen rauchend im Dunkeln. Sie schrie gerade, als Nick und die beiden Indianer hinter seinem Vater und Onkel George die Blockhütte betraten. Sie lag sehr dick unter ihrem Federbett in der unteren Bettkoje. Ihr Kopf war zur Seite gedreht. In der oberen Bettkoje lag ihr Mann. Er hatte sich vor drei Tagen mit der Axt böse in den Fuß gehackt. Er rauchte eine Pfeife. Die Stube roch sehr schlecht.

Nicks Vater ließ Wasser auf den Herd stellen und sprach, während es heiß wurde, mit Nick.

»Nick«, sagte er, »die Frau da bekommt ein Kind.«

»Ich weiß«, sagte Nick.

»Du weißt nichts«, sagte sein Vater. »Hör zu. Was sie jetzt durchmacht, nennt man Wehen. Das Kind will geboren werden, und sie will, dass es geboren wird. Alle ihre Muskeln arbeiten, um das Kind zu gebären. Das geschieht, wenn sie schreit.«

»Ach so«, sagte Nick.

Gerade in dem Augenblick schrie die Frau auf.

»O Daddy, kannst du ihr nicht irgendwas geben, damit sie aufhört zu schreien?« fragte Nick.

»Nein«, sagte sein Vater, »ich habe kein Betäubungsmittel. Aber ihr Schreien ist unwichtig. Ich höre es gar nicht, weil es unwichtig ist.«

Der Ehemann in der oberen Koje rollte hinüber zur Wand.

Die Frau in der Küche bedeutete dem Doktor, dass das Wasser heiß sei. Nicks Vater ging in die Küche und goss ungefähr die Hälfte des Wassers aus dem großen Kessel in eine Schüssel. In das zurückgebliebene Wasser im Kessel legte er verschiedene Sachen, die er aus einem Taschentuch auswickelte.

»Die müssen kochen«, sagte er und begann sich die Hände mit einem Stück Seife, das er aus dem Lager mitgebracht hatte, in der Schüssel mit heißem Wasser abzuschrubben. Nick beobachtete die Hände seines Vaters, die einander mit Seife abschrubbten. Während sich sein Vater sehr sorgfältig und gründlich die Hände wusch, redete er.

»Siehst du, Nick, eigentlich sollen Kinder mit dem Kopf zuerst zur Welt kommen, aber manchmal tun sie's nicht. Wenn sie's nicht tun, gibt es für alle große Schwierigkeiten. Vielleicht muss ich diese Frau operieren; es wird sich bald herausstellen.«

Als er mit seinen Händen zufrieden war, ging er hinein und an die Arbeit.

»Zieh mal das Federbett weg, ja, George?« sagte er. »Ich möchte es lieber nicht anfassen.«

Nachher, als er zu operieren anfing, hielten der Onkel und drei Indianer die Frau fest. Sie biss Onkel George in den Arm, und Onkel George sagte: »Verdammtes Indianerweib«, und der junge Indianer, der Onkel George herübergerudert hatte, lachte ihm zu. Nick hielt seinem Vater die Schüssel. Das Ganze dauerte sehr lange.

Sein Vater nahm das Kind auf und schlug es, damit es atmete, dann reichte er es der alten Frau.

»Sieh mal, Nick, ein Junge«, sagte er. »Na, wie gefällt's dir als Assistent?«

Nick sagte: »Gut.« Er blickte weg, um nicht zu sehen, was sein Vater machte.

»So, da haben wir's«, sagte sein Vater und tat etwas in die Schüssel.

Nick sah nicht hin.

»Jetzt«, sagte der Vater, »muss ich noch ein paar Stiche machen. Du kannst zusehen oder nicht, Nick, wie du willst. Ich muss den Schnitt nähen, den ich gemacht habe.«

Nick sah nicht hin; mit seiner Neugier war es längst vorbei.

Sein Vater war fertig und stand auf. Onkel George und die drei Indianer standen auch auf. Nick trug die Schüssel hinaus in die Küche.

Onkel George besah seinen Arm. Der junge Indianer lächelte erinnerungsvoll.

»Ich werde es dir mit Wasserstoff auswaschen, George«, sagte der Doktor.

Er beugte sich über die Indianerin. Sie war jetzt still, und ihre Augen waren geschlossen. Sie sah sehr blass aus. Sie wusste nicht, was aus dem Kind geworden war, noch sonst etwas.

»Ich komme morgen früh wieder«, sagte der Doktor, sich aufrichtend. »Die Pflegerin aus St. Ignace wird wohl gegen Mittag hier sein und alles, was wir brauchen, mitbringen.«

Er war aufgeregt und gesprächig, wie Footballspieler im Ankleideraum nach dem Kampf.

»Das ist was fürs medizinische Journal, George«, sagte er, »ein Kaiserschnitt mit dem Jagdmesser und eine Naht mit einem neun Fuß langen gedrehten Darm.«

Onkel George stand an der Wand und besah seinen Arm.

»Du bist 'n großer Mann, aber gewiss doch«, sagte er.

»Muss wohl noch einen Blick auf den stolzen Vater werfen. Gewöhnlich leiden die bei diesen kleinen Angelegenheiten am meisten.«, sagte der Doktor. »Ich muss sagen, der hier hat sich nicht sehr angestellt.«

Er zog dem Indianer die Decke vom Kopf. Seine Hand war nass. Er stieg auf die Kante der unteren Bettkoje, mit der Lampe in der Hand, und sah hinein. Der Indianer lag mit dem Gesicht zur Wand. Sein Hals war durchschnitten, von einem Ohr zum andern. Das Blut war, wo sein Körper die Bettkoje niederdrückte, zu einer Lache zusammengeflossen. Der Kopf ruhte auf dem linken Arm. Das offene Rasiermesser lag mit der Schneide nach oben zwischen den Decken.

»George, nimm Nick raus«, sagte der Doktor.

Das war überflüssig. Nick konnte von der Küchentür aus, wo er stand, genau sehen, was in der oberen Koje vorging, als sein Vater, der in einer Hand die Lampe hielt, den Kopf des Indianers zurücklegte.

Es fing gerade an zu dämmern, als sie den Holzfällerweg zurück zum See gingen.

»Tut mir schrecklich leid, Nickie, dass ich dich mitgenommen habe«, sagte sein Vater. Verschwunden war die gehobene Stimmung, die der Operation gefolgt war. »Scheußlich, dass du das mitmachen musstest.«

»Müssen Frauen immer so viel ausstehen, um Kinder zu bekommen?« fragte Nick.

»Nein, das war ganz, ganz außergewöhnlich.«

»Warum hat er sich denn umgebracht, Daddy?«

»Ich weiß nicht, Nick. Wahrscheinlich konnte er es nicht aushalten.«

»Bringen sich viele Männer um, Daddy?«

»Nicht sehr viele, Nick.«

»Und Frauen?«

»Fast nie.«

»Überhaupt nicht?«

»O doch, manchmal.«

»Daddy?«

»Ja?«

»Wo ist denn Onkel George hin?«

»Der wird schon wieder auftauchen.«

»Ist Sterben schwer, Daddy?«

»Nein, ich glaube, es ist ziemlich leicht, Nick. Es kommt darauf an.«

Sie saßen im Boot, Nick im Heck; sein Vater ruderte. Die Sonne stieg über den Bergen auf. Ein Barsch schnellte hoch und machte einen Kreis im Wasser. Nick ließ seine Hand im Wasser schleifen. Es fühlte sich warm an im schneidenden Morgenfrost.

Am frühen Morgen auf dem See, als er im Heck des Bootes seinem rudernden Vater gegenübersaß, war er überzeugt davon, dass er niemals sterben würde.

Edgar L. Doctorow

Besuch der Großmutter

Die Großmutter, die als junge Frau aus Russland einwanderte, lebt in den dreißiger Jahren mit Edgar und seiner Familie in der gemeinsamen Wohnung in New York. Sie führt in ihrem Zimmer ein eigenes Leben, das Edgar unheimlich ist. Wenn es ihr gut geht, drückt sie Edgar manchmal an sich, holt Pennies aus ihrem Portemonnaie, drückt sie ihm in die Hand und bittet Gott um seine Gesundheit. Eines Morgens findet er die alte Frau tot in ihrem Bett. Das ist einige Jahre, bevor er selbst fast gestorben wäre.

Ich hatte eine Theorie über den Tod in seinen unterschiedlichen Formen – Ertrinken zum Beispiel, oder Überfahrenwerden oder bei lebendigem Leibe Verbrennen, was alles zum Tod durch Unfall gehörte; oder so etwas wie Kinderlähmung, was Tod durch Bakterien war: Sie bestand schlicht darin, dass ich davon verschont bliebe, wenn ich daran dachte, wenn ich es mir vorstellte. Ich wäre geschützt dagegen, immun, durch einen bloßen Denkakt konnte ich mich geistig impfen und diese oder jene besondere Todesart verhindern. Und es kam nicht darauf an, wie der Gedanke daran in meinen Kopf gelangt war; ob ich von etwas Furchtbarem gehört hatte, das einem andern geschehen war, ob ich etwas Schlimmes gesehen hatte oder ganz ohne Grund von dem es benennenden Wort träumte – es wirkte. Vielleicht war es weniger Theorie als eine Arbeitshypothese, aber sie bewährte sich gut.

Im Herbst meines achten Lebensjahres wachte ich eines Morgens einmal wieder mit Bauchweh auf. Ich fand es angenehm, dass mir erlaubt wurde, nicht in die Schule zu gehen. Ich hatte ein neues Comic-Heft über Frank Buck, eine wirkliche Person. Frank Buck ging nach Afrika und Asien und fing Großwild; er tötete die Tiere nicht, sondern brachte sie per Schiff mit und übergab sie Zoos und Zirkusunternehmen. Er war freundlich zu den Tieren, das gefiel mir. Er erlebte haarsträubende Abenteuer.

Meine Krankheit gab mir keine theoretischen Gedanken ein. Sie erschien mir als völlig unerheblich. Mit der gleichen Sicherheit, die ich im Umgang mit dem Tod an den Tag legte, betrachtete ich mich als Experten für Krankheiten, zumindest was ihr

Auftreten bei mir anging. Ich kannte meine Erkältungen, meine Grippen, meine Ohrenschmerzen. Ich kannte ihre Eigenarten, den Verlauf, den sie nehmen, und die Behandlung, die sie mit sich bringen konnten. Sie machten mir keine Angst, wohl allerdings meiner Mutter. Ich hatte es gelernt, den schlimmsten Heilverfahren heimlich auszuweichen. Senfpflastern gegen Katarrhe zum Beispiel: sobald das Pflaster aufgelegt und meine Mutter aus dem Zimmer war, schob ich ein Handtuch zwischen meine Haut und die braune Papiertüte mit dem klebrigen englischen Senf. Dann zog ich die Decke hoch bis zum Kinn, damit ich die ätzenden Dämpfe des verfluchten, abscheulichen Zeugs nicht einatmen musste. Wenn ich sie zurückkommen hörte, entfernte ich das Handtuch und ertrug das Brennen so lange, bis sie wieder gegangen war.

Diesmal hatte ich niedriges Fieber, was keine besondere Unannehmlichkeit bedeutete. Ich aß einfach nicht sehr viel. Alles war bestens. Doch am zweiten Tag war das geringfügig lästige Bauchweh noch da, und ich verbrachte mehr Zeit im Bett, was meiner Mutter auffiel. Am späten Nachmittag kam Dr. Gross vorbei und schaute nach mir; wie gewöhnlich schenkte er mir ein paar Zungenspatel. Er drückte auf meinen Bauch und sah mir in den Hals und in die Ohren, während an seiner Uhrkette das Mitgliedsabzeichen hin und her baumelte.

»Schön«, sagte er mit seiner freundlichen Brummstimme, »da scheint nicht viel zu sein. Warten wir mal noch einen Tag oder zwei ab und sehen wir zu, was sich tut.« Dies war keineswegs das Verhalten, zu dem meine Mutter angesichts von Erkrankungen gewöhnlich neigte, sie wusste gern, was los war, und ging dann entschieden dagegen an. Aber die Symptome waren undeutlich, und obwohl ich im Bett lag, machte ich einen einigermaßen lebhaften Eindruck. Ich zeichnete und hörte meine Radiosendungen, ich verlangte mit lästiger Regelmäßigkeit nach Tee und Toast und Götterspeise, und so befolgte sie den Rat des Arztes.

Ein paar Tage später tat mein Bauch noch immer weh und war gespannt wie eine Trommel. Ich legte mich früh schlafen. Als ich am nächsten Morgen aufwachte, tat mir der Bauch nicht mehr weh. Lächelnd erzählte ich das meiner Mutter. Sie betrachtete meine geröteten Wangen. »Mir gefällt nicht, wie du aussiehst«, sagte sie. Als sie meine Temperatur vom Thermometer ablas, schnappte sie nach Luft. Ich hatte 40,9 Grad Fieber.

Meine Mutter verwünschte Dr. Gross und rief Tante Frances in Westchester an. Als wohlhabende Dame kannte Tante Frances alle möglichen Fachärzte. Auf ihr Betreiben hin erhielten wir sehr wenig später den Anruf eines Dr. London, eines Freundes ihrer Familie. Ich hörte meine Mutter ihm die Lage schildern. Mit höchst beunruhigter Miene kam sie zurück in mein Zimmer. »Dr. London praktiziert in Manhattan«, sagte sie. »Er schickt einen Kollegen vorbei, der hier in der Nähe eine Praxis hat. Er hat gesagt, du darfst dich nicht bewegen, sondern musst mit einem Kissen unter den Knien still liegen bleiben.« Sie schob mir das Kissen sehr behutsam unter, während sie sprach. Sie war bleich.

Wenig später traf der Kollege ein. Ich verstand seinen Namen nicht. Er machte mir angst. Er war nicht herzlich wie Dr. Gross, sondern unnachsichtig und ernst; er stupste nicht in der freundlichen Art von Dr. Gross auf mir herum und knetete mich an verschiedenen Stellen, sondern er berührte mich vorsichtig mit den Fingerspitzen und nahm mich mit besorgtem Stirnrunzeln in Augenschein. Er trug einen dunkelblauen Nadelstreifenanzug mit Weste. Seine Haare waren grau. »Dr. Londons Verdacht war korrekt. Dies Kind muss sofort ins Krankenhaus«, sagte er zu meiner Mutter. Sie legte eine Hand an die Wange. Zusammen gingen sie aus dem Zimmer. Ich nahm es übel, dass ich auf diese Weise allein gelassen wurde, wo sie doch über mich sprachen. Ich hörte sie im Gang.

Der fremde Arzt telefonierte vorn im Flur und sprach dann vor meiner Zimmertür mit meiner Mutter. »Verlieren Sie auf keinen Fall Zeit damit, dass Sie einen Krankenwagen rufen. Nehmen Sie ein Taxi. Bringen Sie ihn zur Poly Clinic, das ist an der West Fiftieth Street. Hier ist die Adresse. Dr. London erwartet Sie.«

Er erklärte meiner Mutter, wie ich getragen werden sollte – in eine Decke gehüllt, mit angezogenen Beinen und so wenig Bewegungsspielraum wie möglich. Dann ging er.

Meine Mutter rief telefonisch ihre Freundin Mae zur Hilfe.

»Sein Blinddarm ist durchgebrochen« sagte sie.

Nun war ich beunruhigt, denn einen durchgebrochenen Blinddarm hatte ich in mein Register von Selbstschutzgedanken nie aufgenommen. Wie konnte ich auch, wo ich gar nicht wusste, was das war! Ich fühlte mich benommen. Meine Angst schwand dahin, und ich wurde wütend. Der Schmerz war weg, und jetzt musste ich ins Krankenhaus! Ich beschloss, nicht ins

Krankenhaus zu gehen. Ich beklagte mich bitterlich, während meine Mutter mich in einen frischen Schlafanzug steckte und in eine Decke wickelte. Sie war ungewöhnlich sanft, ignorierte jedoch einfach, was ich zu sagen hatte.

Inzwischen war Mae gekommen und klingelte an der Tür. Ein gelbes De Soto-Taxi wartete am Bordstein vor dem Haus. Meine Mutter trug mich die Treppe hinunter, und Mae lief voraus, um die Taxitür aufzuhalten. Zu meiner Demütigung stand da die kleine Tochter der Hausbesitzerin aus dem Erdgeschoß, die ich hasste. Da stand sie mit ihren Schulbüchern vor dem Haus und sah sich die ganze Sache an. Sie hatte keine Achtung von meinen Gefühlen, sondern glotzte und glotzte, sie besaß nicht den Anstand, sich um ihren eigenen Kram zu kümmern. Ich sah an ihr vorbei, aber ich war außer mir über dieses elende Balg. Oh, welch entsetzliches Pech, auf diese Weise verpackt getragen gesehen zu werden, ausgerechnet zur Lunchzeit, wenn die Kinder aus der Schule kamen! Und wie sie das wusste. Sie würde es ihrer Mutter erzählen. Und keinem würde meine Erniedrigung verborgen bleiben.

Das war der Grund, warum ich im Taxi weinte, nicht weil ich mich krank fühlte. »Psst«, machte meine Mutter. »Hab keine Angst. Es wird alles gut gehen.« Ich hörte heraus, dass sie sich dessen nicht gänzlich sicher war. Das Taxi fuhr sehr schnell. Der Fahrer drückte wiederholt auf die Hupe. Ich wusste, wo wir waren, wir fuhren den Grand Concourse hinunter. Ich sah die Wipfel der Bäume in den Parkinseln, die gerahmten blau-weißen Verkehrszeichen an den Laternenpfählen, ich sah die Dächer der Mietshäuser. Ich sah die Bronx verkehrt herum. Wir fuhren weiter und überquerten an der 138th Street die Brücke nach Manhattan. Ich roch das brüchige Leder der Taxipolster. Ich sah den Hinterkopf des Fahrers, seine weiche Mütze. Ich hörte das Ticken des Taxameters und versuchte, die Klicktöne zu zählen, um mir der vergehenden Zeit bewusst zu bleiben. Ich musste eingedöst sein. Wir kamen nun von der Seventy-ninth Street die Madison Avenue hinunter. Dort gibt es eine Anhöhe und ich drehte mich so, dass ich die Autos und Busse vor uns sehen konnte. Der Fahrer hupte. Das Taxi bog in den Central Park ein und nahm Richtung auf die West Side von Manhattan.

Ich fand mich auf einer Bahre im Krankenhaus wieder. Meine Decke wurde mir weggenommen. Ich war sehr durstig. Ich drehte den Kopf zur Seite und suchte nach meiner Mutter, aber ich konnte sie nicht sehen. Ich wurde einen Gang entlanggerollt, die Deckenlampen tickten vorüber wie die Zähne im Uhrwerk des Taxameters »Ich bin sehr durstig«, sagte ich, »ich möchte, bitte, Wasser.« Jemand sagte: »Nur noch einen Augenblick, dann geben wir dir Wasser.«

Und dann befand ich mich in einem Aufzug, und mehrere Leute lächelten mich an und sagten beruhigende Sachen. Ich kannte sie nicht. Ich glaubte ihnen nicht. Dann waren wir nicht mehr im Aufzug, sondern in einem dunklen Raum, und viele Leute waren da, undeutliche Gestalten in der Dunkelheit, und die Bahre wurde irgendwie in Position gebracht, und von dem Vor- und Zurückrucken wurde mir schlecht. Ich hatte entsetzlichen Durst und verlangte Wasser. Statt dessen wurden mir Riemen um die Hand- und Fußgelenke und über die Brust gezurrt.

Ein Arzt mit einer weißen Mütze auf dem Kopf und mit einer langen weißen Schürze wie die von Irving, dem Fischhändler, erschien. Ich konnte sein Gesicht nicht sehen, er hatte eine Maske auf, die alles außer seinen Augen bedeckte. Er sagte etwas, aber die Maske dämpfte seine Stimme. Er trug Gummihandschuhe. Ich verstand nur, dass er sagte, ich könne ganz beruhigt sein. Wie konnte ich ihm trauen! Ich besaß keine Kontrolle über das, was sie mir antaten. Sie hatten mich festgebunden. Sie hörten offenbar nicht, wenn ich sagte, ich wolle etwas zu trinken haben.

Ein weiterer Arzt mit weißer Kappe setzte sich neben meinen Kopf und sagte, er werde mir nun eine Maske über das Gesicht stülpen, und er wolle, dass ich dann ganz tief einatme. »Zeigen Sie mal die Maske«, sagte ich. Er hielt nicht eine weiße Maske hoch, wie er sie trug, sondern einen komischen Gummigegenstand, schwarz, der auf beiden Seiten eingefallen und hinten mit einem Schlauch verbunden war. Das Ding sah mehr wie ein Ballon als wie eine Maske aus. Ich wusste mit absoluter Sicherheit, dass ich damit nichts zu tun haben wollte. Er sah den Aufruhr in meinen Augen. Er hob die Maske mir entgegen und wandte sich gleichzeitig ab und drehte am Rad irgendeiner Maschine, die ich zuvor nicht bemerkt hatte und die neben ihm stand. Ich hörte ein Zischen. Im Näherkommen bildete die Maske vor mir einen vollkommenen Kreis. Ich wusste, dass ich ihr nicht ausweichen konnte, aber ich warf den Kopf trotzdem hin und her. Ich brauchte einen Augenblick, um mich zu sammeln. »Einfach tief einatmen«, sagte er. »Kannst du zählen?

Zähl von hundert an, während du atmest, aber rückwärts, mal sehen, ob du das kannst, neunundneunzig, achtundneunzig und so weiter«, und er drückte sie mir fest aufs Gesicht. Mein Kopfschütteln sollte heißen: Nein. Ich versuchte ihm zu sagen, dass ich durstig war. Ich wollte zwei Dinge, ein Glas Wasser und einen Augenblick, um mich zu sammeln, aber ich konnte nicht sprechen, weil die scheußliche Gummimaske mir aufs Gesicht geklemmt und stur dort gehalten wurde. Ich könne nicht atmen, versuchte ich ihm zu sagen. Ein kaltes, süßes, giftiges Gas sollte ich einatmen, wenn es nach diesem Mann ging. Ich versuchte ihn dazu zu bringen, dass er damit aufhörte. Ich hatte etwas zu sagen. Ich fing an mich zu wehren und spürte Hände, die mich festhielten. Wohin ich den Kopf auch drehte, das kalte, süße, erstickende Gift wurde ich nicht los. Ich atmete es ein, es blieb mir nichts anderes übrig, ich versuchte, den Atem anzuhalten, aber es ging nicht, und mit jedem Atemzug drang mehr von dieser süßen Unluft in meine Lungen und schnürte mir den Hals zu. Ich würgte. Das war keine Luft. Es war kalt, es roch wie das Zischen von Gas in einem Keller, es enthielt Echos, es klang wie metallische Schritte, es zischte, Zellentüren klappten hallend zu, ich hörte meine Stimme am Ende langer steinerner Korridore nach mir rufen, ich konnte nicht atmen. Ich wusste, dass ich das Bewusstsein nicht verlieren durfte. Ich kämpfte. Ich warf den Kopf hin und her, ich konnte mich nicht befreien.

Und nun kamen riesige bunte Lichtwirbel auf mich zu, die sich drehten wie Feuerräder, so schnell, dass sie zu kreischen schienen. Und dann zerbarst das Licht, kam in Nadeln auf mich zugeflogen, stach mich, flog in mir vorbei, gelbe und rote Stacheln, und nun erfüllte ein Tosen meinen Kopf und begann zu pulsieren. Und aus all diesen wirbelnden Lichtern und kreischenden, tosenden Geräuschen tauchte an einem fernen Punkt Donald Duck auf, und er sprach, und Geklapper kam aus seinem Mund, und dann erschien Mickey Mouse vor mir und zog grässliche Gesichter und sprach knatternd oder brüllend, und sie lachten mich aus und schüttelten die Fäuste und fletschten die Zähne. Ich konnte nicht anders, ich atmete nun dieses furchtbare Gas in einem weiß ge-kachelten Schwimmbad oder Korridor, dessen Wände auf mich zu kamen und zurückwichen. Durch den Lexikon-Artikel über das Meer in meiner *Compton's Picture Encyclopaedia* plumpste ich, und die Unterwassertiere lachten mir in die Ohren, nur pulsierte das Gelächter wie eine Maschine, und ich konnte nicht aufhören zu atmen, obwohl ich doch wusste, dass ich die Maschine einatmete. Der Geruch war kalt, das Zischen wurde leiser. Ich fühlte mich wie unter Wasser und atmete doch tief im Meer noch irgendwie diese Luft, die in all diesem kalten Geschwebe einzig noch zu haben war. Und dann wusste ich auf einmal mit einer Gewissheit, die mich aufschreien ließ, dass ich geschnitten wurde, ich spürte das Messer in meinen Bauch dringen und abwärts schneiden. Ich versuchte ihnen zu sagen, sie sollten aufhören, aber Wasser zischte mir in den Mund, und ich sah mich davon treiben, und sie schnitten und schnitten, und ich wollte schreien, aber ich konnte nicht, die Tränen blieben in meiner Kehle, und in meiner Kehle sammelte sich all mein Leid, und ich verspürte solche Todesverzweiflung, dass ich aufgab und mich überfluten ließ. Und es flutete alles davon.

Dann, viel später anscheinend, sah ich für eine Weile Dinge und sah sie dann nicht mehr. Es war still. Ich hörte Stimmen, ohne Wörter unterscheiden zu können. Mein Mund war trocken. Als ich nach Wasser rief, strich man mir mit einem feuchten Wattebausch über die gesprungenen Lippen. Ich war wütend und kam strampelnd zu Bewusstsein. Dass sie es sich erlaubten, mich auf einen Tisch zu schnallen und mich zu zwingen, etwas einzuatmen, was ich nicht einatmen konnte! Ich wurde festgehalten, Donald hielt mir die Hand, er sagte: »Schon gut, ist ja schon gut!« Ich schlief ein und erwachte, nun ganz klar im Kopf. Ich war in so etwas wie einem Zimmer mit Vorhängen. Jenseits der Vorhänge waren andere. Sie hatten ihre eigenen Sorgen. Kinder weinten. Der Vorhang wurde beiseite gezogen, und eine Krankenschwester zeigte mir, wie ich an Wasser kommen konnte. Sie nahm einen an einem Ende mit Watte umwickelten Zungenspatel, tauchte ihn in ein Glas mit Wasser und ließ mich dann das Wasser aus der Watte saugen. Es war nicht genug, aber sie ließ es mir nur auf diese Weise zukommen.

Ich fühlte mich sehr übel, als würden Sachen in mir stecken, so dass ich meine Eingeweide spüren konnte, richtig spüren konnte, wie meine Eingeweide sich anfühlten. Ich solle still liegen, wurde mir gesagt, und wegen dieses feuchten, klebrigen Gefühls in meinem Bauch tat ich das nur zu gern. Dann saß meine Mutter eine Weile bei mir. Wegen irgend etwas ärgerte sie sich über die Krankenschwester. Sie erklärte mir, meine Empfindungen unter der Decke kämen daher, dass ich Drainierschläuche in mir hätte, die Operation sei vorüber, ich müsse keine Angst haben, dass das je wieder passiere, aber nun seien dort, wo sie den Schnitt gemacht hätten, Drainierschläuche aus Gummi, damit auch wirklich alles Gift aus meinem Körper herauskäme. Geplant sei, diese Schläuche für eine Weile in mir zu lassen und nichts zuzumachen, damit man sicher wäre, dass alles Gift herauskäme. Mehr nicht. Ich wollte nichts darüber wissen. Ich wollte es nicht sehen.

Jedes Mal, wenn die Ärzte den Verband wechselten, hielt ich die Augen geschlossen, weil ich es nicht sehen wollte. Es ging mir nicht gut. Ich war nicht glücklich. Ich war sehr müde und verletzt. Ich hatte das Gefühl, schlecht behandelt worden zu sein, ich war aufgeschnitten worden, ich hatte Stiche und Schläuche in mir, und nachts, wenn niemand da war und ich aufwachte, hörte ich ein anderes Kind weinen, und ich konnte nichts dagegen tun, ich weinte auch.

Dann kam meine Grandma mich besuchen. Sie trat durch den Vorhang ein. Also war sie doch nicht gestorben. Ich war froh, dass die Vorhänge rund um mein Bett zugezogen waren, weil so niemand von den andern sie sehen konnte, es war mir peinlich, dass sie jiddisch sprach und in ihrem schwarzen Kleid sehr alt und schäbig aussah; mit ihren grauen, in Zöpfen aufgesteckten, außen herum aber wirren Haaren wirkte sie nicht so adrett wie sonst, und sie roch nach ihrem säuerlichen Gras. Aber ich hatte Durst und erklärte ihr, wie sie mit dem Wasser verfahren musste, und sie machte es ganz richtig. Dann fühlte sie mir mit ihrer uralten, trockenen Hand die Stirn und fand sie zu heiß; sie nahm einen Waschlappen, der am Fußende meines Bettes lag, und ging durch den Vorhang zu dem Becken an der Wand, wrang ihn unter kaltem Wasser aus, kam zurück und legte mir den gefalteten Waschlappen auf die Stirn. »Du bist ein lieber Junge und mein Schatz«, sagte sie zu mir, und ich verstand es ganz genau, obwohl sie jiddisch sprach. Sie nahm einen Penny aus ihrem alten, brüchigen Lederportemonnaie. Sie hielt diesen Penny zwischen Zeigefinger und Daumen, machte mir mit der anderen Hand die Finger auf und drückte mir den Penny auf die Handfläche, genau wie sie es immer tat. »Ich segne dich, mein geliebtes Kind, ich bete für dich um Gesundheit. Du bist ein guter Junge, und ich liebe dich« sagte sie. »Gott wird dich beschützen.«

Als meine Mutter und mein Vater kamen, erzählte ich ihnen, dass Grandma mich besucht hatte. Sie tauschten Blicke. Meine Mutter entschuldigte sich und verließ den Raum, ein Taschentuch an die Augen pressend. Mein Vater setzte sich neben mein Bett.

»Ich hab dir ein paar Bücher mitgebracht«, sagte er. »Es gibt da jetzt etwas Neues, Bücher in Taschenformat, großartige Bücher für fünfundzwanzig Cent. Ich weiß, du magst Buck, stimmt's?«

Ich nickte. Er war sehr ernst. Unter den Augen hatte er dunkle Ringe.

»Hier ist sein Buch über das Aufspüren von Großwild«, sagte mein Vater, »*Bring 'Em Back Alive*. Das ist nicht bloß so ein Comic Heft, sondern seine Autobiographie. Und das hier ist eine Geschichte über ein kleines Reh namens *Bambi*, von Felix Salten«, sagte er. »Damit du auch was vom Standpunkt des Tiers mitbekommst«

Der interessierte mich nicht so sehr, aber das sagte ich meinem armen Vater nicht. Ich merkte, wie besorgt er war, wie viel Sorgen ich ihnen allen mit meinem geplatzten Blinddarm gemacht hatte.

»Und das hier ist ein berühmtes Buch, ein Klassiker, den du jetzt vielleicht noch nicht interessant findest, aber wohl später einmal. Es ist ein herrliches Buch, *Wuthering Heights*, von einer englischen Schriftstellerin, Emily Brontë.«

»Danke«, sagte ich, obwohl ich so müde war, dass ich nur die Umschlagbilder betrachten konnte.

»Ich lege sie hier auf den Tisch neben dich. Du brauchst nur danach zu greifen, wenn du sie anschauen möchtest.«

Viel später fand ich heraus, was am Ende des Krankenhausflurs vor meinem Zimmer geschehen war. Nachdem sie mich besucht hatten, sprachen meine Eltern mit Dr. London, der die Operation vorgenommen hatte. Er sagte ihnen, ich hätte eine fünfzigprozentige Chance durchzukommen. Dann ließ er sie allein, um seine Visite zu machen, und in diesem Moment versuchte meine Mutter, sich aus dem Krankenhausfenster zu stürzen. Meine Chance erschien ihr allzu ungünstig. Mein Vater hielt sie fest, rang mit ihr am offenen Fenster. Er hielt sie fest, bis sie in ihrer Verzweiflung die Kräfte verließen und sie weinend zusammenbrach.

Wenn sie nur mich gefragt hätten, ich hätte ihnen sagen können, dass ich nicht sterben würde. Meine Theorie besagte, dass nichts geschah, wenn ich daran dachte, bevor es eintraf. Ich hatte einen Blinddarmdurchbruch gehabt, bevor ich darüber nachgedacht hatte, und das war misslich, aber ich hatte über das Sterben daran nachgedacht, bevor die Krankheit eine Chance gehabt hatte, mich umzubringen, also konnte sie es jetzt nicht mehr. Es war ganz einfach.

Ich hatte keine Angst mehr. Mir mochte zwar die Drainage nicht gefallen, der zutiefst unangenehme Umstand, dass Schläuche in meinen Eingeweiden herumhingen, aber ich fürchtete nicht um mein Leben. Die Zeit des Grauens war für mich die gewesen, bevor man mich betäubt hatte, als ich gegen den tödlich süßen Äther ankämpfte, der mir die Kehle und die Lungen mit seiner furchtbaren chemischen Kälte erfüllte. Aber es ist nun offensichtlich für mich, dass meine Eltern den Besuch meiner toten Großmutter als Zeichen meines eigenen bevorstehenden Todes deuteten. An jenem Tag war ich dem Tod sehr nahe. Niemand hätte mich davon überzeugen können, dass Grandma keinen tatsächlichen Besuch abgestattet, dass es sich nicht um ein reales Ereignis gehandelt hatte, und darauf kam es an. Meine liebe, hohläugige Familie, diese grandiosen Entwerfer meiner Existenz und Götter meiner Gedanken hatten eine so zögernde Art, mein Zimmer zu betreten, warfen von der Tür aus so düstere, furchtsame Blicke, pressten die Lippen in ihren fahlen Gesichtern so fest aufeinander, als seien sie von Scheu vor dem Anblick ergriffen, dass ich den Kopf wenden und sie anlächeln musste, bevor sie einzutreten bereit waren, bevor sie glauben konnten, dass ich noch lebte. In dem Delirium, das die okkulte Begegnung mit meiner toten Großmutter hervorgebracht hatte, mussten sie meinen eigenen entsetzlichen Leidensweg vermuten, mussten sie annehmen, ich hätte die Pupillen gleichsam hinauf in die Augenhöhlen gerollt und in die Vergangenheit geblickt, hätte, von meinem zeitlichen Vorwärtsgerichtetsein gelöst, erschaut, was tot und vorbei war, als nehme der Geist – besänftigt und der Stille, der Leblosigkeit entgegentreibend – den Tod als Leben wahr.

Per Olov Enquist

Der Mann im Boot

Die Geschichte, wie ich sie für Mats erzählt habe:

Das alles passierte in dem Sommer, in dem ich neun Jahre alt wurde. Damals wohnten wir alle am Bursee. Er war groß, mit kleinen Inseln, und es war ein schöner See. Ich war fast neun Jahre alt, Håkan war fast zehn. Durch den See ging ein Fluss. In den nördlichen Teil des Sees floss er hinein, und im Süden floss er hinaus. Der Fluss kam hoch oben aus der Lappmark, und im Frühling flößte man Holz darin. Das konnte ich von unserem Fenster aus sehen: Wie der See sich füllte mit Holzstämmen, Eisbrocken und Eisschollen, wie das Holz langsam nach Süden schwamm, und wie alles schließlich eines Tages im Mai verschwunden war.

Aber nicht das ganze Holz. Ein Teil trieb zur Seite und blieb am Ufer hängen. Es waren schöne dicke Stämme, sie lagen hoch im Wasser und schwammen gut. Wir wussten, was mit ihnen geschehen würde. Nach einer Woche würden die Flößer kommen, die Stämme am Ufer flott machen, sie ins Schlepptau nehmen und den anderen hinterherschicken. Die Flößer gingen am Ufer entlang oder ruderten in Booten; sie konnten den ganzen See an einem Tage schaffen. Man nannte das »Sladden«. Nach dem »Sladden« war der See wieder leer.

Darum versteckten Håkan und ich drei Stämme. Da, wo wir wohnten, führte ein Graben zum See hinaus. Wir schleppten die Stämme in den Graben, zwanzig Meter weit, legten sie hintereinander in eine Reihe, schoben sie unter den Grasrand und deckten sie mit Gras zu. Wir versteckten sie. Das dauerte einen ganzen Tag. Wir wussten sehr gut, dass das verboten war, aber Håkan sagte, das mache nichts, denn es war nur die Fabrik, die den Schaden hatte, und die hatten sowieso Geld genug. Die konnten ruhig ein Jahr auf ihr Holz warten. Håkan wusste eine ganze Menge über solche Dinge.

Dann, am Tag des »Sladden«, lagen wir am Waldrand und sahen, wie die Flößer kamen. Sie gingen am Strand entlang, und draußen auf dem Wasser fuhr ein Ruderboot. Da und dort fanden sie einen Stamm und stießen ihn ins Wasser. Die Männer im Boot zogen ihn weiter, und wir hörten ihre Stimmen. Es war noch Frühling. Wir hörten, wie sie sprachen, aber wir hörten nicht, was sie sagten. Und als sie an den Graben kamen, wo wir unsere Stämme versteckt hatten, machten sie eine Weile Pause und rauchten, und ich weiß noch, wie gut ich Håkans Atem hören konnte und meinen Herzschlag. So deutlich, als ob er in der kühlen Frühlingsluft widerhallte.

Aber sie gingen weiter. Und sie fanden die Stämme nicht. Am nächsten Morgen gab es kein Holz und keine Flößer mehr auf dem See, und der »Sladden« war für dieses Jahr vorüber. Aber die Holzstämme hatten wir. Und der See gehörte uns. Wir allein beherrschten ihn jetzt, den ganzen Sommer über.

Sicherheitshalber warteten wir zwei Tage lang. Ich weiß noch, dass ich am dritten Tag frühmorgens aufwachte, weil jemand an mein Fenster klopfte: Es war Håkan. Er war über die Feuerleiter zum ersten Stock geklettert und stand da, schnitt Grimassen und streckte die Zunge raus und klopfte gegen die Scheibe. Ich stand auf und lief über den Boden, der sich schön kalt anfühlte. Da sah ich, dass Håkan etwas in der Hand hatte und es mir entgegenstreckte: einen Hammer. Heute sollte es losgehen. Jetzt gleich.

Ich zog mich hastig an. Ich muss auch gefrühstückt haben, aber das ging wohl schnell. Ich rannte nach draußen. Hinter dem Haus saß Håkan an die Wand gelehnt, in seinem roten Hemd und den blauen Turnschuhen, und er hatte den Hammer und ein Bund Dreizollnägel, und er lachte mir entgegen, als ich kam.

»Nu aber ran«, sagte er. »Jetzt fangen wir an. Jetzt bauen wir's.«

An diesem Morgen begannen wir, unser Floß zu bauen. Wir hievten die Stämme wieder ins Wasser, legten den längsten in die Mitte und die anderen an die Seiten und schlugen Querhölzer darüber. Ganz vorne ein Querbrett, das wir auf den Stämmen festnagelten, drei Bretter in der Mitte, zwei ganz hinten. Wir benutzten Dreizollnägel, nur hinten nicht; da nahmen wir zwei Sechszöller, die Håkan irgendwo aufgetrieben hatte.

»Wenn wir das Ding hier nicht mehr brauchen«, brummelte er, den Mund voll Nägel, »dann schlagen wir die Querbretter ab und ziehen die Nägel raus. Wenn wir die Nägel drinlassen, geht das Sägeblatt in der Sägerei zum Teufel. Und das macht den Männern den Akkord kaputt.« Er arbeitete eine Weile schweigend und sagte dann: »Man muss an den Akkord denken.«

Håkan war nur ein Jahr älter als ich, aber er wusste eine ganze Menge. Ich habe viel von ihm gelernt. Ich erinnere mich noch sehr gut an diesen Sommer, in dem ich neun und Håkan zehn Jahre alt wurde: Es war 1943.

Wir brauchten nur einen Tag, dann waren wir fertig.

Håkan wog 38 Kilo. Ich wog 35 Kilo. Die Stämme lagen tief im Wasser: Gewöhnlich ragt nur ein Zehntel des Holzes heraus. Das hängt zum Teil davon ab, wie feucht die Stämme sind. Einige versinken fast, andere liegen hoch im Wasser. Zusammen wogen wir 73 Kilo. Bei Wind gingen die Wellen fast immer über Deck. Sie schlugen aus den Ritzen zwischen den Stämmen hoch. Anfangs war das Wasser ziemlich kalt, höchstens 14 bis 15 Grad. Wir hatten Stiefel an. Das Floß war gut ausgerüstet. Meistens stakten wir; die Stange war genau drei Meter lang, damit kamen wir ziemlich weit raus. Wir hatten zwei Holzbretter zum Paddeln, aber das ging fast gar nicht, jedenfalls nur sehr mühselig. In einer kleinen Kiste, die mit einem Einzollnagel auf der hinteren Plattform befestigt war, hatten wir den Proviant: 1 Flasche Wasser, 1 Stück Wurst (10 cm lang), 1/2 Brot, 8 Zwiebäcke, 1 Messer, 1000g Margarine, 20 Stück Würfelzucker, 1 kleine Dose Melasse (das war eine Art dunkler Sirup, den die Kühe bekamen, aber Håkan behauptete, er sei besser als normaler Sirup; ich mochte keine Melasse, aber er wollte eine Büchse mitnehmen, und da gab ich nach). Das Floß war bestückt mit einer großen hölzernen Armbrust und 6 Pfeilen, einer Weidenschleuder für Tannenzapfen samt Munition (35 Zapfen) und Håkans alter Zwille einschließlich Reservegummi und 10 kleineren Steinen.

Es gab keinen Zweifel: Wir beherrschten den See.

An dem Tag, von dem ich schließlich doch erzählen muss, wo alles aufhörte und alles anfing, an dem Tag fuhren wir noch ziemlich spät raus. Es war nach sieben Uhr. Wir hatten gesagt, dass wir fischen gehen wollten, und das durften wir, es war im Juli. Die beiden letzten Tage hatten wir mit einem Segel auf dem Floß experimentiert. Zwischen zwei lange Stangen hatten wir ein Betttuch gespannt. Manchmal hielten wir die Stangen selber fest, manchmal versuchten wir sie festzuzurren. Es hatte nichts richtig geklappt, aber an diesem Abend ging ein guter Wind. Er kam direkt vom Land, und nachdem wir die Munition und den Proviant kontrolliert und das Segel gespannt hatten, fuhren wir los. Auf der anderen Seite ging gerade die Sonne unter. Wir sahen, dass wir tüchtig Fahrt machten. Wir bewegten uns auf die Mitte des Sees zu. Es war sehr schön; ich wollte das nicht zu Håkan sagen, aber es war sehr schön, als die Sonne gerade unterging. Håkan lächelte nämlich manchmal, wenn ich sagte, wie ich so was fand.

Genau hier wird es nun schwer, sich zu erinnern, wie alles passierte. Håkan saß ganz vorn und sagte, dass er gerade eine feindliche Barkasse gesichtet hätte, die wir rammen müssten. Er befahl volle Segel voraus, gab der Besatzung Order, die Enterhaken zu packen. Die Wellen gingen jetzt ziemlich hoch, und außerdem war es dämmrig. Es wurde langsam dunkel, bis auf die Stelle, wo die Sonne untergegangen war, denn dort war der Himmel noch rot. Håkan stand auf und ging nach hinten, um seine Armbrust zu holen. Das Floß war überall glitschig, und ich sah, wie er schwankte und ausrutschte, und dann fiel er. Es geschah direkt vor meinen Augen: Håkan wie eine Silhouette vor dem rot leuchtenden Horizont, die wankte und fiel. Das weiß ich noch deutlich. Und dann erinnere ich mich ebenso deutlich an sein Gesicht im Wasser: Ich sah, wie er zugleich ängstlich und beschämt war – ängstlich, weil er nicht so gut schwimmen konnte, beschämt, weil er so ungeschickt gewesen war.

Der See war sehr bewegt. Ich streckte die Hand nach ihm aus. Es wurde dunkel, die Sicht war schlecht, viel kaltes Wasser, ein heller, roter Streifen, wo die Sonne untergegangen war. Håkans Gesicht im Wasser. Er grinste, als ob er dachte: Teufel, hab ich mich blöd angestellt. Und ich streckte die Hand nach ihm aus.

Das nächste, woran ich mich erinnere, muss eine ganze Weile später gewesen sein. Eine Stunde, vielleicht mehr. Ich saß hinten im Achterschiff, Håkan saß auf der vorderen Plattform. Er saß da zusammengekauert, mit dem Rücken zu mir. Ich sah, dass er sich zusammenkauerte, als ob er fröre. Als ich mich auf dem Floß umguckte, begriff ich, was wir alles verloren hatten bei dem Durcheinander, als Håkan ins Wasser gefallen war: Das Segel war weg. Die Holzbretter zum Paddeln waren weg. Die Stange zum Staken war weg. Das Floß war vollkommen leer, bis auf die festgenagelte Kiste mit dem Proviant, auf der ich saß. Und bis auf Håkan und mich. Jeder kauerte an seinem Ende des Floßes. Ich habe später oft darüber nachgedacht und irgendwie begriffen, dass es eine Lücke im Gedächtnis gibt. Der Sturm hatte sich inzwischen gelegt. Es war vollkommen ruhig, die Wogen hatten sich geglättet, das Wasser war spiegelglatt. Es war ganz still und dunkel, es war wie mitten in der Nacht, und der Mond war aufgegangen. Es war fast Vollmond, die Nacht war schwarz, das Wasser war still und schwarz, aber der Mond schien. Es sah seltsam aus: Mitten in der Mondstraße lag unbeweglich ein fast kaputtes Floß, darauf saßen zusammengekauert zwei Jungen, das Wasser war wie Silber, es war still, ganz still.

Wir müssen mitten auf dem See sein, dachte ich. Ich wandte mich um, und da sah ich die Lichter von zu Hause wie kleine weiße Punkte, weit weg, wie weiße Nadelstiche auf schwarzem Samt. Dann blickte ich auf Håkans unbeweglichen Rücken. Es war wie in einem Traum. Und es war so seltsam: Diese Stille war so tief, dass ich sie nicht zu brechen wagte. Ich wollte mit Håkan sprechen, aber ich tat es nicht.

Und so saßen wir lange, lange schweigend da.

Ich weiß nicht, was ich dachte. Ich weiß, dass ich versuchte, dem Geschehen auf die Spur zu kommen: Wie Håkan fiel, wie er hochkam, warum er so still da saß. Wieso der Wind sich gelegt hatte. Wieso die Wellen sich geglättet hatten. Wieso der Mond schien. Ich muss wohl überlegt haben, wie wir nach Hause kommen sollten. Wir hatten keine Ruder, kein Segel, keinen Wind.

Das ging etwa eine Stunde so. Dann hörte ich in weiter, weiter Ferne Ruderschläge. Sie kamen nicht von zu Hause, sondern genau von Osten, und das war komisch, denn an der Seite wohnte niemand. Aber Ruderschläge waren es, es gab keinen Zweifel. Ich saß, den Blick nach Osten gewendet, und starrte in die pechschwarze Nacht hinein, aber ich sagte nichts.

Die Ruderschläge kamen langsam näher. Dann sah ich plötzlich, wie ein Boot auftauchte, wo der Mond sich im Wasser spiegelte: Genau in die Mondstraße glitt langsam die Silhouette eines Bootes. Es kam auf uns zu; ich sah den Rücken eines rudernden Mannes.

Ich war aufgestanden und sah, dass auch Håkan jetzt stand. Wir standen bewegungslos und starrten auf das Boot, das immer näher heranglitt.

»Hallo«, schrie ich plötzlich übers Wasser, »komm her und hilf uns!«

Der Mann im Boot wandte sich nicht um. Er ließ nur das Boot herangleiten, die Ruder hielt er hoch, das Wasser tropfte von den Rudern. Es war wie im Traum. Der Mann drehte sich nicht um, warum antwortete er nicht?

Dann war er bei uns. Hielt neben dem Floß. Und dann erst wandte er sich um.

Ich sah sein Gesicht im Mondlicht. Ich kannte ihn nicht. Ich hatte ihn noch nie gesehen. Er hatte dunkles Haar, er hatte ein langes, hageres Gesicht, er schaute mich nicht an. Nur Håkan sah er an. Er war nicht aus unserem Dorf, aber er kam, um uns zu helfen. Und er streckte Håkan seine Hand entgegen, und Håkan ergriff die Hand, kletterte vorsichtig ins Ruderboot und setzte sich nach achtern. Sie sprachen beide kein einziges Wort. Und ich stand und blickte sie an.

Da fuhr das Boot ein Stück weg, und das geschah so unmerklich, dass ich nicht gleich verstand, was vorging. Der Mann setzte sich, er setzte sich auf die Ruderbank. Und er begann zu rudern. Håkan saß achtern, mit dem Rücken zu mir, er bewegte sich nicht und sah mich nicht an. Und der Mann begann zu rudern, und langsam verschwand das Boot in der Dunkelheit.

Ich konnte nicht rufen. Ich stand starr, wie versteinert. Lange Zeit muss ich so gestanden haben.

Alles, was ich noch weiß, ist so verwirrend. Es ist schwer, davon zu erzählen. Ich habe mich wohl auf die hintere Plattform gesetzt. Es muss mir sehr kalt gewesen sein. Ich weiß, dass ich die Kiste mit dem Proviant öffnete und aß. Ich nahm die Büchse Melasse-Sirup, den ich eigentlich nicht mochte, und aß ihn. Ich stopfte ihn mit den Fingern in den Mund, er schmeckte süß. Ich sah, wie die Morgendämmerung kam, das Licht sich über dem See ausbreitete, wie der Morgennebel kam und sich lichtete, wie es endlich hell wurde.

Und dann kamen Boote auf mich zu.

Als erster kam Großvater. Nachher sagten sie, sie hätten lange gesucht und gerufen, aber ich hätte nicht geantwortet. Ich sagte, dass ich nichts gehört hätte. Ich stand auf, mein Gesicht war verschmiert, die Melasse war mir den Hals runtergelaufen. Großvater nahm mich bei der Hand und hob mich ins Boot, und ich war vollkommen ruhig. Ich erinnere mich, dass ich mich auf den Boden des Kahns legte, mich lang ausstreckte, still lag und hochschaute, als sie mich in Decken wickelten und als Großvater zu rudern begann, so schnell, als ob er es sehr eilig hätte.

Danach war ich wohl schwer krank. Ich weiß, dass ich im Bett lag, hohes Fieber hatte und eigenartige Träume. Manchmal schwitzte ich sehr, manchmal schlief ich, dann wachte ich auf, weil ich schrie. Sie kamen in mein Zimmer und setzten sich zu mir, Mama, Großvater, Großmutter und Annika, und das ging wohl viele Tage so; wie lange, weiß ich nicht.

Dann eines Tages war ich gesund. Das ging so rasch, wie man das Licht anknipst. Großvater saß bei mir.

»Was ist mit dem Floß«, fragte ich. »Habt ihr es an Land geholt oder liegt es noch draußen?«

»Wir haben es an Land geholt«, sagte er.

»Ist es gut vertäut?«

»Nein«, sagte er ganz ruhig. »Wir haben es auseinander geschlagen und die Stämme losgeschickt. Ich hab's noch am selben Tag gemacht.«

»Hm«, sagte ich. »Hast du alle Nägel rausgezogen?«

»Das hab ich«, sagte er.

»Das ist gut«, sagte ich. »Sonst hätten die Männer im Sägewerk auf Nägel gesägt und sich den Akkord kaputtgemacht.«

»Ich weiß«, sagte er.

»Wer war das in dem Boot, der Håkan holte?«

Aber Großvater antwortete nicht, sondern saß nachdenklich da.

»Er war nicht von hier«, sagte ich. »Er sah aus wie Erikson an der Baumschälmaschine in der Papierfabrik, aber der war es nicht.«

»N-Nein«, sagte Großvater leise. »Schlaf jetzt noch ein bisschen.«

Er stand an der Tür und schaute mich an, ich begann zu erzählen, was in jener Nacht passiert war, aber er war gereizt oder sonst wie komisch, und er drehte sich einfach um und ging ärgerlich weg. Aber am nächsten Tag, als ich zum ersten Mal aufstehen durfte, kam er und forderte mich auf zu erzählen, und da erzählte ich alles.

Er saß nur da und machte ein nachdenkliches Gesicht wie in der Kirche, wenn es langsam und langweilig und ernst ist und er dasitzt und ans Angeln denkt. Ich sagte: »Gut, dass du alle Nägel rausgezogen hast. Das hätte den Männern sonst den Akkord kaputtgemacht.«

Da sagte er: »Ja, der Håkan. Der ist ja gar nicht wiedergekommen!«

In diesem Sommer las ich viel. Am liebsten mochte ich die Geschichte vom Fliegenden Holländer. Er hatte einmal ein furchtbares Verbrechen begangen: Er hatte ertrinkenden Seeleuten nicht geholfen, nur an sich gedacht und sie ertrinken lassen. Deshalb lastete ein Fluch auf ihm, das bedeutet: Wenn er mit seinem Schiff einen Hafen ansteuert, kommt Gegenwind auf, sodass er nicht in den Hafen einlaufen kann. Also muss er weiter, zum nächsten, und weiter, zum nächsten, und weiter.

So segelt er jahraus, jahrein. Die Schiffer sehen, wie er mit seinem Schiff herankommt, mitten in der Nacht, bei heftigem

Sturm, und im Mondlicht sehen sie, wie er auf Deck steht, ans Steuer gebunden, verdammt, immer und immerfort zu segeln. Einer, den niemand kennt.

Das erzählte ich Großvater.

»Verstehst du«, sagte ich. »Mitten in der Nacht. Nur dann sieht man ihn. Er segelt bei Mondschein. Ist das nicht komisch? Niemand kennt ihn, nie spricht er mit jemand, kommt nur bei Nacht, bei Mondschein. Verstehst du, Großvater?«

»Nein«, sagte Großvater fragend. »Was denn?«

»Ja«, sagte ich, »niemand kennt ihn, eine Sturmnacht, man sieht ihn nur bei Mondlicht. Er kommt nur bei Mondschein! Verstehst du? Vielleicht gibt es einen Zusammenhang?«

»Nichts verstehe ich«, sagte Großvater ärgerlich.

»In der Nacht kam er von Osten her angerudert«, sagte ich. »Du weißt ebenso gut wie ich, dass im Osten niemand wohnt. Nicht hier am See. Nicht einmal ein Tourist. Aber er kam von Osten.«

Im August fing ich an, systematisch das östliche Ufer abzusuchen. Den anderen erzählte ich nicht, was ich tat. Die Erwachsenen hatten mich schon zu sich gerufen und lange Gespräche mit mir geführt, lange, ernste Gespräche, ich weiß nicht mehr worüber und will es nicht wissen. Sie würden nie verstehen, würden mir nur zureden, etwas anderes zu tun, im Stall zu helfen, an anderes, anderes, anderes zu denken.

Der Sommer war sehr heiß. Den östlichen Teil des Sees hatte Håkan immer »Scheiß-Sumpf« genannt – das war kein schönes Gelände, im Wasser lagen Baumstümpfe und Gerümpel, der Grund war scheußlich schlickig, das Ufer voller Gestrüpp und an manchen Stellen so abgeholzt, dass man durstig wurde, wenn man es nur sah. Ich nahm eine Flasche Wasser mit, und dann begann ich zu suchen. Ich fing ganz unten am Ufer an und ging hundert Meter landeinwärts. Dann im Zickzackkurs wieder runter zum Ufer und wieder landeinwärts. So konnte ich das ganze Gebiet durchkämmen.

Ich wanderte stundenlang. Ich bekam großen Durst. Ich trank das Wasser. Wenn die Flasche leer war, ging ich nach Hause.

Ich durchsuchte den ganzen östlichen Teil des Sees. Aber ich fand nichts. Das einzige, was ich fand, waren die Reste eines halb verwitterten Kahns. Der lag weit landeinwärts, mit dem Boden nach oben. Er muss schon viele Jahre dort gelegen haben. Ich setzte mich auf das Boot. Ich legte die Hände an den Mund. Ich rief laut übers Wasser: »Håkan! Håkan! Håkan!«

Aber keine Antwort kam. Kein Echo. Nichts, Und da begriff ich schließlich, dass es am östlichen Teil des Sees keine Spur von Håkan gab und auch keine von dem Mann im Boot.

Im September suchte ich zum letzten Mal. Den Monat September habe ich am liebsten. Dort oben an der Küste von Västerbotten fror es ziemlich früh, um die Monatsmitte färbte sich das Laub, in den letzten Wochen konnte man morgens dünne Eiskrusten auf den Wasserpfützen zertreten. Der ganze See war umgeben von einem dunkelgrünen und rotgoldenen Band, alle Wälder sahen so aus, grün der Nadelwald, goldrot die Birken. Und dann lag der Nebel auf dem See, und es war kalt.

An einem der letzten Tage des Monats nahm ich Großvaters Kahn und fuhr raus. Das durfte ich nicht, aber ich tat es einfach. Das war an dem Tag, an dem ich neun Jahre alt wurde.

Ich ruderte um den ganzen See. Ein dünner Nebel breitete sich über alles, ein Nebel, der fast durchsichtig war und nur wenige Meter hoch, aber er gab mir das Gefühl, als ob ich in einer einsamen und verlassenen Welt ruderte. Als ob ich ganz allein wäre. Und das war sehr schön. Dann fuhr ich zur Mitte des Sees. Dort zog ich die Ruder hoch, setzte mich zurecht und wartete.

Im Nebel ist man auf seltsame Weise einsam: Man fühlt sich sicher. Und ich dachte an alles, was geschehen war, es war eigenartig, aber ich war nicht mehr verzweifelt, als ich daran dachte, wie Håkan verschwunden war. Ich verstand nur nicht, wie es passiert war, wer der Mann im Boot war. Warum hatte er mich nicht mitgenommen? Wo war Håkan jetzt? Warum kam er nicht zurück?

Ich saß wohl eine Stunde lang so da. Dann sah ich, wie ein Boot auf mich zukam, aus dem Nebel.

Es war ein Kahn; ein Mann ruderte. jemand saß achtern mit dem Gesicht zu mir.

Ich konnte mich nicht irren. Das war Håkan. Und der Kahn glitt langsam zu mir heran, vollkommen lautlos durch den Nebel, und ich hatte kein bisschen Angst. Håkan saß achtern und guckte zu mir hin, und er sah genauso aus wie früher. Und er lächelte mich an.

Er war ganz still. Ich saß regungslos und sah, wie der andere Kahn langsam zu mir heranglitt, auf gleiche Höhe kam, an mir vorbeifuhr. Die ganze Zeit guckte Håkan mich an, und er hatte einen eigentümlichen Ausdruck im Gesicht. Er lächelte ein wenig, und er schaute mich direkt an. Es war, als ob er sagen wollte: Hier bin ich. Du brauchst nicht mehr zu suchen. Du hast mich gefunden. Und weil du mich gefunden hast, musst du aufhören, nach mir zu suchen. Ich habe es gut. Das musst du verstehen.

Wir sagten kein Wort, aber wir schauten uns an. Und wir lächelten beide. Dann glitt das Boot weiter, und sie waren verschwunden. Und seitdem habe ich Håkan, meinen einzigen Freund, nicht wiedergesehen. Lange saß ich unbeweglich und dachte nach. Dann griff ich nach den Rudern, um loszufahren. Aber in dem Moment sah ich, dass etwas auf dem Wasser trieb. Es war eine lange Stange. Es war die Stange, die wir auf dem Floß zum Staken benutzt hatten. Ich dachte: Die wollte Håkan mir wiedergeben. Das ist gut. Ich will sie mitnehmen. Ich fischte sie raus. Dann ruderte ich zurück.

Als ich heimkam, stand Großvater am Strand. Ich sah ihn schon von weitem. Er sah wütend aus. Dann ist sein Körper merkwürdig steif, die Schultern hängen herunter, und er stiert geradeaus. Aber ich hatte keine Angst. Ich steuerte das Boot geradewegs zum Ufer, legte die Ruder hoch, packte die Stange, warf sie an Land. Er guckte sie sich an und sagte: »Wo hast du die gefunden?«

Ich sagte nur: »Ich hab sie zurückgekriegt.«

Ich kletterte aus dem Boot. Wir zogen es zusammen hoch. Aber bevor er anfangen konnte, mit mir zu schimpfen, sagte ich. »Ich will nur sagen, dass ich jetzt nicht mehr suche. Nie mehr werde ich nach Håkan suchen. Damit ist jetzt Schluss«

Er stand schweigend da und sah mich an, als ob er nicht verstanden hätte, was ich meinte.

»Nein«, sagte ich, »damit ist jetzt Schluss. Nun weiß ich Bescheid.«

Ich ging zum Hof hinauf, über die Wiese. Das Gras war voller Reif, es fühlte sich rauh unter den Schuhen an, und es knirschte beim Gehen. Großvater stand immer noch unten beim Boot. Und ich dachte, seltsam, was alles passiert: Man bekommt einen Schlag versetzt, aber nichts ist hoffnungslos. Manchmal will man nur noch sterben, aber wenn alles am ausweglosesten ist, findet sich doch eine Lösung. Man bekommt einen Schlag versetzt, und das ist ein furchtbares Gefühl, aber man lernt etwas. Und würde man nichts lernen, dann würde man nie erwachsen werden und verstehen. Und ich dachte an den Fliegenden Holländer und an die Geschichte von der Eisprinzessin und an alle Geschichten, die ich kannte. Und ich dachte an den Mann im Boot, der mir Håkan weggeholt hatte. Nie wieder würde ich eine solche Krankheit bekommen wie in diesem Sommer.

Ich würde nicht mehr so spielen wie früher, nicht mehr an dieselben Märchen glauben, nicht mehr versuchen auszuweichen; nichts würde wie früher sein. Das war im September. Håkan wäre zehn Jahre und einen Monat gewesen, wenn er noch lebte. Ich ging zum Hof hinauf. Großvater stand noch immer unten beim Boot. Ich weiß, dass ich geweint habe, aber gleichzeitig war ich ganz ruhig. Die Luft war kalt. Ich hatte zum letzten Mal gesucht. Ich wusste endlich, wer der Mann im Boot gewesen war. Ich ging nach Hause, es knirschte unter den Füßen, es war kalt. So war das, das ist die ganze Geschichte.

Frank McCourt

Diebstahl

Die bittere Armut der Familie McCourt in Limerick wird durch die Trunksucht des Vaters noch verschärft. Zur Angst der Kinder, die von der Mutter auf die Suche nach dem Vater in die Kneipen geschickt werden, kommt noch die Seelenpein des zehnjährigen Frank, der aus allzu großem Hunger zum Dieb wird.

Opa im Norden schickt telegrafisch fünf Pfund für das Baby Alphie. Mam will das Geld abholen, aber sie kann sich noch nicht weit genug vom Bett entfernen. Dad sagt, er holt es auf dem Postamt ab. Sie sagt Malachy und mir, wir sollen mitgehen. Er kriegt das Geld und sagt zu uns, gut, Jungs, geht nach Hause und sagt eurer Mutter, ich bin in ein paar Minuten zu Hause.

Malachy sagt, Dad, du wirst nicht in die Kneipe gehen. Mam hat gesagt, du sollst das Geld nach Hause bringen. Du wirst die Pint nicht trinken.

Na na, mein Sohn. Geht nach Hause zu eurer Mutter.

Dad, gib uns das Geld. Dieses Geld ist für das Baby.

Jetzt sei kein unartiger Junge, Francis. Tu, was dein Vater dir sagt.

Er geht weg von uns und in South's Pub.

Mam sitzt mit Alphie in den Armen beim Feuer. Sie schüttelt den Kopf. Er ist in die Kneipe gegangen, stimmt's?

Stimmt.

Ich möchte, dass ihr zurück in diese Kneipe geht und ihn da herausholt. Ich möchte, dass ihr euch mitten in die Kneipe stellt und jedermann erzählt, dass euer Vater das Geld für das Baby vertrinkt. Ihr sollt der Welt berichten, dass es in diesem Hause keinen Bissen zu essen gibt, keinen Klumpen Kohle, um das Feuer zu entfachen, keinen Tropfen Milch für die Flasche des Babys.

Wir gehen wieder los, und Malachy übt, so laut er kann, die Rede, Dad, Dad, die fünf Pfund sind für das neue Baby. Sie sind nicht für Getränke. Oben liegt das Kind im Bett und plärrt und brüllt nach seiner Milch, und du trinkst die Pint.

In South's Pub ist er nicht mehr. Malachy will sich trotzdem aufstellen und seine Rede halten, aber ich sage ihm, wir müssen

184

uns beeilen und in anderen Kneipen nachsehen, bevor Dad die ganzen fünf Pfund vertrunken hat. In den anderen Kneipen können wir ihn auch nicht finden. Er weiß, dass Mam ihn suchen kommt oder uns schickt, und an diesem Ende von Limerick und in der ganzen Gegend gibt es so viele Kneipen, dass wir einen Monat lang suchen könnten. Wir müssen Mam sagen, dass wir keine Spur von ihm gesehen haben, und sie sagt uns, wir sind zu rein gar nichts zu gebrauchen. Ach Gott, hätte ich doch meine Kraft, dann würde ich jede Kneipe in Limerick absuchen. Ich würde ihm den Mund aus dem Kopf reißen, aber ja. Los, geht wieder hin und sucht alle Kneipen um den Bahnhof herum ab, und versucht es auch in Naughton's Fisch-mit-Fritten-Bude.

Ich muss alleine gehen, weil Malachy Dünnpfiff hat und sich nicht weit genug vom Eimer entfernen kann. Ich suche alle Kneipen in der Parnell Street und Umgebung ab. Ich kucke sogar in den kleinen Abteilen, wo die Frauen trinken, und in den Männerklos nach. Ich habe Hunger, aber ich habe Angst, nach Hause zu gehen, bevor ich meinen Vater gefunden habe. Er ist nicht in Naughton's Fisch-mit-Fritten-Bude, aber an einem Tisch in der Ecke schläft ein betrunkener Mann, und sein Fisch und seine Fritten liegen, in ihren Limerick Leader gewickelt, auf dem Fußboden, und wenn ich sie mir nicht hole, holt sie sich die Katze, also stecke ich sie mir unter den Pullover, und schon bin ich wieder zur Tür hinaus und schnell die Straße hoch und setze mich auf die Treppe beim Bahnhof und beobachte die betrunkenen Soldaten, die mit kichernden Mädchen vorüber-gehen, und danke im Geiste dem betrunkenen Mann, weil er den Fisch und die Fritten in Essig ertränkt und mit Salz beschichtet hat, und dann fällt mir ein, dass ich, wenn ich heute abend sterbe, im Stand der Sünde bin, weil ich gestohlen habe, und mit Fisch und Fritten vollgestopft direkt zur Hölle fahren könnte, aber es ist Samstag, und falls die Priester noch in den Beichtstühlen sitzen, kann ich gleich nach dem Essen meine Seele reinwaschen.

Die Dominikanerkirche ist gleich hier ein Stück weiter in der Glentworth Street.

Segnen Sie mich, Vater, denn ich habe gesündigt, meine letzte Beichte liegt vierzehn Tage zurück. Ich sage ihm die üblichen Sünden und dann, ich habe einem betrunkenen Mann Fisch mit Fritten gestohlen.

Warum, mein Kind?

Ich hatte Hunger, Herr Pfarrer.

Und warum hattest du Hunger?

Ich hatte nichts im Bauch, Herr Pfarrer.

Er sagt nichts, und obwohl es dunkel ist, weiß ich, dass er den Kopf schüttelt. Mein liebes Kind, warum kannst du nicht nach Hause gehen und deine Mutter um etwas zu essen bitten?

Weil sie mich losgeschickt hat, damit ich meinen Vater in den Kneipen suche, Herr Pfarrer, und ich konnte ihn nicht finden, und sie hat keinen Bissen im Hause, weil er die fünf Pfund vertrinkt, die Opa aus dem Norden für das neue Baby geschickt hat, und jetzt tobt sie vor dem Kamin, weil ich meinen Vater nicht finden kann.

Ich frage mich, ob dieser Priester schläft, weil er so still ist, aber dann sagt er, mein Kind, ich sitze hier. Ich höre die Sünden der Armen. Ich beschließe die Buße, ich gebe Absolution. Ich sollte niederknien und ihnen die Füße waschen. Verstehst du mich, mein Kind?

Ich sage, ich verstehe ihn, aber ich verstehe ihn gar nicht.

Geh nach Hause, Kind. Bete für mich.

Keine Buße, Herr Pfarrer?

Nein, mein Kind.

Ich habe Fisch mit Fritten gestohlen. Ich bin verloren.

Dir ist vergeben. Geh. Bete für mich.

Er segnet mich in Latein, spricht mit sich selbst auf englisch, und ich frage mich, was ich ihm angetan habe.

Wenn ich nur meinen Vater finden könnte, damit ich zu Mam sagen könnte, hier ist er, und er hat noch drei Pfund in der Tasche. Weil ich jetzt keinen Hunger mehr habe, kann ich die O'Connell Street auf der einen Seite hoch- und auf der anderen Seite wieder runtergehen und auch die Kneipen in den Seitenstraßen absuchen, und da ist er, bei Gleeson's, eigentlich gar nicht zu überhören:

Nur mich geht's was an, und niemand soll lachen,
Wenn die Mädchen mir schöne Augen machen,
Und nur mir soll es nutzen, nur mir soll es frommen,
Wenn grü-hün die Täler von Antrim mich heißen willkommen.

Das Herz hämmert mir in der Brust, und ich weiß nicht, was ich machen soll, denn ich weiß, dass ich innerlich genauso tobe wie meine Mutter beim Feuer, und ich kann nur an eins denken: hineinrennen, ihm ordentlich ans Bein treten und wieder rausrennen, aber das tue ich nicht, denn wir haben ja auch die

Vormittage am Feuer, wenn er mir von Cuchulain und De Valera und Roosevelt erzählt, und wenn er jetzt betrunken ist und vom Geld des Babys Pints spendiert, hat er die gleichen Augen wie Eugene, als er Oliver suchte, und ich kann auch gleich nach Hause gehen und meine Mutter anlügen, dass ich ihn nicht gesehen habe und ihn nicht finden konnte.

Sie ist mit dem Baby im Bett. Malachy und Michael schlafen oben in Italien*. Ich weiß, ich brauche Mam gar nichts zu sagen, denn bald, wenn die Kneipen schließen, wird er singend nach Hause kommen und uns einen Penny anbieten, wenn wir für Irland sterben, und von jetzt an wird es anders sein, denn es ist schon schlimm genug, wenn ein Mann das Stempelgeld oder den Lohn vertrinkt, aber ein Mann, der das Geld für ein neues Baby vertrinkt, der ist tiefer gesunken als tief, wie meine Mutter sagen würde.

---

* Italien = das obere Stockwerk, von den Kindern so genannt, weil es dort wärmer und weniger feucht ist.

Henry Louis Gates

Der Vertrag

Henry Louis Gates erzählt von seiner Kindheit, die er während der fünf-
ziger und sechziger Jahre in einer Kleinstadt in Westvirginia verbracht
hat. Dort lebt zu der Zeit – trotz der beginnenden Aufhebung der Rassen-
trennung – die farbige Bevölkerung noch weitgehend unter sich. Die
Kinder sind eingebettet in eine enge Gemeinschaft von Freunden,
Nachbarn und zahlreichen Mitgliedern der Großfamilie, die zusammen ihre
Bräuche pflegen und ihre Feste feiern. Die Welt verändert sich für den
zwölfjährigen Skippy bedrohlich, als seine Mutter, der vitale Mittelpunkt
der Familie, an schweren Depressionen zu leiden beginnt.

Kleine Veränderungen fielen mir auf. Mama, die Unschrockene,
hatte plötzlich Angst vor Hunden. Auch körperlich veränderte
sie sich. Früher hatte sie immer brav ihre Gymnastik gemacht
und schlanke 46 Kilo gewogen. Nun nahm sie an die dreißig
Kilo zu. Zugleich begann sich aller möglicher Plunder in
unserem Haus anzusammeln, weil sie auf einmal zwanghaft
Konserven hortete. Stoff kaufte sie ebenfalls, ballenweise Stoff,
»für später«. Bald hatten wir ganze Mülltonnen voller Stoffbal-
len. Ein starkes Sicherheitsbedürfnis, das aus einer Kindheit
voller Mangel rührte, hatte sie überkommen und einen nagetier-
haften Vorsorgetrieb ausgelöst – eine unterschwellige Panik, mit
leeren Händen dazustehen, sich notdürftig behelfen zu müssen.
Selbst als das Haus sich zunehmend mit ihren neuen Errun-
genschaften füllte, war sie zwanghaft auf Sauberkeit bedacht
und verbrachte einen Großteil des Tages mit Staubsaugen und
Staubwischen. Nach Möglichkeit half ich ihr gern, kochte und
putzte, und manchmal bügelte ich sogar. Außerdem las ich die
Hefte, die immer öfter im Haus herumlagen, mit Titeln wie »Die
Phasen Evas« oder »Die Wechseljahre«, um diesen Wahnsinn,
der in unser Leben eingedrungen war, irgendwie geistig in den
Griff zu bekommen.

Doch so eifrig ich mich auch bemühte, ich konnte den Bann
nicht brechen. Die Depression verschlimmerte sich sogar, und ich
musste zusehen, wie Mama mit jedem Tag trübsinniger wurde.

Als sie schließlich in die Klinik eingeliefert wurde, umarmte
sie mich, als wäre es das letzte Mal. Ich weinte mich in den

Schlaf vor lauter Angst, dass sie sterben könnte und ich daran schuld sei. Da hatte ich nämlich so meine Vermutung.

Ich hielt damals alle möglichen selbst ausgedachten Rituale ein, zum Beispiel ging ich immer nur von rechts nach links um den Küchentisch, nie andersherum. An Stühle trat ich nur von links. Wir hatten im Gang zwischen unseren Zimmern und der Toilette ein wunderschönes Eichenkruzifix hängen, und an dem ging ich nie vorbei, ohne ihm zuzunicken, so wie ich das bei meinem Vater bei der episkopalen Beerdigung seines Vaters gesehen hatte. Ich musste von derselben Seite her ins Bett gehen und aufstehen, ich schlief auf derselben Seite, und den Telefonhörer hielt ich mir auch jedes Mal mit derselben Hand ans selbe Ohr. Vor allem aber schlug ich immer das rechte Bein übers linke, und beileibe nie umgekehrt.

Bis zu jenem Sonntag. Aus irgendeinem Grund, der mir damals zwingend vorkam, wahrscheinlich aus Wut oder Trotz, beschloss ich, meine Beine verkehrt herum übereinander zu schlagen. Das war eine gewagte Sache, eine Trotzhandlung, eine Herausforderung des Schicksals. Und sie fand eines Sonntags nach dem Essen gegen ein Uhr mittags statt. Mama hatte sich noch nicht angezogen. Sie hatte »fliegende Hitzen«, wie sie das nannte, fühlte sich »nicht ganz bei sich«. Immer wieder redete sie vom Sterben. Ein paar Wochen zuvor hatte sie mitten auf einer Beerdigung einen »Anfall« gehabt. Ich war nicht dabei, aber ich hatte gehört, dass meine Tanten Helen und Hazel sie mit vereinten Kräften aus der Kirche und zu Hazel nach Hause geschafft hatten, wo der Leichenschmaus stattfinden sollte. »Sinnloses Zeug gefaselt« hätte sie, beschreibt Daddy das noch heute, »vollkommen neben sich« sei sie gewesen.

An jenem Sonntagnachmittag lag die Krankheit so schwer in der Luft, dass man sie wie Schnee mit Händen greifen und zu Bällen hätte formen können. Wir erwarteten alle einen fürchterlichen Schlag. Und dann erklärte Mama mir höchstpersönlich unter Tränen, sie müsse in die Klinik, sie wisse nicht, ob oder wann sie zurückkomme, und falls sie nicht mehr wiederkomme, dürfe ich nie vergessen, dass sie mich liebe.

Sie starb nicht. Nach vier oder fünf Tagen im Krankenhaus begann sie täglich eine ganze Batterie von Pillen zu schlucken, die ihr verschrieben worden waren und die sich wie alles andere im Haus ansammelten. Die akute Depression hatte sie überstanden, doch trotz erheblicher Besserung tauchte sie nicht wieder so gesund daraus auf, wie ich mir erhofft hatte. Ihre Phobien entwickelten sich oft unvermutet: Jahre später bekam sie zum Beispiel plötzlich Angst, Dinge auf Tischen oder sonstigen Ablageflächen könnten hinunterkippen, sodass sie im ganzen Haus umherlief und alles von gefährlichen Rändern wegschob. Mich irritierte und ärgerte das, und ich versuchte ihr logisch zu erklären, es müsste schon ein Erdbeben kommen, damit ihre Ängste berechtigt wären. Doch für Mamas Begriffe war ihr ganzes Leben von einem solchen Erdbeben erschüttert worden; sie wusste, wie leicht man irgendwo hinunterkippte.

Nicht nur Mama hatte sich verändert. Ich wurde die fixe Idee nicht mehr los, dass Mama nicht so krank geworden wäre, wenn ich das Schicksal nicht herausgefordert hätte, indem ich meine Beine falsch herum übereinanderschlug. Vor lauter Schuldgefühlen konnte ich mit keinem Menschen darüber sprechen. Nur zu Jesus. An jenem Sonntag, als Mama abgeholt wurde, begann ich mit meiner Buße. Ich betete den ganzen Tag, den ganzen Abend und den ganzen nächsten Tag hindurch: Wenn Gott meine Mama nicht sterben ließ – und sie war ja überzeugt davon, dass sie starb –, dann würde ich mein Leben Christus weihen und in die Kirche eintreten.

Nachdem genügend Zeit zum Beweis verstrichen war, dass Gott seine Seite des Abkommens eingehalten hatte, kam die Reihe an mich. Als ich meinen geplanten Kircheneintritt ankündigte, erklärte Daddy mich rundheraus für verrückt. Mama, die im Stillen mit ihren eigenen Dämonen rang, war toleranter, aber selbst ich spürte ihre insgeheime Hoffnung, ich würde da wieder herauswachsen. »Wenn du dich darauf einlässt«, sagte Daddy leise und ungläubig, »dann mach keine halben Sachen. Und tritt nicht nach ein paar Wochen wieder aus. Damit machst du dich nicht beliebt.«

Seit Jahren war niemand in meinem Alter mehr der Kirche beigetreten, jedenfalls nicht bei den Methodisten. Ich hatte es mir mehrere Monate lang überlegt, eigentlich seit meinem zwölften Geburtstag, 1962. Jedes Mal, wenn Reverend Mon-roe alle, die Jesus zu ihrem persönlichen Erretter erwählen wollten, einlud, nach vorne zu kommen und in den Kreis zu treten, war ich versucht. Doch erst in einer Sonntagsmesse in Keyser fasste ich mir ein Herz. (Reverend Mon-roe hatte zwei Kirchen. Er las zwar Messen in der Walden-Methodist in Piedmont, doch seine eigentliche Kanzel stand in Keyser, und allsonntäglich predigte er im Pendelbetrieb erst in der einen, dann in der anderen Kirche.)

Die ganze Messe lang saß ich nervös und angespannt da; mein Magen schlug einen Salto nach dem anderen. Ich konnte es kaum erwarten, bis die langweilige Predigt vorbei war und er die Einladung aussprach.

Als es endlich soweit war, stand ich mechanisch auf, stolperte aus der Kirchenbank, schritt nach vorn bis direkt vor den Reverend Ralph Edell Mon-roe und fragte mich, was jetzt wohl passierte. Niemand wusste so recht, was zu tun war. Der letzte Kircheneintritt war so lange her, dass kein Mensch sich erinnern konnte, was als nächstes kam. Mon-roe blätterte im Zeremonienbuch, bis er die entsprechende Seite fand, und dann stellte er mir die vorgeschriebenen Fragen.

Willst du hier, vor dem Angesicht Gottes und der versammelten Gemeinde, das feierliche Taufversprechen erneuern und dich verpflichten, den Taufbund treu zu halten?

Glaubst du, dass der Herr Jesus Christus dich erretten kann?

Begegnest du allen Mitgliedern der Kirche in Freundschaft und Liebe?

Glaubst du an die Lehren der Heiligen Schrift, wie sie in den Glaubensartikeln der methodistischen Kirche niedergelegt sind?

Willst du dich frohen Herzens den Regeln der methodistischen Kirche unterwerfen, Gottes Sakramente heilighalten und alles daran setzen, das Wohlergehen deiner Brüder zu mehren und dem Reich des Erlösers den Weg zu bereiten?

Willst du nach Kräften deine irdischen Güter einsetzen zur Verbreitung des Evangeliums, der Kirche und all ihrer mildtätigen Werke?

Ja, ja, und nochmals ja! erwiderte ich so inbrünstig wie möglich, und dann sprach der Reverend die Aufnahmeworte:

Wir heißen dich willkommen in der Gemeinschaft der Kirche Gottes; und zum Zeichen unserer christlichen Liebe und der Herzlichkeit, mit der wir dich empfangen, strecke ich hiermit die rechte Hand der Brüderlichkeit aus. Gebe Gott, dass du hier auf Erden ein gläubiges und nützliches Mitglied der Kirchengemeinde wirst, bis du dereinst eingehst in die himmlische Gemeinschaft, die ohne Makel dasteht vor dem Auge des Herrn.

Und dann bat er abweichend vom Text jeden in der Kirche – allesamt ältere Frauen –, im Gänsemarsch nach vorn zu treten und mich im Schoß der Kirche willkommen zu heißen. Gott segne dich, Skippy, sagte jede einzelne, schüttelte mir herzlich die Hand, umarmte mich oder strich mir über den Kopf. Dieser Teil war so schön, dass mir die Tränen kamen. Heulend und

Hände schüttelnd stand ich da, bis alle vorbeidefiliert waren. Dann setzte ich mich wieder.

Als erste Tat nach meinem Kirchenbeitritt marschierte ich in unseren Eckladen und hinterlegte im Regal für Schulbedarf diskret zwischen den feinsäuberlich aufgeschichteten Wachsmalkreidepäckchen einen Dollar und achtzehn Cents in Kleingeld. Mit sechs hatte ich einmal eine Schachtel Wachsmalkreiden geklaut, und für diese Sünde wollte ich Buße tun, indem ich dem Laden das Geld – mit Zinsen – zurückzahlte.

Edgar L. Doctorow

Der Überfall

Edgar wohnt mit seinen Eltern im Westen der Bronx, diesem nördlichen Stadtteil, in dem sich New York auf das Fünffache von Manhatten verbreitert. Er kennt jetzt schon die Grenze nach Osten, jenseits der die Bronx gefährlich wird. Dort aber liegt die Zweigstelle der Andrew-Carnegie-Bibliothek, zu der er neuerdings jede Woche alleine gehen darf, um seine Seegeschichten, Sport- und Abenteuerromane zu holen.

Ich beschloss, nicht auf dem Weg heimzukehren, auf dem ich gekommen war, sondern an der Pechter Bread Company vorbei zur Park Avenue und dann nordwärts an den Eisenbahngeleisen entlang zur Tremont Avenue zu gehen. Ich wollte die Züge in ihrem breiten Graben unterhalb der Straße sehen. Dies war die Bahnlinie, mit der mein vornehmer Onkel Ephraim sich von seinem Wohnsitz in Pelham Manor fort und wieder dorthin zurück begab. Die Park Avenue war durch die Geleise in der Mitte entzweigeteilt, und beide schmale Hälften waren mit Kopfsteinen gepflastert, menschenleer, auf der einen Seite mit fensterlosen Lagerhäusern aus rotem Backstein gesäumt und auf der andern mit einem Zaun aus schwarzen Eisenstäben. Ich ging an diesem Zaun entlang durch abfallübersätes Unkraut und stellte mir vor, ich böte auf dem Netz aus elektrischen Leitungen über den Geleisen eine Hochseilnummer dar.

In diesem Augenblick traten mir zwei Jungen mit Messern gegenüber.

Sie hatten mich schon, bevor ich sie überhaupt sah. Sie drückten mich an den Zaun, stichelten mit ihren Messern nach mir, bis ich fest darangepresst dastand. Ich spürte die Stäbe im Rücken.

Mein Entsetzen verlieh mir den klaren Kopf des Überwältigten. Diese Jungen waren groß, im Alter meines Bruders. Der dünnere hatte die hellsten, tödlichsten Augen, in die ich je geblickt hatte; sie standen ganz eng zusammen in einem schmalen, schiefen Gesicht. Sein kleiner Mund hatte etwas tölpelhaft Schlaffes; die Lippe kehrte sich auf einer Seite nach außen und entblößte die unteren Zähne.

Der kräftige war größer und hatte sehr schwarze, zu einer Tolle zurückgekämmte Haare, und er hatte picklige Haut und ein rundliches, schwabbliges Gesicht mit einer Tülle statt einer Nase. Seine schwarzen Nasenlöcher bildeten fast vollkommene Kreise. Er hielt sein Messer nicht so präzise auf meinen Bauch gerichtet, wie es der andere tat. Er war nervös und blickte die Straße hinauf und hinunter.

»Bist Jude?« sagte der Dünne.

»Nein«, sagte ich.

Er grinste, streckte seine freie Hand vor und zog mir die Bücher weg. Die Bücher lagen im Unkraut. »Judenjunge«, sagte er, »ich schneid dir die Ohren ab. Was sagst du bei der Beichte?«

»Was?«

»Zeig uns mal, wie du dich bekreuzigst. «Ich wusste nicht, was das bedeutete. »Bist ein Judenjunge«, sagte er. Er drückte mir die Messerspitze hinein. Ich konnte sie spüren. Ein Stoß, und sie würde glatt durch mich hindurchgehen.

»Wo ist dein Geld?«

»Los«, sagte der Fette. »Beeil dich.« Er war tatsächlich nervös.

Ich holte mein Geld hervor, ein Zehn-Cent-Stück und zwei Centmünzen. Der Fette schaufelte die Münzen aus meiner Hand. »Gehen wir«, sagte er zu dem andern.

»Erst schlitz ich noch den verlogenen Juden hier auf.«

»Mein Vater ist bei der Polizei«, sagte ich zu dem größeren Jungen. Ich starrte ihn so fest an, wie ich konnte, denn ich wusste, dass er Angst hatte. »Er arbeitet hier im Bezirk«, sagte ich, »in einem Streifenwagen.«

Jetzt starrten sie mich beide an. Ich lieferte keine weiteren Beweise. Im nächsten Moment konnte ich tot sein oder frei, denn der tödliche Kleinere schwankte unentschieden zwischen zwei Impulsen hin und her. Ich spürte die Messerspitze. Der Druck verstärkte sich.

»Komm schon, gehn wir«, sagte der Fette.

Der Dünne packte mich am Kinn und knallte meinen Kopf gegen den Zaun. »Scheiß dir in die Hose, Judenjunge«, sagte er.

Sie rannten über die Straße und lachten. Sie bogen um die Ecke und waren verschwunden.

Ich las meine Bibliotheksbücher auf. Das Blatt mit den Anweisungen, die ich abgeschrieben hatte, war aus meinem Buch gefallen und lag, mit einem Fußabdruck darauf, zerknittert im Gras. Ich konnte die Messerspitze noch fühlen. Ich zog mein Hemd hoch, um nachzusehen, ob es mich zum Bluten gebracht hatte. Da war ein winziger roter Punkt, wie ein Nadelstich, genau über meiner Narbe.

Ich beschloss, keinem zu erzählen, was geschehen war. Ich ging rasch nach Hause und drehte mich ungefähr nach jeder Querstraße um, um zu schauen, ob sie mir folgten. Die Schmach wurde mit jedem Schritt, den ich tat, größer, bis ich Mühe hatte, nicht zu weinen. Ich merkte, dass ich zitterte.

Warum hatte ich nur meinen Vater erwähnt! Nun existierte er in ihren Köpfen. ich hatte das Gefühl, das setze ihn einem furchtbaren Risiko aus, auch wenn ich ihn in einer Uniform geschildert hatte. Bei der Polizei! Das war die fadenscheinigste aller Listen. Wenn sie auch nur ein bisschen schlauer gewesen wären, wäre ihnen wieder eingefallen, was für eine kindliche Behauptung das ist: Mein Vater ist Polizist. Vierjährige sagen das zueinander.

Es war meine Pflicht, in der East Bronx auf der Hut zu sein. Selbstgefällig hatte ich mir versichert, das sei ich auch. Seit ich denken konnte, wusste ich von Jungen wie diesen, und nun war ich ihnen töricht in die Arme gelaufen. Ich hatte sie auf mich aufmerksam gemacht. Wäre ich nicht vollauf mit Tagträumen beschäftigt gewesen, hätte ich Verstand genug gehabt, von den Bahngeleisen wegzubleiben. Edgar, hörte ich meine Mutter sagen, dein Kopf steckt immer in den Wolken. Komm runter, wenn du weißt, was gut für dich ist.

Das letzte Stück zu meinem Haus rannte ich. Im Schatten hinter der Haustür blieb ich stehen und wartete darauf, dass sie auftauchten. Wenn sie durch die Tür kämen, würde ich wieder hinausrennen. Ich wollte sie nicht zu meiner Mutter führen.

Keiner kam. Im dunklen Hausflur spielte ich die Szene immer wieder im Kopf durch, auf der Suche nach einem kleinen ehrenhaften Moment, nach einem Mittel gegen den Schmerz. Aber jedes Mal kam es auf dieselbe Weise heraus: »Bist Jude?« – »Nein.« Erniedrigung überfiel mich in Wellen, wie Schluchzen. Ich war außer mir vor Wut. Wären jene Jungen in diesem Moment aufgetaucht, ich hätte sie umgebracht. Ich fühlte mich krank. Dann begann ich zu schwitzen, und plötzlich wurde mir kalt. Ich lehnte mich an die Wand. Ein klebriger Film von kaltem Schweiß bedeckte mein Gesicht, meinen Hals und Rücken.

Noch Wochen danach schaute ich, wann immer ich hinausging, nach jenen beiden Jungen, und die Tatsache, dass ich sie nie sah, tilgte sie nicht als Bedrohung aus meinem Denken. Ich konnte meinen Beschäftigungen nur aufgrund des Zufalls nachgehen, dass sie nicht da waren, eine Sache, die ganz in ihrem Belieben stand, und so hatten sie mich, selbst wenn sie abwesend waren. Aber gleichzeitig wusste ich, dass es nicht einmal um diese beiden im Besonderen ging, weil Christenjungen überall so waren, man war nur frei, wenn ihre kollektive Laune es zuließ, wenn sie nicht zufällig dieselbe Straße entlangkamen oder bei einem durch den Garten liefen oder einen sonst sahen. Ich mühte mich, das Christentum als etwas zu begreifen, das mir ein Messer in den Bauch stoßen würde.

Christa Wolf

Die Ostarbeiterin

*»Kann man eines Kindes Neugier vollkommen lahm legen?« Diese Frage
stellt Christa Wolf, wenn sie sich an bestimmte Ereignisse der Jahre 1941
oder 1942 erinnert, deren Zeugin die zwölfjährige Nelly, die Kindfigur der
Erzählerin, ist. Die immer neugierige Nelly, die doch daran gewöhnt ist,
gegen alle Geheimniskrämerei von Erwachsenen laut und heftig zu protes-
tieren, ahnt plötzlich, dass es Dinge gibt, über die zu sprechen gefährlich
werden kann, ja, die man weder gehört noch gesehen haben darf.*

Was fällt dir ein, Lutz, wenn du »Tante Emmy« hörst?
Eine Warze. Königsberg. Ein Strickzeug. Sie muss unheimlich
schnell gestrickt haben.

Tante Emmy, wie sie in deinem Gedächtnis zum letzten Mal
auftritt, sitzt mit ihrer Schwägerin Auguste Schnäuzchen – Oma
– an einem heißen Sommernachmittag emsig strickend auf dem
Sockel vor der Haustür des neuen Jordanschen Hauses. Nelly
turnt am Treppengeländer. Es hat sich um das Jahr 41 oder 42
gehandelt, nach dem Einmarsch in die Sowjetunion, aber vor
Stalingrad. Tante Emmy in keiner Verkleidung. Jemand, ein
weibliches Wesen, kommt die Treppe heraufgehuscht, die
seitlich am Haus zum ersten Stock hochführt und in eben jenem
Steinpodest endet, auf dem die Frauen sitzen und stricken.

Nelly erkannte das verblichene Drillichzeug, das weiße Kopftuch, den großen Buchstaben O auf Brust und Rücken: »Ostarbei-
ter.« Sie erkannte das ukrainische Dienstmädchen von Frau Major
Ostermann. Es kam, auf besonderen Wunsch von Charlotte Jordan, immer erst kurz vor Ladenschluss für die Frau Major einkaufen und war im Fremdarbeiterlager am Stadion untergebracht.

Warum es sich aber am hellerlichten Tag die Außentreppe
hochwagte und dringlich verlangte, die »Frau« zu sprechen –
das konnte Nelly sich durchaus nicht vorstellen.

Tante Emmy, kaum von ihrer Strickerei aufblickend, beschied
die Fremde, die Frau sei im Geschäft unabkömmlich. Dann sagte
sie zu Nelly ungewöhnlich streng: Geh mal weg! und verfiel
übergangslos, kaum die Lippen bewegend, den Blick nicht
hebend und das Stricken nicht eine Sekunde unterbrechend, in
ein flinkes, unverständliches Murmeln in einer Sprache, die

wohl Polnisch sein musste und in der sie in weniger als einer
Minute Rede und Gegenrede mit der Ukrainerin wechselte, die
darauf, als wäre sie nie dagewesen, grußlos und wie ein
Schatten die Treppe wieder hinunterglitt und verschwand.

Was wollte sie?

Die? Was die wollte? Ach du mein liebes Herrgöttchen von
Tschenstochau, was wird die schon gewollt haben. Hab sie ja
selber kaum verstanden. Irgendeine Bestellung von ihrer Frau
Major.

Das war gelogen, Nelly vertrug das nicht. Erst heute wun-
derst du dich, dass Nelly, die als neugierig verschrien war, nicht
darauf bestand, die Wahrheit zu erfahren. Sie setzte »ihr
Gesicht« auf, doppelt bockig, weil Tante Emmy keine Notiz
davon nahm, und zog sich zu ihrem Zufluchtsort zurück, die
Kartoffelfurche im Garten unter der Schattenmorelle, um sich in
ihr Buch aus der Schulbibliothek, vielleicht »Die Stoltenkamps
und ihre Frauen«, zu vergraben.

Ein paar Jahre früher noch hatte sie sich Geheimnistuerei
nicht gefallen lassen. Hatte die Tür zum Wohnzimmer, aus dem
sie mit Bruder Lutz gerade verwiesen worden war, noch einmal
aufgerissen, um hineinzurufen: Man solle sie bloß nicht für
dumm halten. Sie wisse ja doch, was jetzt besprochen werden
solle: Tante Trudchens Ehescheidung. – Anhaltende Genugtuung
über die Wirkung, die sie erzielte.

Hat ihre Neugier inzwischen abgenommen? Nimmt Neugier
ab, wenn sie lange ins Leere stößt? Kann man eines Kindes
Neugier vollkommen lahmlegen? Und wäre dies vielleicht eine
der Antworten auf die Frage des Polen Kazimierz Brandys, was
Menschen befähigt, unter Diktaturen zu leben: Dass sie imstande
sind zu lernen, ihre Neugier auf die ihnen nicht gefährlichen
Gebiete einzuschränken? (»Jedes Lernen beruht auf Gedächtnis.«)

Zu fragen wäre: Ist Neugier nicht so beschaffen, dass sie
entweder ganz oder gar nicht erhalten bleibt?

Dann würde Nelly – »instinktiv«, wie man gerne sagt,
gefährliche Gebiete mit ihrer Neugier meidend – nach und nach
das Unterscheidungsvermögen für Gefährliches und Ungefähr-
liches verlieren müssen und das Fragen allmählich überhaupt
einstellen? Sodass die Mitteilung des Mädchens Elvira – sie habe
an dem Abend geweint, als sie die kommunistischen Fahnen
verbrannten – vielleicht nicht weitergegeben wurde, weil Nelly
erfahren hatte, dass die Erwachsenen Sätze mieden, in denen die
Wörter »Kommunist« und »kommunistisch« vorkamen? Dass

auch die offenherzige Tante Lucie, die ihr auf einem anderen, von der Mutter verpönten Sektor – dem des Geschlechtlichen – nützliche Hinweise gab, niemals jenen Abend erwähnte, den sie als Anwohnerin des Hindenburgplatzes ja miterlebt haben musste. – Tante Lucie schwieg sogar überzeugender als andere, weil sie mit ihrem freien, natürlichen Wesen gar keinen Verdacht aufkommen ließ, sie könnte etwas zu verschweigen haben. So ungefähr, könnte man sich vorstellen, werden die Grundlagen für Scheu gelegt, die sich in wenigen Jahren zu Trotz und Undurchdringlichkeit verdichten wird.

Nelly hat jedenfalls erst lange nach dem Krieg erfahren, dass ihre Mutter an jenem immer noch warmen Sommerabend ein paar Fetzen Weißzeug und Windeln und alte Flanelltücher heraussuchte; dass Schnäuzchen-Oma – genau wie an dem Tag, als sie Lutzens nach einem Radsturz heftig blutendes Knie verband – kurzerhand ein altes Laken zerriss und die Stücke unten in den Korb legte, den das ukrainische Dienstmädchen von Frau Major Ostermann am nächsten Tag abholen kam. Niemand aber, auch die Mutter nicht, hat erfahren, ob das Kind, das die Freundin der Ukrainerin oben in der Fremdarbeiterbaracke zur Welt brachte, lebte, ob und wie lange es in Charlotte Jordans Weißzeugfetzen gelegen hat und wann es – was nur zu wahrscheinlich ist – starb. Sorgfältig war darauf geachtet worden, dass kein Zeichen die Herkunft der Lappen verriet, in die das Kind gewickelt werden sollte, kein Monogramm etwa; sonst wären die beiden Herren, die Charlotte Jordan im vorletzten Kriegsjahr aufsuchten, schon eher erschienen. Einmal hat sie, Charlotte, sehr früh am Morgen einen Feldblumenstrauß vor ihrer Ladentür gefunden. Sie hat die Ostarbeiterin niemals nach dem Kind gefragt, und die hat niemals ein Wort darüber verloren. Und am wenigsten von allen durfte Charlottes zwölfjährige Tochter Nelly ahnen, dass im Frauenlager beim Stadion ein winziger Säugling in ihren alten Windeln lag und wahrscheinlich starb. Es ging nämlich das Gerücht, dass die Russen im Männerlager, das neben dem Frauenlager lag, starben wie die Fliegen. (Der Ausdruck fiel, Nelly muss ihn gehört haben: wie die Fliegen.) Zu diesem Satz nichts als ein dunkler, erschrockener Blick der Mutter. Kein Wort. Nelly weiß, was zu tun ist. Sie stellt sich taub und unwissend.

Dann wurde sie es. Behielt nur eine Erinnerung an diesen Blick, für die kein Zusammenhang sich finden ließ. Der Anlass war vergessen.

Frank McCourt

Frühstück mit Dad

Frank und seine Geschwister sind die Kinder einer von Armut und von der Trunksucht des Vaters gezeichneten irischen Familie. Er kennt die Verzweiflung der Mutter wenn wieder einmal kein Geld im Haus ist, und sie nicht weiß, was sie den Kindern zu essen geben soll. Trotzdem sind für Frank die frühen Morgenstunden kostbar, die er mit seinem Vater ganz allein verbringt, denn da lernt Frank ihn als einen anderen Menschen kennen und lieben.

Ich weiß, wann Dad das Böse tut. Ich weiß, wann er das Stempelgeld vertrinkt und Mam verzweifelt ist und bei der Gesellschaft vom Hl. Vincent de Paul betteln muss und in Kathleen O'Connells Laden anschreiben lassen muss, aber ich will ihn nicht im Stich lassen und zu Mam rennen. Wie kann ich das, wenn ich jeden Morgen mit ihm zusammen aufstehe, und die ganze Welt schläft noch? Er macht das Feuer an und macht den Tee und singt sich was vor oder liest mir mit einem Flüstern, von dem die übrige Familie nicht aufwacht, die Zeitung vor. Mikey Molloy hat Cuchulain gestohlen, der Engel von der siebten Stufe ist woandershin geflogen, aber mein Vater am Morgen gehört immer noch mir. Er kriegt die Irish Press schon ganz früh und erzählt mir von der Welt, von Hitler, Mussolini, Franco. Er sagt, dieser Krieg geht uns nichts an, die Engländer machen nur wieder ihre Mätzchen. Er erzählt mir von dem großen Roosevelt in Washington und dem großen De Valera in Dublin. Morgens haben wir die Welt für uns, und er sagt mir nie, ich soll für Irland sterben. Er erzählt mir von den alten Zeiten in Irland, als die Engländer nicht wollten, dass die Katholiken Schulen haben, weil sie wollten, dass das Volk unwissend blieb; dass die katholischen Kinder sich in so genannten Heckenschulen trafen, weit draußen auf dem Land, wo sie Englisch, Irisch, Latein und Griechisch lernten. Die Menschen liebten das Lernen. Sie liebten Geschichten und Gedichte, auch wenn ihnen das nicht half, einen Job zu finden. Männer, Frauen und Kinder versammelten sich in Gräben, um diese großen Lehrer zu hören, und jeder fragte sich, wie viel ein einzelner Mensch in seinem Kopf tragen kann. Die Lehrer riskierten ihr Leben, wenn sie von Graben zu Graben und von Hecke zu Hecke gingen, denn wenn die Engländer sie beim Unterrichten erwischten, konnte ihnen blühen, dass sie in ausländische Gefilde transportiert wurden oder Schlimmeres. Er sagt mir, heute ist die Schule leicht, man braucht nicht mehr in einem Graben zu sitzen, um Rechnen oder die ruhmreiche Geschichte Irlands zu lernen. Ich soll gut in der Schule sein, und eines Tages werde ich zurück nach Amerika gehen und mir einen Job besorgen, den man nicht im Freien ausübt, wo ich an einem Schreibtisch sitze, mit zwei Füllfederhaltern in der Tasche, einem roten und einem blauen, und Entscheidungen treffe. Ich werde aus dem Regen raus sein und einen Anzug und Schuhe und eine warme Wohnung haben, und was will ein Mann denn mehr. Er sagt, in Amerika kannst du alles werden, es ist das Land der unbegrenzten Möglichkeiten. Du kannst in Maine Fischer werden oder Farmer in Kalifornien. Amerika ist nicht wie Limerick, ein graues Nest mit einem mörderischen Fluss. Wenn man seinen Vater beim Feuer morgens für sich allein hat, braucht man weder Cuchulain noch den Engel von der siebten Stufe oder sonstwas.

Abends hilft er uns bei unseren Übungen. Mam sagt, in Amerika nennen sie das Schularbeiten, aber hier sind es Übungen, Rechnen, Englisch, Irisch, Geschichte. Bei Irisch kann er uns nicht helfen, weil er aus dem Norden ist und es ihm an der Muttersprache gebricht. Malachy bietet ihm an, dass er ihm alle irischen Wörter beibringt, die er weiß, aber Dad sagt, es ist zu spät, ein alter Hund lernt kein neues Gebell mehr. Vor dem Zubettgehen sitzen wir um das Feuer, und wenn wir sagen, Dad, erzähl uns eine Geschichte, erfindet er eine über jemanden in der Gasse, und die Geschichte führt uns um die ganze Welt, hoch in die Luft, unter die Meeresoberfläche und zurück in die Gasse. Jeder in der Geschichte hat eine andere Farbe, und alles steht auf dem Kopf und geht andersrum. Autos und Flugzeuge fahren unter Wasser, und U-Boote fliegen durch die Luft. Haifische sitzen auf Bäumen, und riesige Lachse tollen mit Kängurus auf dem Mond herum. Eisbären ringen mit Elefanten in Australien, und Pinguine bringen Zulus bei, wie man Dudelsack spielt. Nach der Schule nimmt er uns mit nach oben und kniet neben uns, während wir unsere Gebete sprechen. Wir sagen das Vaterunser, drei Ave-Maria, Gott segne den Papst, Gott segne Mam, Gott segne unsere tote Schwester und die toten Brüder, Gott segne Irland, Gott segne De Valera, und Gott segne jeden, der Dad einen Job gibt. Er sagt, schlaft jetzt, Jungs, denn der heilige Gott sieht euch, und Er weiß immer, wenn ihr nicht artig seid.

Ich glaube, mein Vater ist wie die Heilige Dreifaltigkeit mit drei Menschen in sich, der eine am Morgen mit der Zeitung, der eine am Abend mit den Geschichten und den Gebeten, und der eine, der das Böse tut und mit dem Geruch nach dem Whiskey nach Hause kommt und will, dass wir für Irland sterben. Ich bin traurig über das Böse, aber ich kann ihn nicht im Stich lassen, weil der am Morgen mein richtiger Vater ist, und wenn ich in Amerika wäre, könnte ich sagen, ich liebe dich, Dad, wie sie das in den Filmen machen, aber in Limerick kann man das nicht sagen, weil man Angst haben muss, dass sie einen auslachen. Erlaubt ist, wenn man sagt, dass man Gott liebt und Babys und Pferde, die als erste reinkommen, aber alles andere ist Spinnkram.

Nathalie Sarraute

Trost

Natascha, die Tochter russischer Eltern, wird um die Jahrhundertwende geboren. Die Ehe der Eltern zerbricht früh, und das Kind verliert damit ein festes Zuhause. Hin- und hergerissen zwischen Mutter und Vater und deren unterschiedlichen Vorstellungen von Erziehung mischen sich in Natascha Schmerz, Aggression und Lähmung.

Während eines längeren Aufenthalts beim Vater teilt Natascha in einem Brief verschlüsselt ihr bitteres Heimweh nach der geliebten Mutter mit. Durch deren vorwurfsvolle Antwort an den Vater fühlt sie sich von der Mutter verraten.

Wenn ich abends in meinem Bett lag, dachte ich nur an Mama. Ich weinte, wenn ich unter meinem Kissen ihr Foto hervorholte, auf dem sie neben Kolja saß, ich küsste sie und sagte ihr, dass ich es nicht mehr aushielte, so weit weg von ihr zu sein, sie solle mich doch abholen ...

Ich hatte mit Mama abgemacht, dass ich, wenn ich glücklich wäre, ihr »Hier bin ich sehr glücklich« schreiben und das »sehr«, unterstreichen würde. Und nur »Ich bin glücklich«, wenn ich es nicht wäre. Eben dies am Ende eines Briefes zu schreiben, hatte ich eines Tages beschlossen ... ich hatte nicht mehr die Kraft, noch mehrere Monate bis zum September darauf zu warten, dass sie mich wieder zu sich nähme. Ich schrieb also. »Ich bin glücklich hier.«

Kurz darauf rief mich mein Vater. Ich sah ihn nur selten. Er ging morgens gegen sieben Uhr, wenn ich noch schlief, und kam abends sehr müde und besorgt heim, beim Essen wurde oft nur geschwiegen. Vera sagte sehr wenig. Die Wörter, die sie aussprach, waren immer kurz, wobei die Vokale zwischen den Konsonanten zerquetscht zu werden schienen, damit jedes Wort gleichsam weniger Platz einnähme. Sogar meinen Namen sprach sie aus, indem sie die a's beinahe ausließ. Das ergab dann einen sonderbaren Klang, es war eher ein Geräusch: N't'sch ...

Nach dem Abendessen war es meinem Vater, wie ich wohl spürte, ganz recht, wenn ich zu Bett ging ... und ich selbst zog es auch vor, in mein Zimmer zu gehen.

»Du hast da nicht nur geweint ...«

»Nein, ich habe wohl auch gelesen, wie immer … Ich erinnere mich an ein Buch von Mayne Reid, das mein Vater mir gegeben hatte. Er hatte es, als er klein war, geliebt … mir machte es nicht viel Spaß … vielleicht war ich zu jung … achteinhalb Jahre … ich floh aus den langen Beschreibungen der Prärien zu den befreienden Anführungszeichen, welche die Dialoge eröffnen.«

Also, wenige Tage nach der Absendung meines Briefes an Mama will mein Vater nach dem Abendessen mit mir sprechen und führt mich in sein Büro, das durch eine Glastür vom Esszimmer getrennt ist … Er sagt zu mir: »Du hast deiner Mutter geschrieben, dass du hier unglücklich bist.« Ich war ganz erstaunt: »Woher weißt du das?« – »Ich habe eben einen Brief von deiner Mutter bekommen. Sie macht mir Vorwürfe, sie schreibt mir, man kümmere sich nicht richtig um dich, du beklagtest dich …«

Ich bin wie niedergeschmettert durch den harten Schlag eines solchen Verrats. Ich habe also niemanden mehr auf der Welt, bei dem ich mich beklagen könnte. Mama denkt nicht einmal daran, herzukommen, um mich zu erlösen, sie will, dass ich hier bleibe und mich dabei weniger unglücklich fühle. Niemals könnte ich mich ihr wieder anvertrauen. Niemals könnte ich mich irgend jemandem wieder anvertrauen. Ich habe wohl eine so große, so tiefe Verzweiflung gezeigt, dass mein Vater, plötzlich seine Zurückhaltung, seine Distanz, die er sonst hier mir gegenüber wahrt, aufgebend, mich fester in seine Arme schließt, als er es je getan hat … er zieht sein Taschentuch hervor, er wischt mit zärtlichem, gleichsam zitterndem Ungeschick meine Tränen ab, und ich glaube, auch in seinen Augen Tränen zu sehen. Er sagt mir nur: »Geh zu Bett, mach dir nichts draus« … ein Ausdruck, den er oft gebrauchte, wenn er mit mir sprach …, »man sollte sich im Leben über nichts grämen, es lohnt sich nicht … du wirst sehen, es renkt sich alles früher oder später wieder ein …«

In diesem Moment hat ein unsichtbares Band uns für immer und allem Anschein zum Trotz miteinander verbunden, ein Band, das durch nichts mehr zerstört werden konnte. Ich weiß freilich nicht, was mein Vater spürte, aber in dem Alter, ich war noch keine neun, ich bin sicher, habe ich das alles, was sich mir nach und nach im Laufe der folgenden Jahre offenbart hat, auf einmal, als ein Ganzes wahrgenommen … alle meine Beziehungen zu meinem Vater, zu meiner Mutter, zu Vera, und ihre Beziehungen untereinander sind nur eine Abwicklung von dem gewesen, was sich damals verwickelt hatte.«

Dawid Rubinowicz

Aus seinem Tagebuch

Im März 1940 begann der zwölfjährige Dawid Rubinowicz im polnischen Dorf Bodzentyn ein Tagebuch zu schreiben. Als jüdisches Kind durfte er zu dem Zeitpunkt schon keine Schule mehr besuchen. Das Tagebuch endet mit dem Eintrag vom 1. Juni 1942. Im September 1942 wurde Dawid mit seiner Familie ins Vernichtungslager Treblinka deportiert und ermordet. Erst zwölf Jahre nach Kriegsende wurden seine Tagebuchhefte durch Zufall in Bodzentyn gefunden (siehe Anhang). In den eineinhalb Jahren, in denen Dawid sein Tagebuch schrieb, wurde er zu einem gewissenhaften Chronisten, der genau wahrnahm und tapfer mitteilte, was den Menschen in seiner Umgebung und den Seinen unter der deutschen Herrschaft widerfuhr. Aber er bezeugte nicht nur die Geschehnisse, sondern auch den Schrecken und den Kummer, den sie bei ihm selbst auslösten. Am Ende seiner Tagebuchaufzeichnungen verdichtete sich für ihn alles in der Sorge um den Vater, der mit anderen jüdischen Männern in ein Arbeitslager gebracht worden war.

20. Mai: Heute wurde uns ein Brief von Vater ausgehändigt, ganze 4 Seiten hat er geschrieben und noch einen Zettel voll. Er hat alles ganz genau beschrieben. Er schreibt, dass er schon siebenmal vor dem Doktor war, und der will ihn nicht rauslassen. Morgen sollen 65 Kranke abfahren, vielleicht kommt Vater auch. Vater bittet, im Falle, dass er nicht kommt, sollen wir ihm Brot schicken, Kartoffeln und noch etwas. Mit Ungeduld warten wir auf morgen. Diese Nacht wurde bei einem Bauern eine Kuh gestohlen. Es wurde der Polizei gemeldet, und die haben sofort eine Untersuchung begonnen. Die Spuren führten zu einem Juden, dort haben sie den Kopf gefunden und 40 Kilo Fleisch, sie haben ihn gleich festgenommen. Alle sind sehr böse auf die Juden, dass ein Jude es wagt, eine Kuh zu stehlen. Nicht genug, dass wir von allen Seiten so verfolgt werden, kommt auch das jetzt noch dazu.

21. Mai: Um halb neun kam das Auto mit den Juden. Als ich das Auto sah, fing mir das Herz an, wie wild zu schlagen, vielleicht ist auch Vater dabei. Als es näher kam, suchte ich Vater, sah ihn aber nicht. Ich rannte hinterher, das Auto hielt beim Judenrat an, und alle sprangen gleich raus, aber Vater war nicht dabei. Ich fing gleich sehr zu weinen an, so viele Leute waren gekommen und Vater nicht. Manche waren ganz gesund und sind gekommen, das hat mich sehr erschüttert. Vater hat durch Bekannte mehrere Zettel geschickt, dass wir ihm ein paar Kartoffeln schicken möchten, Brot, gekochte Nudeln und Hirsegraupen. Wir haben gleich ein Paket fertiggemacht und es dem Fahrer mitgegeben. Wir haben ganz und gar vergessen, dass heute Pfingsten ist, und haben gar nichts vorbereitet, so sind wir nur mit dem einen beschäftigt. Es ist noch nie vorgekommen, dass Vater an einem Festtag nicht dagewesen wäre, und heute ist er nicht nur nicht da, sondern auch noch im Lager.

22. Mai: Beim Beten bekam ich große Sehnsucht nach Vater. Ich sah andere Kinder mit ihren Vätern stehn, und was sie beim Beten nicht wussten, zeigten ihnen die Väter, und wer zeigt es mir ... nur der liebe Gott allein, dass er mir gute Gedanken gebe, dass ich einen guten Weg gehe ... Noch nie war es mir so beschwerlich gewesen wie heute bei dem Gebet, weshalb hätte es mir auch früher so beschwerlich sein sollen? Wenn der liebe Gott geben möchte, dass Vater bald gesund zurückkäme. Wir haben nach Suchedniów telefoniert, und sie hat gesagt, dass die Sache noch nicht erledigt ist.

23. Mai: Heute haben sie die wegen der Kuh verhafteten Juden mitgenommen, und einen Unschuldigen haben sie rausgelassen.

25. Mai: Sehr früh kam der Onkel aus Bieliny, der mir gleich erzählte, dass er 20 Zloty Strafe gezahlt hat. In diesen kritischen Zeiten kann man selbst diese 20 Zloty nicht verdienen. Die Strafe hat er dafür gezahlt, dass er mit mehreren Juden unterwegs war, und ein Jude hatte keinen Passierschein. Auch so hat er noch viel Glück gehabt, dass sie ihn nicht gleich mitgenommen haben. Der Onkel hat keine Zeit vergeudet und ist gleich nach Hause gegangen. Heute wurde eine Bekanntmachung angebracht, dass der Rat morgen nach Skarzysko fährt. Wir haben kein besonderes Paket geschickt, sondern nur Geld, vielleicht bekommt er Brot vom Rat. Wir machen ein kleines Päckchen und legen es in das Paket der Kusine.

27. Mai: Mein Bruder brachte vom Rat ein Paket für uns und einen Brief. Vater schickte seinen Pullover, den Schal und warme Wäsche zurück und obendrein noch ein sauberes buntes Hemd, das wir ihm geschickt hatten. Er möchte, dass wir ihm weiße Wäsche schicken. Vater fragt, warum wir ihm nicht häufiger schreiben, er hat soviel Freude, wenn er einen Brief von zu Hause bekommt, und den liest er dann mehrere Male täglich. Morgen kommt er vor die Kommission, weil er nicht arbeiten kann. Vater schreibt, dass an allem Abram schuld ist. Er bittet, ihm nur Essen von zu Hause zu schicken, kein Geld, weil im Lager alles so teuer ist. Er fragt nach allem, ob wir Holz haben, ob wir noch Kartoffeln haben und ob wir, was Gott verhüten möge, nicht hungern. Er fragt, wo wir nur für alles das Geld hernehmen, und wenn er wüsste, dass wir alles haben, was wir brauchen, dann würde er beruhigt sein, aber so denkt er nur die ganze Nacht darüber nach und kann nicht schlafen. Er möchte unbedingt, dass wir ihm Geld schicken, dann geht dort alles schneller. Wenn er in der vorigen Woche das Geld gehabt hätte, dann wäre er mit dem zweiten Transport nach Hause gekommen. Vater schreibt, dass er jeden Tag Briefe schickt, aber wir nicht antworten. So schreibt er, aber wir haben keinen einzigen Brief mit der Post erhalten. Heute werden wir sicher einen Brief bekommen. Ich habe ihm gleich einen Brief geschrieben und in den Briefkasten gesteckt, weil die Post gerade kam. Der Briefträger gab uns einen Brief von Vater und danach zwei Postkarten. In dem Brief und den Postkarten schreibt er dasselbe wie im früheren Brief, nur im Brief schreibt er, ob es uns mit ihm und seiner Nervosität besser wäre oder ohne ihn. Mutter hat sofort nach Suchedniów telefoniert und gesagt, dass sie dieses Geld gleich an Vater schicken soll, und wir haben Vater noch 100 Zloty von uns geschickt. Das Geld schicken wir ihm, weil hier nichts zu machen ist, vielleicht kann er sich dort besser bemühen.

29. Mai: Heute am Tage waren Banditen in Wzdolo. Als die Polizei kam, liefen sie gar nicht weg, sondern begannen zu schießen. Die Polizei musste sich verstecken, und sie gingen ruhig in den Wald. Gleich wurde nach Kielce telefoniert, damit Gendarmerie kam. Nach einigen Stunden kamen zwei Autos, sie waren in Wzdolo, haben aber keinen gekriegt.

Heute kam eine Postkarte von Vater und eine vom Onkel aus Kielce. Vater schreibt nichts Neues, nur dass er Hoffnung hat, bald zu kommen. Der Onkel schreibt auch nichts Neues.

31. Mai: Heute war ein Anschlag ausgehängt, dass in Skarzysko die Arbeiter ausgetauscht werden, und am 4. Juni sollen sich
beim Rat 60 Personen melden; und die werden eine Karte
bekommen. In diesem Falle wird der liebe Gott vielleicht geben,
dass Vater kommt. Die 60 Personen fahren nur für 7 Tage.

29. Mai: Als die Kielcer Gendarmerie abgefahren war, blieben
noch die 8 von Bieliny hier. Ein vorbeigehender Gendarm sah,
wie auf einem Hof eine jüdische Frau weglaufen wollte. Sofort
befahl er, sie soll stehen bleiben, aber sie gehorchte nicht und
lief weiter. Als sie nicht stehen blieb, schoss er und traf beim
erstenmal. Er befahl, sie dort zu begraben, wo alle anderen
liegen, die erschossen sind. Welch ein schreckliches Schicksal sie
getroffen hat, dass sie ohne jeden Grund erschossen wurde. Als
sie da auf dem Hofe lag, und sie hat doch 6 Kinder, durfte
keines von ihnen an sie rankommen, und wenn eines angefangen hat zu weinen, dann hat er es geschlagen.

1. Juni: Ein Tag der Freude: Wir erwarteten einen Brief von
Vater, aber es kam kein Brief, nur eine Postkarte vom Vetter mit
Grüßen von Vater und weiter nichts. Wir hatten für Vater ein
großes Paket vorbereitet, denn morgen fährt der Rat nach
Skarzysko. Wir haben eine dünne Jacke eingepackt, Wäsche,
Schuhe, ein paar Kartoffeln, Brot und andere Kleinigkeiten.
   Mit Ungeduld wartete ich, dass es drei Uhr wurde, da
kommt die Post. Vielleicht kommt ein Brief von Vater, vielleicht
hat er Aussichten, freizukommen. Gegen Abend war ich zum
Nachbarn gegangen, um Holzpantinen für die Schwester zu
machen. Bei der Arbeit hörte ich ein Auto kommen und Gesang,
da hab ich mir gleich gedacht, dass die Juden aus Skarzysko
kommen. Ich rannte raus, und richtig, sie kamen angefahren.
Von weitem war zu sehen, wie sie mit Händen und Mützen
winkten, ich sah auch, wie mein Vater winkte. Ich schmiss alles
hin, lief hinterher und kam gleichzeitig mit dem Auto an. Sofort
nahm ich Vater das Bündel ab, und er stieg vom Auto. Mutter
nahm mir das Bündel ab, und ich ging zur Polizei, das Paket
zurückholen. Ich ging in die Wohnung und konnte vor lauter
Freude Vater nicht einmal begrüßen. Niemand kann sich unsere
Freude vorstellen, nur der kann sie sich vorstellen, der das
selber erlebt hat. Es war alles wie in einem Film, soviel durch-
lebten wir in kaum einer Sekunde. Hier war es sofort voller
Leute, alle kamen, um was Gutes zu erfahren. Vater hatte sich

den Arm verletzt, darum hatten sie ihn rausgelassen ... Zuerst bin ich sehr erschrocken, weil ich dachte, dass er sehr schlimm verwundet wäre. Es fällt mir schwer, alles, was Vater erzählte, zu beschreiben. Ich fange mit dem Anfang an, am schlimmsten war die erste Woche, bis er sich eingewöhnt hatte. Die Arbeit war nicht so schrecklich, nur die Disziplin ist schrecklich; wenn einer nicht gut marschiert oder singt, kriegt er Prügel. Geweckt wird um 4 Uhr früh, um 5 Uhr nachmittags hören sie auf zu arbeiten. 13 Stunden lang kann man sich nicht eine Minute hinsetzen, wer sich hinsetzt, kriegt fürchterliche Prügel. Das Erzählen hatte kein Ende, bis nachts 2 Uhr blieben wir auf, das kann man gar nicht beschreiben. Vater sieht nicht sehr schlecht aus, hatte soviel gegessen, wie er brauchte. Vor lauter Freude habe ich vergessen, das Wichtigste und Schrecklichste auf-zuschreiben. Heute morgen waren zwei jüdische Frauen aufs Land gegangen. Mutter und Tochter. Zum Unglück fuhren die Deutschen von Rudki nach Bodzentyn Kartoffeln holen und sind ihnen begegnet. Als die beiden Frauen die Deutschen erblickten, da begannen sie zu fliehen, wurden aber eingeholt und festge-nommen. Sie wollten sie gleich im Dorf erschießen, aber der Dorfschulze ließ es nicht zu. Da sind sie an den Waldrand gegangen und haben sie dort erschossen. Die Jüdische Polizei fuhr gleich hin, um sie auf dem Friedhof zu begraben. Als das Fuhrwerk zurückkam, war es voll Blut. Wer

(Hier brechen Dawids Tagebuchaufzeichnungen ab.)

Isaac Bashevis Singer

Ein vergnügter Tag

In guten Zeiten erhielt ich wie alle Jungen im Cheder jeden Tag
von Vater oder Mutter ein Zwei-Groschenstück, eine Kopeke.
Für mich verkörperte diese Münze alle weltlichen Freuden. Auf
der gegenüberliegenden Straßenseite lag Esthers Süßwarenladen,
wo man Schokolade, Geleefrüchte, Eis, Karamellbonbons und
alle möglichen Plätzchen kaufen konnte. Da ich sehr gern mit
Buntstiften malte und da Buntstifte Geld kosten, reichte eine
Kopeke nie so weit, wie Vater und Mutter behaupteten.

Manchmal musste ich mir Geld von einem Mitschüler im
Cheder leihen, einem jungen Wucherer, der Zinsen verlangte.
Für vier Groschen zahlte ich pro Woche einen Groschen Zinsen.
Daher war meine Freude unbeschreiblich, als ich einmal einen
ganzen Rubel verdiente – einhundert Kopeken!

Ich weiß nicht mehr genau, wie ich zu diesem Rubel gekommen bin, aber ich glaube, es muss etwa so gewesen sein: Ein
Mann hatte bei einem Schuhmacher ein Paar Stiefel aus Ziegen-
leder in Auftrag gegeben, aber als sie fertig waren, stellte sich
heraus, dass sie entweder zu groß oder zu klein waren. Der
Mann weigerte sich, die Stiefel zu nehmen, und der Schuhmacher brachte ihn vor den rabbinischen Gerichtshof meines
Vaters. Vater schickte mich zu einem anderen Schuhmacher, der
den Wert der Stiefel schätzen sollte oder sie vielleicht kaufen
konnte, da er auch mit fertigen Schuhen handelte. Zufällig hatte
dieser zweite Schuhmacher einen Kunden, dem die Stiefel
gefielen und der bereit war, einen guten Preis dafür zu zahlen.
Ich kann mich nicht mehr an die Einzelheiten erinnern, aber ich
weiß noch, dass ich mit einem Paar brandneuer Stiefel durch die
Gegend marschierte und dass mir eine der streitenden Parteien
zur Belohnung einen Rubel schenkte.

Ich wusste, dass es um den Rubel geschehen wäre, wenn ich
damit zu Hause bliebe. Meine Eltern würden mir etwas zum
Anziehen kaufen, etwas, was ich ohnehin bekommen hätte, oder
sie würden sich den Rubel von mir leihen. Und wenn sie auch
nie bestreiten würden, dass sie ihn mir schuldeten, so würde ich
ihn doch nie wiedersehen. Darum nahm ich den Rubel und
beschloss, mich einmal den Freuden dieser Welt hinzugeben,

einmal all die schönen Dinge zu genießen, nach denen mein Herz sich sehnte.

Schnell lief ich die Krochmalna hinunter. Hier war ich zu bekannt. Hier konnte ich es mir nicht leisten, den Verschwender zu spielen. Aber schon in der Gnoyna kannte mich kein Mensch mehr. Ich winkte einer Droschke, und der Kutscher hielt an.

»Was willst du?«

»Fahren.«

»Wohin?«

»In die anderen Straßen.«

»In welche anderen Straßen?«

»Zur Nalewki.«

»Das kostet vierzig Groschen. Hast du soviel Geld?«

Ich zeigte ihm den Rubel.

»Aber du musst im voraus bezahlen.«

Ich gab dem Kutscher den Rubel. Er versuchte, ihn zu verbiegen, um zu sehen, ob er echt war. Dann gab er mir mein Wechselgeld – vier Vierzig-Groschenstücke. Ich stieg ein. Der Kutscher knallte so laut mit der Peitsche, dass ich beinahe von der Bank gefallen wäre. Der Sitz unter mir hüpfte auf seinen Federn. Passanten starrten den kleinen Jungen an, der da in einer Droschke fuhr, allein und ohne Gepäck. Die Droschke bewegte sich zwischen Straßenbahnwagen, anderen Droschken, Fuhrwerken und Lieferwagen hindurch. Ich kam mir plötzlich so bedeutend wie ein Erwachsener vor. Lieber Gott, wenn ich doch tausend Jahre lang so weiterfahren könnte, Tag und Nacht, ohne Halt, bis ans Ende der Welt ...

Aber der Kutscher war kein ehrlicher Mann. Das stellte sich bald heraus. Wir hatten erst die Hälfte des Weges hinter uns, da hielt er an und sagte – »Das reicht. Raus mit dir!«

»Aber das ist nicht die Nalewki!« protestierte ich.

»Möchtest du meine Peitsche probieren?« fragte er.

Wenn ich nur stark wie Samson gewesen wäre, ich hätte gewusst, wie man mit solch einem Gauner, solch einem Lümmel fertig wird! Ich hätte ihn zermalmt, Kleinholz aus ihm gemacht! Aber ich war nur ein kleiner, nicht besonders kräftiger Junge, und er knallte mit seiner Peitsche.

Ich stieg aus, gedemütigt und niedergeschlagen. Aber wie lange bleibt man traurig, wenn man vier Vierzig-Groschenstücke in der Tasche hat? Ich sah einen Süßwarenladen und ging hinein. Ich kaufte von allem etwas, und während ich kaufte, probierte ich. Die anderen Kunden sahen mich missbilligend an.

Wahrscheinlich dachten sie, ich hätte das Geld gestohlen. Ein Mädchen sagte laut: »Seht euch doch nur den kleinen Chassid an.« – »He, Schwachkopf, möge ein böser Geist in deines Vaters Sohn fahren!« rief ein Junge mir zu.

Mit Süßigkeiten beladen verließ ich das Geschäft. Als ich die Straße zum Krasiniskich-Park überquerte, wäre ich fast überfahren worden. Ich betrat den Park und fing an, von den köstlichen Dingen zu essen. Einem Jungen, der vorbeikam gab ich ein Stück Schokolade. Anstatt sich zu bedanken, riss er es mir aus der Hand und lief davon. Ich ging zum Teich hinüber und fütterte die Schwäne – mit Schokolade. Frauen zeigten mit dem Finger auf mich, lachten und sagten irgend etwas auf polnisch. Hübsch gekleidete Mädchen mit Reifen und Bällen kamen zu mir gelaufen, und ich verteilte meine Süßigkeiten ritterlich und verschwenderisch unter ihnen. In diesem Augenblick kam ich mir vor wie ein reicher, vornehmer Herr.

Nach einer Weile hatte ich zwar keine Süßigkeiten mehr, aber ich hatte noch etwas Geld. Ich beschloss, noch einmal Droschke zu fahren. Als ich nun zum zweiten Mal in einer Droschke saß und der Kutscher mich fragte, wohin es gehen solle, wollte ich eigentlich »Krochmalna« sagen. Aber irgend jemand in mir, einer, der den Hals nicht voll genug kriegen konnte, sagte statt dessen. »Zur Marszalkowska.«

»Welche Nummer?«

Ich sagte irgendeine Nummer.

Dieser Kutscher war ein ehrlicher Mann. Er brachte mich zur angegebenen Adresse, und er verlangte das Geld auch nicht im voraus. Auf dem Weg dorthin fuhr eine andere Kutsche eine Zeitlang neben uns her. Eine Dame saß darin mit einem gewaltigen Busen und einem riesigen Hut, der mit einer Straußenfeder geschmückt war. Mein Kutscher unterhielt sich mit dem anderen Kutscher. Sie sprachen beide Jiddisch, was der Dame gar nicht gefiel. Noch weniger gefiel ihr der kleine Fahrgast mit dem schwarzen Samtkäppchen und den roten Schläfenlocken. Sie warf mir zornige Blicke zu. Von Zeit zu Zeit hielten die beiden Droschken an, um einen Straßenbahnwagen oder ein schwerbeladenes Fuhrwerk vorbeizulassen. Ein Polizist, der in der Nähe der Straßenbahngleise stand, musterte erst mich, dann die Dame, und einen Augenblick lang schien er die Absicht zu haben, herüberzukommen und mich festzunehmen – aber dann fing er an zu lachen. Ich hatte schreckliche Angst. Ich hatte auch Angst, dass in meiner Tasche plötzlich ein Loch sein könnte und ich mein Geld verloren hätte. Und wenn der Kutscher ein Räuber war, der mich in irgendeine dunkle Höhle entführen wollte? Vielleicht war er auch ein Zauberer. Und vielleicht war dies alles nur ein Traum. Aber nein, der Kutscher war kein Räuber, und er brachte mich nicht zu den zwölf Dieben in der Wüste. Er setzte mich genau bei der Adresse ab, die ich ihm genannt hatte, einem großen Gebäude mit einem Torweg, und ich gab ihm die vierzig Groschen.

»Zu wem willst du?« fragte er mich.

»Zu einem Arzt«, antwortete ich, ohne zu zögern. »Was fehlt dir?«

»Ich hab Husten.«

»Du bist ein Waisenkind, was?«

»Ja, ein Waisenkind.«

»Von außerhalb?«

»Ja.«

»Von wo?«

Ich nannte irgendeine Stadt.

»Trägst du ein Fransengewand?«

Diese Frage beantwortete ich nicht. Was gingen ihn meine Fransen an? Wenn er doch endlich weiterfahren wollte! Aber er blieb stehen mit seiner Droschke, und ich konnte nicht länger warten – ich musste den Torweg betreten. Hinter dem Tor lauerte ein riesiger Hund. Er sah mich mit seinen klugen Augen an und schien zu sagen. »Den Kutscher kannst du vielleicht an der Nase rumführen, aber mich nicht. Ich weiß, dass du hier nichts zu suchen hast.« Und er öffnete das Maul und zeigte seine scharfen, spitzen Zähne.

Plötzlich tauchte der Hausmeister auf. »Was willst du hier?« Ich stotterte etwas, aber er schrie mich an: »Verschwinde!«

Er kam mit einem Besen auf mich zu. Ich begann zu laufen, und der Hund stieß ein wütendes Geheul aus. Der Droschkenkutscher war wahrscheinlich Zeuge meiner Demütigung, aber gegenüber einem Besen, einem Hausmeister und einem Hund kann ein kleiner Junge nicht den Helden spielen.

Es stand nicht gut für mich, aber ich hatte immer noch etwas Geld. Und mit Geld kann man sich überall vergnügen. Ich sah einen Obstladen und ging hinein. Ich kaufte die erstbeste Frucht, die ich dort liegen sah. Mein Geld reichte gerade. Ich musste mich von meinem letzten Groschen trennen.

Ich weiß nicht mehr, was für eine Frucht es war. Es muss ein Granatapfel oder etwas ähnlich Exotisches gewesen sein. Ich konnte die Frucht nicht schälen. Als ich hineinbiss, schmeckte sie ekelhaft. Trotzdem aß ich sie bis zum letzten Bissen auf. Aber dann bekam ich plötzlich einen furchtbaren Durst. Meine Kehle brannte und war wie ausgetrocknet. Ich hatte nur einen Wunsch: etwas zu trinken. Wenn ich doch mein Geld noch hätte! Ich hätte literweise Sodawasser trinken können! Aber ich hatte kein Geld mehr, und, was schlimmer war, es war noch sehr weit bis nach Hause.

Ich machte mich auf den Weg. Plötzlich spürte ich einen Nagel in meinem Stiefel. Bei jedem Schritt bohrte er sich mehr in meinen Fuß. Warum musste sich der Nagel auch gerade jetzt bemerkbar machen? Ich trat in einen Torweg. Hier gab es keine Hunde und keine Hausmeister. Ich zog den Stiefel aus. Ein spitzer Nagel hatte sich durch die Brandsohle gebohrt. Ich stopfte etwas Papier in den Stiefel und lief weiter. Wie schwer einem das Gehen fällt, wenn man bei jedem Schritt in einen Eisennagel tritt! Wie schlimm muss es erst sein, in der Hölle auf einem Nagelbrett zu liegen! An diesem Tag hatte ich viele Sünden begangen. Ich hatte keinen Segen gesprochen, bevor ich die Süßigkeiten aß, ich hatte von meinem ganzen Geld nicht einen einzigen Groschen den Armen gegeben. Ich hatte nur mich selbst vollgestopft.

Ich brauchte etwa zwei Stunden für den Nachhauseweg. Alle möglichen schlimmen Gedanken bedrängten mich. Vielleicht war zu Hause etwas Schreckliches geschehen. Vielleicht hatte ich gar nicht gelogen, als ich dem Kutscher sagte, dass ich ein Waisenkind sei, sondern hatte in dem Augenblick, als ich es sagte, wirklich meine Eltern verloren. Vielleicht hatte ich keinen Vater, keine Mutter, kein Zuhause mehr. Vielleicht hatte ich plötzlich ein anderes Gesicht wie der Mann in dem Märchenbuch, und Vater und Mutter würden mich nicht erkennen, wenn ich nach Hause kam. Es war alles möglich!

Ein Junge sah mich und hielt mich an. »Wo kommst du denn her? Deine Mutter hat dich überall gesucht!«

»Ich war in Praga, ich bin mit der Straßenbahn gefahren«, sagte ich. Ich log, nur um zu lügen. Wenn man gegessen hat, ohne einen Segen zu sprechen, und noch andere Sünden begangen hat, dann kann man tun, was man will – es kommt nicht mehr darauf an.

»Wen hast du in Praga besucht?«

»Meine Tante.«

»Seit wann hast du eine Tante in Praga?«

»Sie ist gerade nach Warschau gezogen.«

214

»Komm, du schwindelst. Deine Mutter sucht dich. Schwöre, dass du in Praga warst.«

Ich legte auch noch einen falschen Schwur ab. Dann ging ich nach Hause, müde und verschwitzt – eine verlorene Seele. Ich stürzte zum Wasserhahn und trank und trank. So muss sich Esau über das Linsengericht hergemacht haben, für das er sein Erstgeburtsrecht verkaufte.

Gianni Celati

Wie sich zwei sehr junge Pendler verirrten

Jeden Freitag stiegen sie in Codogno in den Zug, und der Junge fuhr nach Mailand, weil seine Eltern getrennt lebten; er musste fünf Tage bei seinem Vater in Codogno verbringen und das Wochenende in Mailand bei seiner Mutter. Das Mädchen fuhr nach Mailand, weil es bei einem Psychoanalytiker in Behandlung war, wozu irgendein Arzt ihrem Vater geraten hatte, der wiederum diesen Rat höchst richtig gefunden hatte.

Sie war vielleicht 13 Jahre alt, er vielleicht 11. Da sie sich beide zu Hause langweilten, weil sie immer ihre Eltern reden hörten, hatten sie bald die Vorstellung, dass alle Eltern langweilig sind. Dann entwickelten sie diese Vorstellung weiter und kamen zu dem Schluss, dass alle Erwachsenen langweilig sind. Schließlich kamen sie durch einige äußere Umstände zu der Überzeugung, dass Erwachsene und Eltern schon eher dumm als langweilig sind: und zwar so dumm, dass es nicht der Mühe wert ist, darauf zu achten, was sie sagen oder tun.

Und das geschah so. Am Wochenende gingen die zwei Kinder in Mailand herum, um zu sehen, ob sie auf der Straße jemanden entdeckten, der nicht langweilig war; sie waren beispielsweise mit dem Bus oder mit der U-Bahn hinter einem her und wetteten: »Wetten wir, der ist nicht langweilig.« Den Ausgang ihrer Wetten schrieben sie jedesmal in ein Notizbuch.

Sie langweilten sich aber sehr, besonders in der U-Bahn, wenn sie die Leute beobachteten: die Leute, die nie wissen, wohin sie sich setzen oder stellen sollen, weil sie immer Angst haben, dass die anderen sie anschauen, oder die Leute, die möchten, dass die anderen denken, ihnen ist alles egal, oder die Leute, die möchten, dass die anderen denken, sie haben von allem die Nase voll. Von all dem wurden sie melancholisch.

Dann wurden sie auch melancholisch von den Autofahrern, die hupen, um zu zeigen, dass sie es eilig haben; von denen, die auf der Straße die anderen wegdrängen, um zu zeigen, dass sie nur ihren eigenen Kram im Sinn haben; von denen, die in den Bars über Dinge reden, die niemanden interessieren, nur um zu zeigen, wie gut sie reden können; von denen, die immer lachen, auch wenn es nichts zu lachen gibt, nur um zu zeigen, dass sie alles verstanden haben; von denen, die in den Geschäften auf die andere Seite schauen, um zu zeigen, dass sie keine Zeit zu verlieren haben; von den Frauen, die auf die andere Seite schauen, um zu zeigen, dass sie sich bewundern lassen, undsoweiter undsoweiter.

Praktisch wurden sie von allem melancholisch, was sie unterwegs sahen, es war dieselbe Melancholie wie zu Hause, wenn sie ihre Eltern oder Verwandten reden hörten.

Da sie immer wieder Wetten notierten, war das Notizbuch schließlich ganz vollgeschrieben, ohne dass jemals einer der beiden einmal gewonnen hätte, denn alle Erwachsenen, die sie sahen, waren langweilig.

Einmal waren sie den ganzen Viale Corsica hinter einem alten Mann hergegangen, der sympathisch aussah. Auf einmal stürzte er und fiel hin, die Kinder liefen zu ihm, um ihm aufzuhelfen, aber er hörte nicht auf sie und kümmerte sich nur um seinen Mantel: »Ich werde mir wohl den Mantel hinten schmutzig gemacht haben«, sagte er. Und da er nicht auf sie Acht gab, als sie ihn fragten, wie er sich fühle und ob er weitergehen könne, sondern nur an seinen Mantel dachte, ließen sie ihn sausen. Nach ein paar Schritten stürzte der alte Mann aufs neue, und Passanten sagten, er sei an einem Herzinfarkt gestorben. Auch dieser Alte war langweilig.

Ein andermal gingen sie auf dem Corso Magenta hinter einer ganz in Schwarz gekleideten Frau mit einer großen Sonnenbrille her, die dem Jungen sympathisch erschien. Aber als sie zu einem Parkplatz kam, dem Parkwächter Geld gab und sagte: »Behalten Sie es«, wurde ihnen dadurch, wie sie die paar Worte sagte, klar, dass sie eine unerhört langweilige Frau war. So sehr, dass dem Jungen ein widerwärtiger Geschmack nachkam, wenn er nur daran dachte.

Wieder ein andermal sahen sie einen Kerl, der ihnen wie ein Betrunkener vorkam, und sie fuhren mit der U-Bahn hinter ihm her bis in ein Viertel, dessen Namen ich nicht nennen werde. Dort setzte sich der Kerl auf eine Treppe zu anderen, die auch so betrunken aussahen wie er, und sie saßen alle da mit hängenden Köpfen. In dem Moment hörte man Schüsse, dann zeigte jemand auf ein davonfahrendes Auto, auch die Kinder liefen davon, so schnell sie konnten, weil sie Angst hatten, es würde noch einmal geschossen.

Während sie liefen, fuhr ein Auto neben ihnen her und ein Mann sagte: »Schnell, steigt ein!« Im Auto erklärten sie, was passiert war, und der Mann erzählte, in dem Viertel geschehe es oft, dass die von der Mafia, wenn sie Waffen ausprobieren müssten, an der Treppe vorbeifuhren und auf die Drogensüchtigen schossen, die dort saßen.

Der Mann sah sympathisch aus, und er lud sie zu sich nach Hause ein. Er wohnte an einem entlegenen, aber schönen Ort westlich des Flughafens Malpensa, in der Nähe einer Stromzentrale und umgeben von Wäldern, und in den Wäldern liegt hie und da ein Haus.

Die Kinder dachten, der Mann wäre Professor, wegen der vielen Bücher, die fast ein ganzes Zimmer ausfüllten. Beim Essen sprach er zwei Stunden lang über Dinge, von denen sie nichts verstanden, und er kam ihnen überdurchschnittlich intelligent vor. Sie schliefen ein, während er immer noch redete.

Eine Stunde später liefen sie in der Nacht durch die Wälder, während sie nämlich eingeschlafen waren, hatte der Mann angefangen, die Schenkel des Mädchens zu betatschen, und nachher, als sie ihm Bücher an den Kopf warfen, tat er so, als müsste er lachen, und sagte. »Das war doch nur zum Spaß.«

Die zwei Kinder haben mir erzählt, dass sie damals vor allem deshalb weggelaufen sind, weil ihnen dieser Erwachsene so dumm vorkam, dass ihnen ein widerwärtiger Geschmack hochkam, wenn sie nur daran dachten.

Durch all diese Abenteuer hatten sie sich nun schon verändert. Das Spiel mit den Wetten, die sie dann in ihr Notizbuch eintrugen, machten sie nicht mehr, aber ihre Rundgänge durch Mailand unternahmen sie noch jedes Wochenende.

Und eines Sonntags im Dezember, als sie kreuz und quer durch ein Viertel mit neu erbauten Wohnblöcken gingen, es war, glaube ich, in der Gegend von Monza, begegneten sie zwischen Nebelschwaden einer Frau, die sich verlaufen hatte.

Es war eine Frau mittleren Alters im Trainingsanzug und mit einer Wollmütze auf dem Kopf; sie war am Morgen zum Laufen aus dem Haus gegangen und fand nun nicht mehr nach Hause. Sie fragte alle, denen sie begegnete, und sagte, sie wohnte in einem länglichen Block, der genauso aussah wie die Blöcke, die man in der Ferne sah, und wie auch alle anderen Blöcke im ganzen Viertel.

Die beiden Kinder, die zufällig dort vorbeigekommen waren, hörten, wie sie allen den Namen ihrer Straße sagte und jedesmal hinzufügte: »Block G, Wohnung 38.« Es hatte sich eine Menge Leute um sie angesammelt, und ein paar Jungen deuteten auf eine Reihe weißer Blöcke, als wüssten sie genau, wo sich der Block G befand.

Gleich darauf ging die Frau in diese Richtung weiter, gefolgt von einer Schar junger Leute, von Herren mit Hund und Leuten im Sportdress.

Auch die zwei Kinder schlossen sich diesem Zug von Helfern an.

Als der Zug unter dem Säulengang eines riesigen Blockes, der tatsächlich der Block G war, angekommen war, stellte man fest, dass der Name neben der Klingel der Wohnung Nr. 38 nicht der Name der Frau war. Da gingen nacheinander alle weg, sei es, weil die Angelegenheit nun zu Ende oder weil es Zeit zum Mittagessen war.

Auf einmal waren die beiden Kinder allein mit der Frau, die sich verirrt hatte, und sie gingen hinter ihr her aus dem Säulengang hinaus. Sie gingen über eine neblige Wiese, und je weiter sie gingen, desto dichter wurde der Nebel, sie waren bereits in anderen Vierteln mit riesigen Wohnhäusern, und nun hatten auch sie sich verirrt.

Sie überquerten breite Alleen, auf denen niemand vorbeikam, dann standen sie plötzlich auf freiem Feld, und wieder in Wohnvierteln, die genauso aussahen wie die von vorher, auch hier strich die Frau ziellos herum. Ab und zu fragte sie die Frau etwas über die Straßenschilder, die sie sah, oder über die Namen der Gegenden, durch die sie kamen, und die Kinder antworteten: »Wir sind nicht aus Mailand.«

Sie hatten eben wieder ein Wohnviertel hinter sich gelassen, da sahen sie plötzlich gar nichts mehr, sie mussten auf freiem Feld sein, denn sie gingen über gefrorene Felder und ringsum war alles weiß: einen so weißen Nebel hatten sie noch nie gesehen, und er war so dicht, dass sie mit der Fußspitze vorfühlen mussten, bevor sie einen Schritt machten, weil sie über ihre Nasen hinaus nichts sahen.

Sie mussten stehen bleiben. Als sie sich im Nebel drehten, sahen sie um sich auf allen Seiten eine große weiße Wand, in der es ihnen nicht mehr gelang, einander wieder zu finden, ihren eigenen Körper zu sehen oder einen Zuruf deutlich zu vernehmen. Sie froren und fühlten sich allein, aber sie konnten weder vor noch zurück und mussten stehen bleiben an dem wunderlichen Ort, wo sie sich verirrt hatten.

Einen so langen Weg von so weit waren sie gekommen, weil sie etwas suchten, das nicht langweilig war, hatten es nicht gefunden und mussten jetzt noch, wer weiß wie lange, frierend und melancholisch im Nebel stehn, bevor sie zu ihren Eltern nach Hause zurückkehren konnten. Da kam ihnen der Verdacht, dass das ganze Leben so sein könnte.

Bruno Schulz

Heimkehr von den Ferien

In den ersten Oktobertagen kehrten wir mit der Mutter aus der Sommerfrische zurück, die in einem benachbarten Departement des Landes gelegen war, im waldigen Flussgebiet der Stotwinka, durchsetzt vom Gemurmel Tausender von Wasserläufen, Rinnsalen und Quellen. Noch das Rauschen der Erlen, durchwoben vom Gezwitscher der Vögel in den Ohren, fuhren wir heimwärts in einem großen alten Rumpelkasten, der zu einer riesigen Bude gleich einem dunklen, geräumigen Wirtshaus aufgedunsen war, eingesperrt zwischen dem Handgepäck, in einem tiefen, mit Samt ausgeschlagenen Alkoven, in dessen Fenster Karte um Karte die farbigen Bilder der Landschaft fielen, langsam, wie beim Mischen von einer Hand in die andere.

Gegen Abend kamen wir auf eine winddurchwehte Hochfläche, auf eine große, Befremden erregende Wegscheide des Landes. Der Himmel über dieser Wegscheide stand tief, verhalten, im Zenith rotierend als farbige Windrose. Hier war der fernste Schlagbaum des Landes, die letzte Straßenkehre, hinter der sich unten das ausladende und späte Landschaftsbild des Herbstes auftat. Hier war die Grenze und hier stand der alte morsche Grenzpfosten mit verwitterter Aufschrift und schwankte im Wind.

Die großen Reifen des Rumpelkastens knirschten und versanken im Sand, die plappernden, flirrenden Speichen verstummten, nur die große Bude polterte dumpf, schwankte finster in den Kreuzwinden der Wegscheide, wie eine Arche in Einöden verpflanzt.

Die Mutter zahlte die Maut, der Schlagbaum der Wegscheide hob sich kreischend, dann fuhr der Rumpelkasten langsam in den Herbst hinein.

Hinein in die welke Langeweile einer riesigen Ebene, in ein verwaschenes und blasses Wehen, das hier über der gelben Ferne seine törichte und müde Unendlichkeit auftat. Eine späte und riesige Ewigkeit erhob sich aus verblichenen Fernen und wehte.

Wie in einer alten Romanze rotierten die vergilbten Karten des Landschaftsbildes immer blasser und immer kraftloser, als sollten sie in einer großen, winddurchwehten Leere enden. In dieser verwehten Nichtigkeit, in diesem gelben Nirwana hätten wir hinter Zeit und Wirklichkeit fahren und für immerdar in diesem Landschaftsbild, in diesem warmen, schalen Wehen bleiben können – eine regungslose Diligence auf großen Rädern, stecken geblieben inmitten der Wolken auf dem Pergament des Himmels, eine alte Illustration, ein vergessener Holzschnitt in einer altväterlichen, verschütteten Romanze –, als der Kutscher mit letzter Kraft die Leitseile straffte und den Rumpelkasten aus der süßen Lethargie dieser Winde hinauslenkte und in den Wald einbog.

Wir fuhren in eine dichte und dürre Flaumigkeit, in ein tabakbleiches Welken hinein. Sogleich wurde es ringsumher still und braun wie in einem Kästchen Trabucos. In diesem Zedern-halbdunkel huschten an uns die Baumstämme vorbei, trocken und duftend wie Zigarren. Wir fuhren, der Wald dunkelte immer stärker, roch immer aromatischer nach Tabak, bis er uns schließlich wie in das trockene Futteral eines Violoncellos einsperrte, das vom Wind hohl gestimmt wurde. Der Kutscher hatte keine Streichhölzer, konnte die Laternen nicht anzünden. Die schnaubenden Pferde fanden in der Dunkelheit instinktiv den Weg. Das Klappern der Speichen verlangsamte sich und verstummte, die eisernen Radreifen fuhren weich über duften-den Nadelboden. Die Mutter war eingeschlafen. Die Zeit verrann ungemessen, schlang wunderliche Knoten und Abbre-viaturen in ihren Ablauf. Die Dunkelheit war undurchdringlich, über der Bude lärmte noch das trockene Rauschen des Waldes, als der Boden unter den Hufen der Pferde plötzlich zu hartem Straßenpflaster gerann, der Wagen sich auf der Stelle drehte und stehenblieb. Er stand so dicht neben einer Mauer, dass er fast scheuerte an ihr. Beim Öffnen des Schlages berührte die Mutter die Hausmauer. Der Kutscher lud das Handgepäck aus.

Wir betraten den großen, verzweigten Flur. Es war dort finster, warm und still wie in einer alten leeren Bäckerei gegen Morgen nach dem Auskühlen des Ofens oder wie in einem Bad zur späten Nacht, wenn die verlassenen Wannen und Zuber in der Finsternis, in der Stille vom Klatschen der Tropfen gemes-sen, langsam erkalten. Ein Heimchen trennte geduldig illusori-sche Nähte von Licht aus der Finsternis, von denen es nicht heller wurde. Tappend fanden wir die Treppe.

Als wir den knarrenden Treppenabsatz erreicht hatten, sagte die Mutter: »Wach auf, Józef, du fällst von den Beinen, es sind nur mehr ein paar Stufen.« Doch schlaftrunken schmiegte ich mich noch fester an sie und schlief vollends ein.

Nie konnte ich später von der Mutter erfahren, ob es Wirklichkeit gewesen, was ich jene Nacht durch die geschlossenen Lider gesehen hatte, überwältigt von schwerem Schlaf und stets tiefer in taube Vergesslichkeit versinkend, oder nur eine Frucht meiner Imagination.

Autorinnen und Autoren

Tschingis Aitmatow wurde 1928 im westlichen Kirgisien geboren. Nach dem Studium der Veterinärmedizin arbeitete er als Zootechniker. Seit 1958 lebt Aitmatow als freier Schriftsteller und ist einer der bekanntesten Autoren der russischen Gegenwartsliteratur. Für seine Romane und Erzählungen wurde er 1963 mit dem Lenin-Preis und dreimal mit dem Staatspreis ausgezeichnet. Ins Deutsche übersetzt sind *Dschamilja*, eine berühmte Liebesgeschichte, *Frühe Kraniche* sowie *Der Junge und das Meer*, aus dem *Robbenjagd* entnommen ist.

Viktor Astafjew (1924–2001) wurde in Owsjanka, einem Dorf in Sibirien, geboren. Als literarischer Wegbegleiter von Alexander Solschenizyn gehörte er zu den Autoren der so genannten Tauwetter-Periode in den sechziger Jahren. Zu seinen bekanntesten Büchern zählt der auch ins Deutsche übersetzte Roman *Der Diebstahl*. Mit dem Roman *Ilja Werstakow, Eine Kindheit in Sibirien* (1969) hatte Astafjew seinen ersten großen literarischen Erfolg. *Die Erdbeeren* ist diesem Roman entnommen.

Walter Benjamin (1892–1940), aufgewachsen in Berlin, studierte Philosophie in Freiburg, Berlin, München und Bern. Nach seiner Promotion lebte er als freier Schriftsteller und Übersetzer in Berlin. 1933 emigrierte er nach Frankreich und arbeitete in Paris (Baudelaire-Übersetzung, *Passagen-Werk)*. 1940 nahm er sich auf der Flucht vor den deutschen Truppen an der französisch-spanischen Grenze das Leben. Veröffentlichungen u. a. *Goethes Wahlverwandtschaften, Ursprung des deutschen Trauerspiels, Einbahnstraße, Das Kunstwerk im Zeitalter seiner technischen Reproduzierbarkeit. Der Lesekasten* ist ein Kapitel aus *Kindheit um Neunzehnhundert*.

Vito Bruno, geboren 1957 in Crispiano bei Taranto, lebt heute in Rom. *Cirlè* gehört zu der Erzählsammlung *Cirlè e altri racconti* (1995).

Elias Canetti (1905–1994) wurde in Rustschuk, Bulgarien, als Kind spaniolischer Eltern geboren. Nach dem frühen Tod des Vaters in Manchester besuchte er Schulen in Zürich und Frankfurt/M. Studium der Chemie in Wien. 1938 emigrierte er über Paris nach London. 1981 erhielt *Canetti* den Nobelpreis für Literatur. Seine Hauptwerke sind: *Die Provinz des Menschen, Die Blendung* (1935), die autobiografische Trilogie *Die gerettete Zunge* (1979), *Die Fackel im Ohr* (1982), *Das Augenspiel* (1985). Sein philosophisches Hauptwerk *Masse und Macht* erschien 1960. *Meine früheste Erinnerung* ist der Anfang von *Die gerettete Zunge*.

Gianni Celati wurde 1937 in Sondrio im Veltlin geboren. Er ist Schriftsteller und Professor für angloamerikanische Literatur in Bologna. Übersetzungen von Swift, Twain, Céline und Barthes ins Italienische. Eigene Werke: *Comiche (Komisches*, 1971) und *Le Avventure di Guizzardi (Guizzardis Abenteuer*, 1973), für das er den Bagutta-Literaturpreis erhielt. Im Deutschen ist Celati vor allem bekannt durch *Landauswärts (ein Wandertagebuch), Der Wahre Schein* (vier Novellen) und *Erzähler der Ebenen*, zu denen die Erzählung *Wie sich zwei sehr junge Pendler verirrten* gehört.

Edgar Lawrence Doctorow (geb. 1931) lebt in seiner Geburtsstadt New York. Bekannt wurde er durch seinen Roman *Ragtime* (1975). Der Roman *Weltausstellung (World's Fair)* erschien 1985. Die Texte *Besuch der Großmutter* und *Der Überfall* sind aus diesem Roman.

Viktor Dragunskij (1913–1972) wurde in New York geboren und übersiedelte nach Moskau, wo er schon 1935 ein beliebter Schauspieler, Filmschauspieler und Zirkusclown war. Er leitete ein Kabarett, schrieb Theaterstücke und Erzählungen. Sein Roman aus dem Zirkusleben *Heute und jeden Tag* wurde in der Sowjetunion berühmt. Erst als er älter war, schrieb oder erzählte er Geschichten für Kinder, die sehr beliebt waren. Eine davon ist *Es ist lebendig und leuchtet*.

Per Olov Enquist (geb. 1934). Der schwedische Schriftsteller wurde auch in Deutschland durch seine Romane bekannt, darunter *Die Ausgelieferten, Der fünfte Winter des Magnetiseurs, Kapitän Nemos Bibliothek, Der Besuch des Leibarztes* und *Lewis Reise*. Die Erzählung *Der Mann im Boot* schrieb Enquist für seinen Sohn Mats. Sie spielt in Nordschweden, in der Gegend, in der Enquist als Kind lebte.

Sean O'Faolain (1900–1997), geboren in Cork, schloss sich 1918 der Irish Republican Army an und kämpfte im Bürgerkrieg nach 1922 als Republikaner. Studium in Dublin. Stipendium für Harvard und Aufenthalt in den USA. 1928 Ehe mit Eileen Gould. Erste Erzählung *Fuge* in London veröffentlicht. 1933 Rückkehr nach Irland. Geburt der Tochter Julie. Lebte dann als freier Schriftstller bei Dublin. Grundlegendes literaturwissenschaftliches Werk *The Short Story* (1948). Romane und viele Erzählungen. In der Erzählung *Die Forelle* sind seine Kinder Julie und Stephan portraitiert.

Janet Frame wurde 1924 in Dunedin in Neuseeland geboren. Sie ist Autorin zahlreicher preisgekrönter Romane, darunter *Wenn Eulen schrein, Auf dem Maniototo* und *Gesichter im Wasser*. Ihrem dreibändigen autobiografischen Roman *Ein Engel an meiner Tafel* ist das Kapitel *Poppy* entnommen.

Henry Louis Gates (geb. 1950) ist Anglist und Vorsitzender der afroamerikanischen Abteilung in Harvard. *Farbige Zeiten (Colored People)* sind Erinnerungen an seine Kindheit und Jugend in Piedmont in den fünfziger und sechziger Jahren, die Gates für seine beiden Töchter verfasste. *Der Vertrag* ist ein Text aus diesem Buch.

Natalia Ginsburg (1916–1981) wurde in Palermo geboren und verbrachte ihre Kindheit in Turin. 1938 heiratete sie den Schriftsteller Leone Ginsburg. Mit ihm und drei Kindern lebte sie von 1940–1943 in den Abruzzen in der Verbannung. Nach der Ermordung ihres Mannes durch die Faschisten in Rom kehrte sie 1944 nach Turin zurück und arbeitete als Lektorin für Einaudi. Seit 1952 lebte sie in Rom. Sie erhielt den »Premio Viareggio« und den »Premio Strega«. Ins Deutsche übersetzte Romane: *Alle unsere Jahre, Familienlexikon, Die Stimmen des Abends, Valentino* u. a.

Oskar Maria Graf (1884–1967) wuchs in Berg am Starnberger See auf und erlernte in seinem Elternhaus das Bäckerhandwerk. Er zog nach München und geriet dort nach dem Ende des ersten Weltkriegs in die revolutionären Wirren der Münchner Räterepublik. Als engagierter Antifaschist ging er 1933 ins Exil. In der Tschechoslowakei schrieb er 1934/35 den Roman *Anton Sittinger*. Hier entstanden auch die ersten Arbeiten für *Das Leben meiner*

Mutter. Unter schwierigen materiellen Bedingungen vollendete er in den USA den Roman, aus dem das Kapitel *Die Entdeckung der Mutter* entnommen ist.

Ernest Hemingway (1899–1961) wurde in Chicago geboren. Er war zunächst Journalist. Im ersten Weltkrieg wurde er an der italienischen Front verwundet. Nach dem Krieg lebte er in Paris. 1926 erschien sein Roman *The Sun also rises.* 1927 kehrte er in die USA zurück und hielt sich in Florida auf, dann in Kuba. Hemingway war Korrespondent im spanischen Bürgerkrieg (*Wem die Stunde schlägt,* 1940). Als Soldat und Korrespondent nahm er am Zweiten Weltkrieg teil. 1954 erhielt Hemingway den Nobelpreis für sein Gesamtwerk, zu dem zahlreiche Erzählungen gehören. Eine davon ist *Indianerlager.*

Arturo del Hoyo wurde 1917 in Madrid geboren. *Bekümmernis* gehört zu der Erzählsammlung *En la glorieta y en otros sitios* (1972).

Marie Luise Kaschnitz (1901–1974), geboren in Karlsruhe, wuchs in Berlin und Potsdam auf. Zahlreiche Reisen führten sie nach Italien, Griechenland, Nordafrika und in die Türkei. Ihre letzten Lebensjahre verbrachte sie in Rom. Für ihr lyrisches, episches und essayistisches Gesamtwerk erhielt sie zahlreiche Auszeichnungen. *Das dicke Kind* gehört zur Erzählsammlung *Eisbären.*

Gavino Ledda wurde 1938 in Siligo auf Sardinien geboren. Er kehrte nach dem Abschluss seiner sprachwissenschaftlichen Studien in seine Heimat zurück, um an der Universität von Sassari Linguistik zu unterrichten. Sein erstes Buch *Padre Padrone* (1975) wurde mit dem »Premio Viareggio« ausgezeichnet. Ihm ist *Hirtenschule* entnommen. Ihm folgte 1977 der Roman *Die Sprache der Sichel.*

Stanislaw Lem wurde 1921 in Lwów geboren und lebt heute in Kraków. Nach dem Studium der Medizin und einer Assistentenzeit für Probleme der angewandten Psychologie beschäftigte er sich privat mit Kybernetik und Mathematik und übersetzte wissenschaftliche Publikationen. Im Roman *Das Hospital der Verklärung* (1955) wird die Liquidation einer Psychiatrie beim Einmarsch der Deutschen erzählt. 1985 wurde ihm der Große Österreichische Staatspreis für Literatur verliehen. Neben dem umfangreichen Werk seiner Science-Fiction-Romane und -Erzählungen schrieb Lem 1983–85 die *Philosophie des Zufalls*. In *Das Hohe Schloss* (1968) beschreibt er seine Kindheit und Jugend in der Stadt Lwów. *Enzyklopädie* ist ein Ausschnitt aus diesem Buch.

Frank McCourt (geb. 1930) lebt in New York. 1996 schrieb er das Erinnerungsbuch seiner Kindheit und Jugend in Irland *Die Asche meiner Mutter*, das mit dem Pulitzer-Preis ausgezeichnet wurde. Ihm sind *Der Diebstahl* und *Frühstück mit Dad* entnommen. 1999 erschien als Fortsetzung seiner Erinnerungen *Ein rundherum tolles Land*.

Elsa Morante (1918–1985) lernte Lesen und Schreiben ohne Grundschulbesuch und verfasste schon als Kind Märchen und Kindergeschichten. Sie besuchte Gymnasium und Universität, wurde freie Schriftstellerin und schrieb Erzählungen, Gedichte und Romane: *Arturos Insel* (1959), *Das heimliche Spiel* (1966), *La Storia* (1976), *Aracoeli oder die Reise nach Andalusien* (1984). *Auf dem Bahnsteig* stammt aus dem Roman *Lüge und Zauberei* (1948).

Vladimir Nabokov (1899–1977) wurde in St. Petersburg geboren. Nach der Oktoberrevolution Flucht der Familie nach England. Studium der russischen und französischen Literatur in Cambridge. 1922–1937 lebte Nabokov in Berlin, ab 1940 in den USA. 1948–1959 Lehrtätigkeit an der Cornell-University in Ithaca N. Y. Von 1961 bis zu seinem Tod lebte Nabokov in der Schweiz. Zahlreiche Romane, die bekanntesten sind *Lolita* und *Pnin*. Die Erzählung *Kein guter Tag* wurde in Russisch verfasst.

Francesco Piccolo, 1964 in Caserta geboren, lebt heute in Rom. Die Erzählung *Auf der Straßenseite* stammt aus seiner Erzählsammlung *Storie di primogeniti e figli unici* (»Geschichten von Erstgeborenen und Einzelkindern«, 1996).

Marcel Proust (1871–1922) ist in Paris aufgewachsen. Mit 9 Jahren begann das nervöse Asthma, an dem er sein ganzes Leben leiden sollte. Er studierte Rechte und Politische Wissenschaften und hörte Henri Bergson, dessen Lebensphilosophie einen bedeutenden Einfluss auf sein Werk hatte. 1895 schrieb er den unvollendeten Roman *Jean Sauteuil*, 1913 erschien *In Swanns Welt*, 1919 erhielt er den Prix Goncourt für *Im Schatten Junger*

Mädchenblüte. 1920–21 *Die Welt der Guermantes.* In seinem Todesjahr 1922 vollendete Proust mit *Sodom und Gomorrha* den letzten Teil seiner Romantrilogie *Auf der Suche nach der verlorenen Zeit. Die Tasse Tee* ist ein Text aus *In Swanns Welt.*

Dawid Rubinowicz (Tagebuch 21. März 1940 bis 1. Juni 1942). In einem Lesebuch erzählter Kindheit des zwanzigsten Jahrhunderts sollte wenigstens ein Teil aus einem der ganz wenigen Texte aufgenommen werden, welche jüdische Kinder hinterlassen haben, die auf Befehl Hitlers ermordet wurden. Diese Texte sind alle nur durch Zufall erhalten geblieben. Der bekannteste ist das Tagebuch der Anne Frank. Zu ihnen gehören auch die vier, die 1963 ins Deutsche übersetzt und unter dem Titel *Im Feuer vergangen* mit einem Vorwort von Johann Christoph Hampe veröffentlicht wurden, und die Tagebucheintragungen des Dawid Rubinowicz, die 1958 in Bodzentyn in Polen gefunden wurden. Dawid wurde am 22. oder 23. September 1942 in Treblinka ermordet. 1960 wurde sein Tagebuch in Polen veröffentlicht.

Nathalie Sarraute (1900–1999) wurde in St.Petersburg geboren und kam 1908 zu ihrem Vater nach Paris. Sie studierte in Paris und Oxford Jura. 1939 erschien *Tropismen,* ihr erstes Buch. Ihr Werk, das dem »nouveau roman« zugeordnet wird, umfasst Romane, Essays, Dramen und Hörspiele. Erst in ihren Spätwerken *Kindheit* (1987) und *Du liebst dich nicht* gab sie, sehr zurückhaltend, Autobiografisches preis. Nathalie Sarraute lebte und arbeitete in Paris. *Das tust du nicht* und *Trost* sind Texte aus *Kindheit.*

Jean-Paul Sartre (1905–1980). Mit seinem 1943 erschienenen philosophischen Hauptwerk *Das Sein und das Nichts* wurde Sartre zum wichtigsten Vertreter des Existentialismus, der auch seine Theaterstücke, Romane, Erzählungen und Essays bestimmt. Er engagierte sich gegen den Algerien- und den Vietnamkrieg und war einer der geistigen Väter der Studentenrevolte 1968. 1964 lehnte er den Nobelpreis für Literatur ab. *Unvergessliche Wörter* ist dem autobiografischen Roman *Die Wörter* von 1963 entnommen.

Bruno Schulz (1892–1942), Sohn eines jüdischen Seidenwarenhändlers, lebte in seiner Heimatstadt Drohobycz in Galizien als

Zeichenlehrer. Dort wurde er 1942 auf offener Straße von einem Deutschen erschossen. Zu seinen Lebzeiten wurden die Erzählungsbände *Die Zimtläden* und *Das Sanatorium zur Todesanzeige* sowie einige Prosafragmente, Kritiken, Briefe, Radierungen und Zeichnungen publiziert. Ein großer Teil seines literarischen Nachlasses ist untergegangen. *Das Buch* und *Heimkehr von den Ferien* sind der Erzählsammlung *Vater geht unter die Feuerwehrmänner* entnommen. Jetzt in: *Gesammelte Werke in zwei Bänden.*

Isaak Bashevis Singer (1904–1991) wuchs in Warschau als Sohn eines Rabbiners auf. 1926 begann er Erzählungen in jiddischer Sprache zu schreiben. Auch nach seiner Emigration in die USA 1935 blieb Jiddisch seine Schriftsprache. Zahlreiche Erzählsammlungen in englischer und deutscher Übersetzung u. a. *Leidenschaften, Gimpel der Narr, Der Kabbalist vom East Broadway.* Romane u. a. *Jakob der Knecht, Die Familie Moschkat, Feinde – die Geschichte einer Liebe.* Singer erhielt 1978 den Nobelpreis für Literatur. In *Mein Vater der Rabbi* erzählt er Geschichten seiner Kindheit in Warschau. Eine davon ist *Ein Tag des Vergnügens.*

Ljudmila Ulitzkaja, geboren 1943, lebt und arbeitet in Moskau. Ihre Novelle *Sonetschka* machte sie bekannt und wurde in Frankreich mit dem »Prix Médicis« ausgezeichnet. *Windpocken* ist eine Erzählung aus der Sammlung *Sonetschka.* Weitere Erzählungen und Romane: *Medea und ihre Kinder, Ein fröhliches Begräbnis* und *Olgas Haus.*

Martin Walser wurde 1927 in Wasserburg am Bodensee geboren; Heute lebt er in Überlingen. Er war Mitglied der »Gruppe 47«. Für seine Werke erhielt er zahlreiche Preise und Auszeichnungen. Romane: *Ehen in Philippsburg, Das fliehende Pferd, Verteidigung der Kindheit, Ohne einander, Finks Krieg. Die Kette* ist dem autobiografischen Roman *Der springende Brunnen* (1998) entnommen.

Christa Wolf wurde 1929 in Landsberg/Warthe im heutigen Polen geboren. Sie studierte in Jena und Leipzig Germanistik, arbeitete als Lektorin und lebt heute als freie Schriftstellerin in Berlin. Ihr umfangreiches erzählerisches und essayistisches Werk ist mit zahlreichen nationalen und internationalen Preisen ausgezeichnet worden. *Die Perle* und *Die Ostarbeiterin* sind Texte aus ihrem Roman *Kindheitsmuster* (1976).

Quellennachweis

Astafjew, Viktor, *Die Erdbeeren*. Aus: Ilja Werstakow. Eine Kindheit in Sibirien. © Middelhauve Verlags GmbH, München.

Aitmatow, Tschingis, *Robbenjagd*. Aus: Ders., Der Junge und das Meer, Goldmann Verlag 1978, 1994.

Benjamin, Walter, *Der Lesekasten*. Aus: Ders., Gesammelte Schriften, IV.I. Berliner Kindheit um Neunzehnhundert. © 1989 Suhrkamp Verlag, Frankfurt am Main, S. 247.267.

Bruno, Vito, *Cirlè*. Aus: Italia fantastica! Junge italienische Literatur. © Verlag Klaus Wagenbach, Berlin.

Canetti, Elias, *Meine früheste Erinnerung*. Aus: Die gerettete Zunge, Carl Hanser Verlag, München, Wien. © Johanna Canetti.

Celati, Gianni, *Wie sich zwei sehr junge Pendler verirrten*. Aus: Erzähler der Ebenen, © 1986, 1997 Verlag Klaus Wagenbach, Berlin.

Doctorow, Edgar L., *Besuch der Großmutter* und *Der Überfall*. Aus: Weltausstellung. © Paul & Peter Fritz AG, Zürich. Copyright für die deutsche Übersetzung von Angela Praesent © 1987 by Rowohlt Verlag GmbH, Reinbek bei Hamburg.

Dragunskij, Viktor, *Es ist lebendig und leuchtet*. Aus: Dichter Europas erzählen Kindern, © Gertraud Middelhauve Verlag, Köln 1972

Enquist, Per Olov, *Der Mann im Boot*. Aus: Dichter Europas erzählen Kindern, © Gertraud Middelhauve Verlag, Köln 1972

Frame, Janet, *Poppy* aus: Ein Engel an meiner Tafel. Die vollständige Autobiographie in einem Band. © Piper Verlag GmbH, München 1993, 1994.

Gates, Henry Louis, *Der Vertrag* aus: Ders., Farbige Zeiten. Aus dem Amerikanischen von Christiane Buchner. © 1997 Diogenes Verlag AG Zürich.

Ginzburg, Natalia, *Die Mutter*. Aus: Valentino, © 1997 Verlag Klaus Wagenbach, Berlin.

Graf, Oskar Maria, *Die Entdeckung der Mutter*. Aus: Das Leben meiner Mutter. © 1994 Paul List Verlag, München.

Hemingway, Ernest, *Indianerlager*. Aus: Die Stories. Gesammelte Erzählungen. Deutsche Übersetzung von Annemarie Horschitz-Horst. © 1966, 1977 by Rowohlt Verlag GmbH, Reinbek bei Hamburg.

Hoyo, Arturo del, *Bekümmernis*. Aus: Spanische Kürzestgeschichten. Übersetzt von Erna Brandenberger. © 1994 Deutscher Taschenbuch Verlag, München.

Kaschnitz, Marie Luise, *Das dicke Kind*. Aus: Dies., Erzählungen. © 1952 Scherpe Verlag, Krefeld.

Ledda, Gavino, *Hirtenschule*. Aus: Padre Padrone. Aus dem Italienischen von Heinz Riedt. © 2001 Patmos Verlag GmbH & Co.KG / Artemis & Winkler Verlag, Düsseldorf/Zürich.

Lem, Stanislaw, *Enzyklopädie*. Aus: Das Hohe Schloss. © 1990 Insel Verlag, Frankfurt am Main.

McCourt, Frank, *Diebstahl* und *Frühstück mit Dad*. Aus: Ders., Die Asche meiner Mutter. © 1996 by Frank McCourt. © der deutschsprachigen Ausgabe 1996 bei Luchterhand Literaturverlag, einem Unternehmen der Verlagsgruppe Random House GmbH.

Morante, Elsa, *Auf dem Bahnsteig*. Aus: La Storia. © Piper Verlag GmbH, München 1976.

Nabokov, Vladimir, *Kein guter Tag*. Übersetzung von Dieter E. Zimmer. Aus: Vladimir Nabokov, Erzählungen 1. 1924–1934. Gesammelte Werke Bd. 13. © 1966, 1983, 1989 by Rowohlt Verlag GmbH, Reinbek bei Hamburg.

O'Faolain, Sean, *Die Forelle*. Aus: Lügner und Liebhaber. Aus dem Englischen von Elisabeth Schnack. © 1980 Diogenes Verlag AG Zürich.

Piccolo, Francesco, *Auf der Straßenseite*. © Giangiacomo Feltrinelli Editore, Mailand; © für die deutsche Übersetzung von Barbara Schaden: Alexander Fest Verlag, Berlin.

Proust, Marcel, *Die Tasse Tee* aus: Auf der Suche nach der verlorenen Zeit. © Suhrkamp Verlag Frankfurt am Main.

Rubinowicz, Dawid, *Tagebuch* aus: Das Tagebuch des Dawid Rubinowicz (Gulliver Tb). © Beltz Verlag, Basel und Weinheim.

Sarraute, Nathalie, *Das tust du nicht* und *Trost*. Aus: Kindheit. © 1984, 1996 by Verlag Kiepenheuer & Witsch, Köln.

Sartre, Jean-Paul, *Unvergessliche Wörter*. Aus: Die Wörter. Deutsche Übersetzung von Hans Mayer. © 1965 by Rowohlt GmbH, Reinbek bei Hamburg.

Schulz, Bruno, *Das Buch* und *Heimkehr von den Ferien*. Aus: Ders., Gesammelte Werke in zwei Bänden. Herausgegeben von Mikolaj Dutsch und Jerzy Ficowski. Aus dem Polnischen von Josef Hahn und Mikolaj Dutsch. © 1992 Carl Hanser Verlag, München, Wien.

Singer, Isaac Bashevis, *Ein vergnügter Tag*. Aus: Eine Kindheit in Warschau. © 1963, 1965, 1966, 1969 Isaac Bashevis Singer. Titel der amerikanischen Originalausgabe: A Day of Pleasure. Stories of a Boy Growing Up in Warsaw; © 1981 der deutschsprachigen Ausgabe: Otto Maier Verlag, Ravensburg, by arrangement with Farrar, Straus and Giroux LLC, New York.

Ulitzkaja, Ludmilla, *Windpocken*. Aus: Dies., Sonetschka und andere Erzählungen. © 1992 Ludmilla Ulitzkaja; © der deutschsprachigen Ausgabe: Verlag Volk und Welt, einem Unternehmen der Random House GmbH.

Walser, Martin, *Die Kette*. Aus: Ein springender Brunnen. © Suhrkamp Verlang, Frankfurt am Main 1998, S. 38–39.173–176.

Wolf, Christa, *Die Perle* und *Die Ostarbeiterin*. Aus: Kindheitsmuster. © 1989 by Christa Wolf. © 1989 Luchterhand Literaturverlag, München, einem Unternehmen der Verlagsgruppe Random House GmbH.